Reformation

Erkenntnis und Glaube
Schriften der Evangelischen Forschungsakademie NF

Band 48

Reformation

Impulsgeber für die Moderne?

Herausgegeben von Andreas Lindemann
und Christian Ammer

EVANGELISCHE VERLAGSANSTALT
Leipzig

Bibliographische Information der Deutschen Nationalbibliothek
Die Deutsche Nationalbibliothek verzeichnet diese Publikation in der Deutschen Nationalbibliographie; detaillierte bibliographische Daten sind im Internet über http://dnb.dnb.de abrufbar.

Das Buch wurde auf alterungsbeständigem Papier gedruckt.

Cover: Kai-Michael Gustmann, Leipzig
Satz: Dr. Christian Ammer, Halle/Saale
Druck und Binden: Hubert & Co., Göttingen

ISBN 978-3-374-05239-4
www.eva-leipzig.de

Inhalt

Andreas Lindemann | Christian Ammer

Vorwort und einführende Betrachtungen

Die Tagung der Evangelischen Forschungsakademie im Januar 2017, also im »Jubiläumsjahr« der Reformation, stand unter der Überschrift »Impulsgeber der Moderne?« Der Untertitel lautete »Kontexte und Wirkungen der Reformation«. Während diese Formulierung keiner Erläuterung bedarf, wirft der Obertitel mit seinem Fragezeichen seinerseits Fragen auf: Signalisiert das Fragezeichen Unsicherheit, womöglich gar Skepsis? Soll angedeutet werden, dass wir nicht gewiss sind, die Reformation sei ein Impulsgeber für die Moderne? Die Aussage »Reformation als Impulsgeber der Moderne« ist zweifellos eine mögliche Antwort auf die im Titel enthaltene Frage; aber es schien uns nicht angebracht, von vornherein eine nicht hinterfragbare Voraussetzung zu statuieren. Wir fragen, ob und inwieweit die Reformation für »die Moderne« von besonderer Bedeutung ist. Die in dem vorliegenden Band enthaltenen Beiträge zeigen, dass die Antworten unterschiedlich ausfallen. Sie beziehen sich auf Philosophie und Recht, Soziologie und Politik, Medizin, Musik und Literatur, nicht zuletzt auf die Grundlagen des wissenschaftlichen Denkens überhaupt, wozu natürlich auch die Theologie gehört.

Die Evangelische Forschungsakademie wollte im 500. Jahr nach Luthers Thesenanschlag nicht den vielen Tagungen, Festakten und Ausstellungen ein weiteres erinnerndes, primär dem Fach Kirchengeschichte zuzuordnendes Ereignis hinzufügen; wir wollten vielmehr einen für die interdisziplinäre Arbeit der Evangelischen Forschungsakademie charakteristischen Beitrag bieten, um aus der Sicht sehr unterschiedlicher wissenschaftlicher Fächer über die Reformation und über deren Bedeutung für die Geschichte und für die Gegenwart nachzudenken.

Die Reformation ist kein auf ein historisches Datum zu fixierendes, vergangenes Ereignis, an das man erinnert wird oder dessen man womöglich »gedenkt«. Vielmehr ist die Reformation in Gestalt der reformatorischen Kirchen dauerhaft Gegenwart; das wird durch die Formel *ecclesia quia reformata semper reformanda* deutlich. Mit der Reformation wird oft das Stichwort »Kirchenspaltung« verbunden, womöglich ergänzt durch die Forderung, diese Spaltung »endlich« zu überwinden. Aber darin steckt ein Missverständnis: Martin Luther und die anderen Reformatoren hatten keine Kirchenspaltung im Sinn und schon gar nicht die Gründung neuer Kirchen. Angestrebt wurde die Reformation der *einen allgemeinen*, also im eigentlichen Sinn »katholischen« Kirche; dass sich weite Teile der Kirche dieser Reformation verweigerten, war nicht vorgesehen, musste dann aber hingenommen werden. Die Beziehungen zwischen den durch die Reformation bestimmten Kirchen und der sich dieser Reformation verschließenden römisch-katholischen Kirche haben sich nach langen Konflikten zum Positiven verändert. Das darf dankbar registriert werden; fundamentale theologische, vor allem ekklesiologische Differenzen bestehen aber weiter und sollten nicht verschleiert werden.

Die Reformation betrifft nicht allein die Kirchengeschichte. Aber inwieweit ist sie über die kirchliche Wirklichkeit hinaus tatsächlich wirksam? Gehen von der Reformation Impulse aus, die bis in die gesellschaftliche, kulturelle und politische Gegenwart hinein ausstrahlen?

Lange Zeit hindurch gab es die Vorstellung, mit der Reformation sei die Epoche des Mittelalters zu Ende gegangen und die Neuzeit habe begonnen. Umgekehrt wurde und wird aber oft aufzuzeigen versucht, dass die Reformatoren, insbesondere Luther, dem Mittelalter verhaftet waren; dann wäre die reformatorische Entwicklung im 16. Jahrhundert kaum mehr als eine jener Erneuerungsbewegungen, derer es im Mittelalter schon viele gegeben hatte. Oft wird auch gesagt, dass die Impulse für die »Moderne« nicht von den geistig-kulturellen Entwicklungen ausgingen, sondern sich vor allem dem im weitesten Sinne technischen Fortschritt in dieser Zeit verdanken. Zu nennen sind etwa der um die Mitte des 15. Jahrhunderts erfundene Buchdruck, den sich Luther intensiv zunutze machte, aber auch die, freilich eher zufällige, Entdeckung der »Neuen Welt« auf der Suche nach dem Seeweg nach Indien.

Im Dezember 1516 publizierte der englische Staatsmann Thomas Morus sein Buch *Utopia*. Der Neologismus »Utopie« und die damit verbundenen, extrem unterschiedlichen Vorstellungen erlangten erhebliche Bedeutung; *Utopia* beschreibt den Traum von einem fernen »Nicht-Land«, der sich bei näherem Hinsehen aber eher als ein Albtraum erweist. Thomas Morus stand in engem Kontakt mit Erasmus von Rotterdam, der die reformatorische Entwicklung anfangs nicht ohne Wohlwollen gesehen hatte; in seiner 1524 verfassten Schrift *De libero arbitrio* (»Vom freien Willen«) übte er jedoch Kritik, worauf Luther ein Jahr später mit heftigem Widerspruch antwortete (*De servo arbitrio*, »Vom unfreien Willen«). War Luther womöglich ein Gegner der Freiheit? Erst wenige Jahre zuvor hatte er seinen Familiennamen *Luder* verändert in den Namen *Luther*, abgeleitet vom griechischen Wort ἐλεύθερος [*eleutheros*], »frei«; diesen Namen verwendete er erstmals in dem an Erzbischof Albrecht gerichteten Brief vom 31. Oktober 1517, dem er die 95 Thesen beifügte, womit sich die Frage, ob Luther an jenem Tage die Thesen an die Tür der Wittenberger Schlosskirche genagelt hat oder nicht, als einigermaßen bedeutungslos erweist.[1] Freiheit ist von jetzt an Luthers Programm, 1520 bestätigt durch die Schrift »Von der Freiheit eines Christenmenschen«.

Welche Bedeutung kommt der Reformation zu, wenn nach den über die Kirche hinaus reichenden Impulsen in Kultur und Wissenschaft gefragt wird? Welche Einflüsse gibt es auf die Philosophie und auf das Rechtsverständnis, auf die Entwicklung der Gesellschaft und auf das politische Denken? Hat sich die Reformation auf die Arbeit in der Medizin ausgewirkt? Welche Folgen hat die

[1] Dazu Schilling 2016, 173f.

Reformation in der Musik und in der Literatur? Lässt sich aus reformatorischem Denken womöglich eine Theorie der Wissenschaften ableiten? In den hier vorgelegten Beiträgen wird nach Antworten gesucht.

Der Philosophie stand Martin Luther distanziert gegenüber, als Konsequenz seiner Kritik an der Scholastik. *Volker Gerhardt* fragt, ob der Reformation gleichwohl Bedeutung zukommt für das vor allem mit dem Begriff »Aufklärung« verbundene philosophische Denken. Wie verhält sich das nicht dogmatisch gebundene Denken der Aufklärung zu dem von einem festen Glauben bestimmten Denken Luthers? Luther habe für seine Bibelübersetzung auf den neuesten Stand der philologischen Methoden zurückgegriffen und die Kenntnis der alten Sprachen systematisch und in kooperativer Zusammenarbeit genutzt. Ihm lag daran, dass jeder Mensch selbst lesen und in weltlichen und kirchlichen Fragen urteilsfähig werden sollte, und dieser Beitrag zur Ausbildung könne gar nicht hoch genug geschätzt werden. Gerhardt kritisiert Luthers Schrift gegen Erasmus. Er zeigt aber auch, dass in Luthers Theologie bereits Gedanken der Aufklärung wirksam sind: Schon als *Theologe* steht Luther in der Tradition einer Aufklärung; so ist die Reformation »ein *Kind des neuzeitlichen Humanismus* und gehört schon dadurch in die *Vorgeschichte* der modernen europäischen Aufklärung«. Luthers wichtigster Impuls für die Aufklärung liege darin, dass er »den Anspruch des *Selbstdenkens* und des *Selbsthandelns* unter den denkbar widrigsten *persönlichen, politischen* und auch *theologischen* Bedingungen mit bewundernswerter *existenzieller Konsequenz erhoben, aufrecht erhalten* und auch zu einem *gewissen Erfolg* geführt hat« (S. 34).

Spätestens in der Zeit der Bauernkriege stand Luther auf der falschen Seite; das zu wissen gehört geradezu zum »kulturellen Gedächtnis«. War für Luther der politische Wille des jeweils regierenden Fürsten also oberstes Gesetz? Von der Genfer Reformation weiß man oft nur, dass der spanische Arzt Michael Servet 1553 unter Beteiligung Calvins auf dem Scheiterhaufen verbrannt wurde.[2] Hat die Reformation zur Entwicklung des Rechts also bestenfalls gar nichts oder womöglich sogar nur Schlechtes beigetragen?

Mathias Schmoeckel spricht explizit von einer »neuen Konzeption des Rechts durch die Reformation«, auch wenn auf den ersten Blick die Frage nach Einflüssen der Reformation auf das Recht offenbar eher verneint werden müsse. Dennoch könne man nach konfessionellen Einflüssen auf die Rechtsordnung fragen, da bis zum 18. Jahrhundert »fast die gesamte Rechtsordnung von konfessionellen Perspektiven geprägt« gewesen sei und es »weitere wichtige Interdependenzen zwischen der Reformation und der Ausbildung der Rechtsordnung im 16. und 17. Jahrhundert« gegeben habe (S. 42). Die Diskussion um die Geltung der Grundrechte und eines universalen Völkerrechts zeige die Sprengkraft, die diesen Konzepten bis zur Gegenwart innewohnt: »Wer die eigene Freiheit für sich in Anspruch nehmen will, wird sie überall, auf allen Kontinenten und auch in den folgenden Jahrhunderten fordern« (S. 63). Wolle man einem Menschen aus einem fremden Kulturraum verdeutlichen, worin die Bedeutung der Reformation liegt, so werde man wahrscheinlich das Beispiel des Rechts wählen (S. 63).

In die Zeit Luthers fällt die Ablösung des geozentrischen durch das heliozentrische Weltbild. Dem widersprach Luther unter Berufung auf die im Josuabuch (10,12–13) geschilderte Szene, Sonne und Mond hätten in ihrer Bewegung innegehalten, um dem Volk Israel einen militärischen Sieg zu ermöglichen. *Detlef Pollack* fragt, ob die Reformation etwas beigetragen hat zu dem, was »die Moderne« ausmacht; dazu rechnet er soziologisch die funktionale Differenzierung der Gesellschaft, ihre Individualisierung sowie die »Errichtung von Wettbewerbsarenen«. Die Wurzeln der modernen Gesellschaft lagen weit vor der Reformation; durch die Reformation gab

---

[2] Vgl. dazu Mirjam G.K. van Veen, Calvin und seine Gegner, in: Selderhuis 2008, 161f. 484. Servet wurde nicht wegen seiner naturwissenschaftlichen Forschung verurteilt, sondern weil er die Trinität bestritt, was im »Heiligen Römischen Reich« ein todeswürdiges Verbrechen war.

es einen Entwicklungsschub, aber der Durchbruch zur Moderne vollzog sich erst im 18. Jahrhundert, da die zumindest teilweise erfolgte Auflösung der Verbindung von Staat und Kirche »Modernisierungspotentiale« habe zur Wirkung kommen lassen. Gleichwohl hatten die Geistlichkeit mit ihren Anstrengungen zur sittlichen Erziehung und die Bildungseinrichtungen der Kirchen beachtlichen Anteil an der Entstehung einer zivilgesellschaftlichen Kommunikationskultur im 18. Jahrhundert (S. 100). Allerdings wurden durch die nicht beabsichtigte Zersprengung der Einheit der Kirche die Einflussmöglichkeiten von Kirche und Theologie geschwächt, ihre Geltungsansprüche wurden relativiert; der Protestantismus habe den sozialen, politischen, ökonomischen und kulturellen Umbruch lediglich »mitgestaltet« (S. 102). Aber man kann fragen, ob in geschichtlichen Prozessen mehr als eine »Mitgestaltung« überhaupt möglich ist.

Immer wieder wird gesagt und gefordert, die Kirche und insbesondere auch ihre Predigten müssten »politisch« sein. Damit sollte aber nicht die Erwartung verbunden werden, dass die »politische Predigt« der von »mir« für richtig gehaltenen politischen Überzeugung zu entsprechen habe; man wird nicht, etwa unter Berufung auf die biblischen Propheten, sagen können, eine bestimmte politische Entscheidung entspreche dem Willen Gottes. *Yves Bizeul* geht der Frage nach, was die Reformation für die Geschichte des politischen Denkens bedeutet, wenn dabei an reflektierte politische Theorien gedacht ist. Ein religiöses Ethos kann Auswirkungen haben nach »rechts« und nach »links« – es kann Entwicklungen unterstützen oder bremsen, Revolutionen hervorrufen oder aber Traditionen festigen. Die Reformation hat das politische Denken nachhaltig beeinflusst. Weder Luther noch Calvin waren »lupenreine Demokraten«, aber Montesquieu sprach von der »natürlichen Nähe« des Protestantismus zur Republik und des Katholizismus zur Monarchie. Die Verkündung des »allgemeinen Priestertums aller Gläubigen« habe sich im Laufe der Zeit in den Forderungen nach politischer Selbstbestimmung niedergeschlagen; es sei »auffällig, dass die meisten Vordenker der *Civil Liberties*, des rationalen Naturrechts und der Menschenrechte Protestanten waren« (S. 122). Der protestantische »Sozialindividualismus« beruhe auf zwei »Metaprinzipien«, nämlich Eigenverantwortung und Autonomie, verbunden mit einem ausgeprägten Sinn für das Soziale; beide Metaprinzipien finde man im heutigen Deutschland und in Skandinavien in der Idee der sozialen Marktwirtschaft wieder (S. 127).

War die Reformation ein »Impulsgeber der Moderne«? *Ortrun Riha* stellt fest, diese Frage sei »aus mentalitäts- und kulturhistorischer Perspektive sicher zu bejahen«, auch wenn sie nur »eine unter vielen anderen Triebkräften« war. « (S. 137). In der Geschichte der Medizin beginne die »Moderne« mit der Aufklärung; man könne von einer »Epochenschwelle zwischen Mittelalter und *Neuzeit*« sprechen, und man könne fragen, ob das Ende des medizinischen Mittelalters um 1500 anzusetzen ist. Naturkatastrophen, Epidemien, Hungersnöte als Folge des Klimawandels wirkten massiv auf das Leben der Menschen ein, traditionelle Versuche, dieser Entwicklung zu begegnen, hatten sich oft als untauglich erwiesen.

Neuansätze in der Medizin knüpften an die Antike an. In der Botanik wurden aus Kräuterbüchern grundlegende Kenntnisse der Drogenkunde gewonnen. In der Anatomie gab es einen Neubeginn, auch durch die Methode der Autopsie, des »selbst Hinschauens«; deutlich ist die Nähe zur zeitgenössischen Malerei in den Niederlanden. Es bleibe aber »der Befund, dass im praktischen Bereich der Medizin um 1500 die Kontinuitäten überwiegen«; der Begriff »Paradigmenwechsel« wäre also zu hoch gegriffen (S. 156). Es gab schon vor der Reformation Tendenzen zu einem Wandel, aber herkömmliche Vorstellungen waren weiter wirksam.

»Vom Himmel hoch, da komm' ich her ...« Diese Worte legt Luther dem Engel auf den Feldern bei Bethlehem in den Mund, und sie werden allweihnachtlich gesungen, weit über den Bereich evangelischer Familien und Gemeinden hinaus. Das Lied »Nun freut euch, lieben Christen g'mein« bringt in Anlehnung an den Christus-Hymnus Phil 2,6–11 die christologische Akzentuierung der Rechtfertigungslehre zum Ausdruck. Luther war Liederdichter und auch Komponist. *Helmut Fleinghaus* fragt, inwiefern die Reformation zur Freiheit der Musik und damit auch zur Freiheit der Kunst beigetragen hat und inwieweit sie diesen Beitrag immer noch leistet. Er spricht von einer »Blüte der Kirchenmusik«, die es ohne die Reformation nicht gegeben hätte. Für Luther kam der Musik gleich nach der Theologie der zweithöchste Rang unter allen Wissenschaften oder Künsten zu, und so »ist die Musik der Reformation auch Musik durch die Reformation« (S. 176). Reformatorischer und humanistischer Einfluss auf die Musik seien nicht voneinander zu trennen, die Liebe zum Wort sei beiden gemeinsam. Da der Humanismus dem Individuum große Aufmerksamkeit widmete, wuchsen »auch das Selbstbewusstsein und die öffentliche Beachtung der Komponisten« (S. 176).

Den entscheidenden Beitrag der reformierten Konfession sieht Fleinghaus im Genfer Psalter, in der bewusst textnahen Vertonung der biblischen Psalmen. Zwingli lehnte Musik im Gottesdienst ab, Calvin verstand die Musik als ein Geschenk Gottes. Das Misstrauen der niederländischen Reformierten gegenüber der Orgelmusik im Gottesdienst führte dazu, dass die bis dahin unbekannte Gattung »Kirchenkonzert« entstand. Fleinghaus nennt es mit Blick auf die weitere Geschichte nicht erstaunlich, »dass eine Kirche, deren Musik auf Luthers uneingeschränkte Liebe zu ihr bauen kann, auch der Entfaltung von musikalisch Neuem gegenüber aufgeschlossen« ist (S. 201).

Dass das Wirken Martin Luthers bleibende Auswirkungen auf die deutsche Sprache und auf die Literatur hat, ist geradezu eine Binsenweisheit. Die Bibelübersetzung Luthers[3] war zwar nicht die erste, aber sie ist die zweifellos wirkmächtigste im deutschen Sprachraum geworden und geblieben. *Ursula Kocher*, die an der Er-

[3] Der Bibelübersetzung Luthers ist eine am 2. Januar 2017 erschienene Briefmarke der Deutschen Post gewidmet; und die Martin Luther darstellende playmobil-Figur hält in der Hand eine aufgeschlagene Bibel.

arbeitung der »Lutherbibel 2017« intensiv beteiligt war, hebt hervor, die durch eine gute Übersetzung ermöglichte Einladung zu gelingender Lektüre der Bibel bedeute nicht nur, dass Menschen selber und eigenständig die Bibel lesen und verstehen können; vielmehr sei das Lesen und Verstehen literarischer Werke überhaupt als Beitrag zur Befreiung aus Unmündigkeit zu sehen. Der frühe Protestantismus habe Methoden entwickelt, die es jedem lesekundigen Menschen möglich machen sollten, Texte nicht nur zu verstehen, sondern auch zu analysieren und zu interpretieren, um so eine eigene Position beziehen zu können, statt sich auf Autoritäten zu verlassen (S. 216).

Die Funktion und den Nutzen von Literatur für die Reformation beschreibt Ursula Kocher an zwei Beispielen, der Fabel und dem Drama. Luther bediente sich der literarischen Gattung der Fabel, er war Fabeldichter bzw. Fabelbearbeiter; Fabeln waren Gegenstand bei Luthers Tischkonversation, sie dienten der Einübung von Sprache und Rede sowie der Schärfung des Verstandes. Sie bieten sich zur Leseschulung an, weil sie eine tieferliegende Bedeutung enthalten, die durch Textarbeit ermittelt werden kann, und so sei »diese Textsorte gerade für Ungeübte und Anfänger besonders geeignet« (S. 224). Das reformatorische Drama knüpfte an das Fastnachtspiel und an das Humanistendrama an; Luther empfahl biblische Texte für dramatische Bearbeitungen, viele Verfasser von Dramen verschrieben sich der reformatorischen Sache und sahen eine dramatische Umsetzung von biblischen Stoffen als vorteilhaft an. Reformatorische Literatur, so Ursula Kochers Resümee, »schult in Wahrnehmung, nicht nur in der Wahrnehmung von Texten, sondern auch in der Wahrnehmung von Welt« (S. 230). Überdies entwickelte sich eine Pädagogik, die darauf zielt, »dem Einzelnen Möglichkeiten zu eröffnen, sich mittels seiner Vernunft den Anforderungen der Welt und geistlichen Fragen zu stellen« (S. 231).

Die Reformation war nicht die Erfinderin wissenschaftlicher Arbeit an den Universitäten im deutschsprachigen Raum; aber sie führte zur Gründung neuer Universitäten und trug zur Stabilisierung und Ausweitung vorhandener Universitäten bei. Die theologischen Fakultäten wurden Ausbildungs- und Forschungsstätten für Menschen, die in der Kirche ein Lehramt übernehmen wollten oder sollten. Das ist von zentraler Bedeutung für die Wissenschaft wie auch für die Kirche; mithin ist größte Vorsicht geboten, wenn man meint, bei der Ausbildung zum Beruf der Pfarrerin oder des Pfarrers auf wissenschaftliche Ansprüche verzichten zu können – ganz gleich, welche Gründe für einen solchen Verzicht genannt werden mögen.

Ulrich H.J. Körtner fragt nach einer »theologischen Theorie der Wissenschaften«. Er hebt hervor, dass die Wissenschaftlichkeit jeder Wissenschaft an ihrer jeweiligen Methode hängt; da es eine spezifisch christliche wissenschaftliche Methode nicht gebe, könne es auch keine »christliche Wissenschaft« geben. Die Theologie beteiligt sich »in reformatorischer Verantwortung« am interdisziplinären Diskurs über das Selbstverständnis von Wissenschaft; dabei definiert Körtner »reformatorische Theologie« nicht historisch, sondern als »eine gegenwartstaugliche Theologie, die sich an den grundlegenden Einsichten der Reformation orientiert« (S. 239). Das reformatorische Schriftprinzip und Luthers Hochschätzung des Literalsinns in der biblischen Hermeneutik führten zwar nicht direkt zum Entstehen der historisch-kritischen Bibelauslegung, aber Luther setzte für das Bildungsverständnis doch Impulse, die man üblicherweise erst in der Aufklärungszeit vermuten würde.

Der methodische Zweifel und der methodische Atheismus, Kennzeichen moderner Wissenschaft, gehören zu den Voraussetzungen auch der modernen Theologie; sie hält die Annahme der Existenz Gottes als Voraussetzung theologischer Erkenntnis für unaufgebbar, aber ihre wissenschaftlichen Methoden unterscheiden sich nicht von denen der übrigen Wissenschaften. Dass die Welt beschrieben werden kann ohne die »Arbeitshypothese Gott«, ist, so betont Körtner, theologisch betrachtet Folge der Verborgenheit Gottes, die aber nicht als Abwesenheit Gottes, sondern als Weise seiner Anwesenheit begriffen wird.

Körtner erinnert daran, dass die Freiheit der Wissenschaft in der abendländischen Geschichte gegen klerikale Bevormundung erstritten wurde. Heute sehen sich die Kirchen oft dazu herausgefordert, zu den ethischen Grenzen der Forschung Stellung zu beziehen; die Aufgabe der Ethik sei aber nicht »primär in der Festsetzung von Grenzen für die Forschung« zu sehen, denn dies führe »nur zu einer neuen Form der Gesetzlichkeit«. Die Freiheit der Wissenschaft nach evangelischem Verständnis ist daran zu messen, »wieweit sie sich am Wohl der Mitmenschen – biblisch gesprochen des Nächsten – orientiert« (S. 253).

Alle Beiträge betonen in ihrer Weise die Einbindung der Reformation in die historischen Zusammenhänge: Die Reformation ist nicht zu verstehen ohne den Humanismus; sie weist aber auch voraus in die Aufklärung und in die Gegenwart, also in »die Moderne«. Durch ihr nachdrückliches Interesse am eigenständigen Verstehen der Bibel leistet die Reformation einen nach wie vor gültigen Beitrag zur Bildung, verbunden mit dem Aspekt der durch solche Bildung ermöglichten und gewonnenen Freiheit des Denkens. Die durch die Reformation hervorgehobene Bedeutung der Wissenschaft ist direkt verbunden mit der unabdingbaren Forderung nach der Freiheit wissenschaftlichen Arbeitens. Bei aller besonderen Bedeutung, die Martin Luther zukommt, dürfen die anderen Reformatoren des 16. Jahrhunderts und deren Wirkungen nicht übersehen werden.

Der Dank der Herausgeber gilt den Autorinnen und Autoren, die dazu bereit waren, sich auf die Fragen der Tagung der Evangelischen Forschungsakademie im Januar 2017 einzulassen und die dann auch in kurzer Zeit diese Beiträge bearbeiteten und zur Veröffentlichung in dem hier vorliegenden Buch freigaben. Die Vorträge von Ortrun Riha und von Helmut Fleinghaus waren, anders als es jetzt in diesem Buch möglich ist, »illustriert« durch zahlreiche Abbildungen bzw. durch vielfältige Musikbeispiele.

Die Evangelische Verlagsanstalt hat für die technische Umsetzung der Druckvorlage gesorgt; dafür gilt den Mitarbeiterinnen und Mitarbeitern in Verlag und Druckerei unser Dank.

Literatur:

Beutel, Albrecht (2005): Luther Handbuch, Tübingen.

Schilling, Heinz (2016): Martin Luther. Rebell in einer Zeit des Umbruchs, München 2012, aktualisierte Sonderausgabe.

Selderhuis, Herman J. (2008): Calvin Handbuch, Tübingen.

Volker Gerhardt

Reformatorische Ideen als Impulse der Aufklärung

1. Die Aufklärung ist älter als die Reformation. Gerade auch für das Verständnis der europäischen Aufklärung des 17. und 18. Jahrhunderts ist es wichtig zu betonen, dass sie etwas fortsetzt, was im Griechenland des 6. Jahrhunderts v. Chr. begonnen hat und dort auch schon eine Tradition hat, die Jahrhunderte, wenn nicht Jahrtausende zuvor in Babylonien und Ägypten sowie bei den Phöniziern und Juden in Kleinasien und Palästina begonnen hat.

Die menschliche Zivilisation ist auf den Gebrauch der *Schrift* gegründet, sie setzt *gesetztes* und *verkündetes Recht* sowie *Maße* für *Zeit*, *Raum* und *Gewicht* voraus – und mit ihnen ein *methodisch erkundetes* und *gesammeltes Wissen*, das sich *lehren*, somit auch *korrekt verbreiten* lässt. *Mathematik*, *Astronomie*, *Rechtskunde*, *Medizin* und die *Genealogie der großen Geschlechter* werden mit Akribie betrieben.

Auch die *Theologie* sollte ihr frühes Licht nicht unter den Scheffel stellen, so schwer ihre Materien nachträglich von *mythologischen Stoffen* zu unterscheiden sind. Doch das gilt, wie wir wissen, bis in die Gegenwart! Man braucht nur daran zu erinnern, dass die jahrhundertelang umstrittene Rede von der »Jungfrauengeburt« auf einem älteren Verständnis des sozialen Status junger Frauen beruht, der nicht mit dem gleichzusetzen ist, was man später – in dem bekannten medizinischen Sinn – als »unberührt« bezeichnen kann.

Sogar den überlieferten Glauben an die »Existenz Gottes« darf man nicht im Sinne einer heute viel genauer gefassten gegenstandsanalogen »Existenzaussage« verstehen! Hier hat man sich endlich vom *Mythos der ontologischen Gegebenheit* von gefühlten und begriffenen Ganzheiten zu lösen und muss sich stattdessen auf *Bedeutungen* verstehen, die dem eigenen Dasein einen *Sinn* zu geben vermögen.[1]

Erst damit gewinnt man einen glaubwürdigen Begriff von der *Gegenwart* und *Lebendigkeit Gottes*, der an *persönlicher Nähe* und *existenzieller Eindringlichkeit* alles überbietet, was die gewiss höchst exemplarischen, aber notwendig über viele Stationen vermittelten Berichte von Personen und Ereignissen jemals bieten können.

Dennoch wäre es ein schwerer Missgriff, die mythologischen Berichte von der gegenständlichen Wirksamkeit Gottes einfach ins Reich bloßer Phantasie zu verweisen. Man muss die überlieferten Zeugnisse vielmehr als Versuche ansehen, mit den unvermeidlich beschränkten Mitteln einer älteren Epoche, *das Unfassbare der Gegenwart des göttlichen Ganzen* und den damit wirksamen *Sinn allen Sinns* gleichwohl in *Worte* sowie in zusammenhängende *Lehren* zu fassen. Damit können die weitestgehend aus *lehrbarem Wissen* bestehenden religiösen Schriften – und mit ihnen die Theologie als Ganze – selbst als Leistung einer *Aufklärung über den Glauben* angesehen werden – eines *Glaubens*, der in seinem lebensbedeutsamen Rang dem des *Wissens* in nichts nachsteht.

Wer etwas wirklich *weiß* und auf dieses *Wissen* setzt, der muss an es *glauben*; und wer *glaubt*, könnte *ohne Wissen* nicht sagen, *woran*.

2. Mit dieser Vorerinnerung ist klargestellt, dass Martin Luther allein schon als *Theologe* in der *Tradition einer Aufklärung* steht, mit deren Mitteln sich die menschliche Zivilisation vermutlich von Anfang an *selbst erzieht*. Aber mit dieser These wäre zur Themafrage dieser Tagung gewiss zu wenig gesagt. Denn die geht, wenn ich sie richtig verstehe, von einem *historisch eingegrenzten Verständnis von Aufklärung* aus, das uns mit Blick auf die *Moderne* besonders naheliegt.

---

[1] Dazu Gerhardt 2014.

Dass es dabei nicht falsch ist, an die bis weit in die Geschichte zurückreichende *Tradition zivilisatorischer und kultureller Aufklärung* zu erinnern, macht uns der in den Anfängen der sogenannten *zweiten* (»europäischen«, »neuzeitlichen« oder »modernen«) Aufklärung geführte Streit über den *Anteil des antiken Denkens* an dieser *Aufklärung* bewusst. Die *Querelle des Anciens et des Modernes* zeigt uns, dass die Aufklärung des 17. und 18. Jahrhunderts sich selbst keineswegs als derart *unhistorisch* verstand, wie ihr von späteren Kritikern vorgeworfen wurde.

Dass die These von der *Ungeschichtlichkeit der Aufklärung* nicht mehr als eine üble Nachrede ist, muss hier nicht eigens dargetan werden. Eine Epoche, in der die auf geschichtliches Verstehen angelegte *Methode der Hermeneutik* entwickelt wurde, in der die *Geschichtsphilosophie* als eine genuin der Aufklärung dienende Disziplin erfunden wurde, kann nicht *ahistorisch* sein.[2]

Mit Blick auf die *Querelle* spricht aus heutiger Sicht nichts dagegen, *beiden Parteien, den auf die Modernen wie auch den auf die Antike setzenden Wortführern,* Recht zu geben: Ohne den gewaltigen Schritt, den *Mathematik, Physik, Astronomie, Geographie* und die mit ihnen verbundenen *Techniken* seit dem Spätmittelalter getan haben, ist die moderne Aufklärung nicht denkbar. Hinzu kommen das sprunghaft angestiegene *historische Wissen*, die perfektionierten *philologischen Fertigkeiten* und das *Kaleidoskop von Erfahrungen*, die mit der *Kolonisierung* aller Erdteile in Europa gemacht werden konnten.

Und dann ist da der nach Europa verschiffte *Reichtum an Gold* und *Silber*, an *kostbaren Materialien* aller Art, an *Tieren, Pflanzen, Früchten, Gewürzen* und *Kunstgegenständen*. Hinzu kommen die neuen Kenntnisse über andere Kulturen, die mit den Seeleuten und Weltreisenden in die europäischen Metropolen gelangen. Das *Weltbild* nimmt an Umfang, Dichte und Tiefenschärfe zu und zieht

[2] Hinweise auf John Locke, Pierre Bayle, Montesquieu und Rousseau können das exemplarisch bestätigen.

eine *Wissbegierde* nach sich, die wohl einzigartig in der Geschichte der Menschheit ist.

Die *Künste* vermehren sich, das *Museum* wird erfunden, die *ästhetische* Raffinesse wächst mindestens ebenso wie die *Machtgelüste der Potentaten*, die zunehmend auch durch die Gründung von *Akademien*, *Universitäten*, *Schulen* und *Theatern* um eine Vormachtstellung buhlen.

Das alles vollzieht sich mit einem in älteren Epochen unbekannten *Tempo*, beschleunigt durch die neuen Möglichkeiten einer nahezu jeden erreichenden und vieles dauerhaft bewahrenden *Kommunikation*. Ohne *Buchdruck* hätte es die Aufklärung in der uns bekannten Form mit Sicherheit nicht gegeben. Und so hat man allen Grund, in ihr eine *genuine Erscheinung der Moderne* zu sehen.

Doch in dieser so gut wie keine Tradition unverändert lassenden Entwicklung wird mit zunehmender Klarheit bewusst, wie viel man in der Umwälzung aller Verhältnisse den *Alten*, insbesondere den *antiken Dichtern*, *Künstlern*, *Architekten*, *Ärzten* und *Philosophen* verdankt. Mehr noch: dass man sie in der sich vollziehenden Revolution des gesellschaftlichen Lebens *nötiger* hat als je zuvor. Es ist das Verdienst des in der Renaissance neugeborenen *Ciceronischen Humanismus* eben dies der gelehrten Welt bewusst gemacht zu haben.

Also haben in der *Querelle des Anciens et des Modernes* beide Seiten Recht.

3. Die mit dem Namen Martin Luther verbundene *Reformation* ist allein durch ihr genuin *theologisches Interesse* ein originärer Beitrag zur Aufklärung. Darauf habe ich eingangs schon hingewiesen, und darauf komme ich abschließend zurück.

Die Reformation ist überdies in einigen ihr wesentlichen Teilen ein *Kind des neuzeitlichen Humanismus* und gehört schon dadurch in die *Vorgeschichte* der modernen europäischen Aufklärung. Damit kann ihr Anteil an dem, was sich etwa 150 Jahre nach dem Wittenberger Thesenanschlag mit zunehmendem Selbstbewusstsein herausbildet und sich schon im ersten Drittel des 18. Jahrhunderts mit dem epochalen Titel eines *Siècle des Lumières* schmückt, gar nicht in Abrede gestellt werden. Die Reformation gehört in die Vorgeschichte der Aufklärung und kann schon deshalb nicht von ihr abgetrennt werden. Es wäre ein schweres Missverständnis, beide nach Art einer historischen Opposition gegeneinander zu stellen.

Daraus eine wissenschaftliche These zu machen, halte ich für trivial. Es ist offensichtlich, dass Luther den erst wenige Jahrzehnte zuvor zur ersten technischen Reife gelangten *Buch-* und *Bilderdruck* nicht nur *exzessiv*, sondern auch *virtuos* zum Einsatz bringt; bekannt ist auch, dass er seine *Bibelübersetzungen* auf dem neuesten Stand der *philologischen Methoden* zu bewältigen sucht, die *Kenntnis der alten Sprachen systematisch* und in *kooperativer Zusammenarbeit* nutzt und als *Repräsentant der Wissenschaft* einen wesentlichen Beitrag zur *Anerkennung*, ja, zur *Popularität der Universitäten* leistet. In diesem Zusammenhang müssen auch seine großen Verdienste um die *Ausbreitung des Wissens* und die *Förderung der Bildung* hervorgehoben werden: Jeder sollte *selbst lesen* und in weltlichen wie in kirchlichen Fragen *selbst urteilsfähig* werden.[3] Der darin liegende Beitrag nicht nur zur Aufklärung, sondern insgesamt zur Ausbildung der Moderne kann gar nicht hoch genug geschätzt werden.[4]

Schließlich liegt mir daran, Luthers exponiertes Beharren auf der *Gleichheit der Menschen* nicht nur vor Gott, sondern auch in

---

[3] Vgl. *Eine Predigt Martin Luthers, daß man Kinder zur Schule anhalten sollte* (1530).

[4] Er wird, wenn ich das richtig sehe, von der Historikern und Soziologen, die mit der Diagnose der Moderne befasst sind, unterschätzt. Hier liegt mehr vor als bloß eine Akzentualisierung der Individualität; *erstens* weil gebildetes Bewusstsein nicht nur aus einer gesteigerten Aufmerksamkeit für die Mitteilung hervorgeht, und zweitens weil Bildung immer auch eine gesteigerte Fähigkeit zur sachhaltigen Mitteilung ist. (Zur Soziologie der Moderne vgl. den Beitrag von Detlef Pollack in diesem Band.)

ihrer kirchlichen Stellung zu erwähnen. Wenn er schon 1520 an prominenter Stelle über den »geistlichen Stand« betont, dass die Christen »alle gleichermaßen Priester sind«[5], dann liegt darin ein nicht zu unterschätzender Vorgriff auf die *Demokratie*, der in der reformatorischen Kirchenarbeit seinen Niederschlag in der Wahl der Pfarrer durch die Mitglieder der Gemeinden gefunden hat.

Damit ist Martin Luther in Bereichen produktiv, die zu den elementaren Handlungsfeldern der späteren Aufklärung zu rechnen sind. Bereits bei ihm geht es um das, was zu den wesentlichen *Voraussetzungen*, *Mitteln* und *Zielen* des auf ihn folgenden Zeitalters gehört. Zusammen mit seinen Zeitgenossen *Erasmus von Rotterdam*, *Thomas Morus* und *Philipp Melanchthon*, in epochaler Nachfolge von *Giannozzo Mannetti* und *Pico della Mirandola* sowie im Vorfeld des einzigartigen Vordenkers (und zugleich Überwinders) des *Siècle des Lumières*: *Michel de Montaigne*, gehört Luther zu den *Wegbereitern der europäischen Aufklärung*.

Damit vertrete ich die These, dass Luther *ein Aufklärer **ist***, so dass sein wesentlicher Impuls für die auf ihn folgende Aufklärung darin besteht, dass er als ein Aufklärer *avant la lettre* zu gelten hat.

4. So offenkundig die angedeuteten Zusammenhänge sind, so sicher ist zu erwarten, dass die These von Luther als einem *Wegbereiter der Aufklärung* auf Skepsis, vielleicht sogar auf Ablehnung stößt. Vielleicht würde er selbst Einspruch erhoben haben, wenn man ihm hätte deutlich machen können, was diese These heute besagt.

Vor allem aber dürften heute Bedenken bestehen, einen *Kirchenmann*, der noch in so vielem dem *mittelalterlichen Denken* verpflichtet ist, so offensiv auf die *Moderne* hin zu orientieren. Dabei macht vor allem Schwierigkeiten, dass Luther nicht nur *theoretisch* an mancher später für überwunden gehaltenen *scholastischen Lehre* festhält, sondern durch sein ganzes bewusstes Leben hindurch

[5] Von der Freiheit eines Christenmenschen (1520), Punkt 17, in: Luther 1982, 250.

das *Böse* in der sinnlichen Gestalt des *Teufels* nach Art eines *leibhaftigen Gegenübers* erfahren hat.

Die Szenen, in denen er in Worms oder auf der Wartburg die Versuchung durch den *Satan* erleben und mit größtem Kraftaufwand abwehren musste, sind schon früh Teil der reformatorischen Legende geworden. Sie mögen in einer Zeit, in der man noch *Hexen* und *Häretiker* verbrannte, ganz natürlich erschienen sein. Aber für einen Aufklärer sind das *Gespenstergeschichten*, für die er bestenfalls psychologisches Verständnis aufbringen kann. Die Schreckensvisionen gelten dann als Ausgeburten einer überreizten Seele, die sich durch einen Kunstgriff der Phantasie mit einer nach außen verlegten *Projektion* aus ihrem *inneren Widerspruch* zu befreien sucht. So wird die Schwäche, die man fürchtet, in der *widerwärtigen Gestalt eines notorischen Versuchers* vorgestellt, der sich somit nur unter Aufbietung physischer Kräfte abwehren lässt.

Kann einer, der das offenbar nicht nur nicht durchschaut, sondern sogar als Beschreibung eines realen Geschehens verbreitet, mit dem er zu allem Überfluss seine innerste Überzeugung öffentlich zu illustrieren sucht, als *Aufklärer* gelten? Hier dürfte es viele geben, die Zweifel anmelden.

Mit Einwänden darf man auch rechnen, weil das *autoritative Staatsverständnis* des Reformators zutiefst unaufgeklärt erscheint und weil sein Verhältnis zu den *Juden* die *Grundsätze der Humanität* verletzt. In seinen späten Äußerungen zum Judentum lässt Luther die Toleranz vermissen, auf die schon der Apostel Paulus die christliche Botschaft zu verpflichten suchte.

Nehmen wir hinzu, dass Luther zwar mit seiner *exemplarischen* und zugleich *öffentlich begründeten Entscheidung*, das *Kloster* zu verlassen, durch ein *bürgerliches Leben* ein *christliches Vorbild* zu geben,[6] auch manchen *Nonnen* einen Weg in die *bürgerliche Frei-*

[6] Begründet durch die *Ermahnung*: *An die Herren deutschen Ordens, daß sie falsche Keuschheit meiden und zur rechten ehelichen Keuschheit greifen* (1523). Ferner im selben Jahr: *Ursache und Antwort, daß Jungfrauen Klöster göttlich verlassen können.*

heit wies und darüber hinaus seinem von *herzlicher Liebe* bestimmten Verhältnis zu Katharina von Bora eine aufgeklärte Einschätzung der *Frauenemanzipation* zu erkennen gab, so ist er in seinen *drakonischen Erziehungsmethoden* doch so weit vom *Erziehungsideal der Aufklärung* entfernt, dass man geneigt sein kann, ihn eher für einen *aufklärungsbedürftigen Tyrannen* als selbst für einen *aufgeklärten Menschen* zu halten.

Ich zähle das auf, um deutlich zu machen, dass auch mir hier vieles *diktatorisch*, *autoritär*, *grob*, ja, *wüst* und alles andere als *aufgeklärt* erscheint. Doch es können diese auf die Person und seine enormen Belastungen in einer extremen Zeit bezogenen Eindrücke an dem Urteil über die *historische Leistung* des Reformators wenig anhaben. Wüssten wir über Locke, Bayle, Voltaire oder Rousseau auch nur annähernd so viel, wie über Luther, könnten wir vielleicht auch bei ihnen nicht sicher sein, ob sie sich weiterhin als »Aufklärer« bezeichnen lassen.

Hier also sollte man sich nicht beirren lassen: Die Lebensumstände waren noch nahezu durchgängig von überlieferten Verhaltensweisen und vorneuzeitlichen Urteilsformen bestimmt; in dem aber, was Luther dachte und plante, war er weit über diese Verhältnisse hinaus. Er kann daher mit Blick auf seine *Absichten* und *Ziele* als Aufklärer gelten.

5. Doch etwas trübt das Bild eines Denkers, der zwar noch im Schatten vieler allzu mächtiger *Vorurteile* steht, aber ins *helle Licht* einer *befreiten*, von *allgemeiner Bildung*, *wissenschaftlicher Begründung*, *gleichen Rechten* und *individueller Verantwortung* geprägten Zukunft strebt.

Es ist die Art, in der Luther sich in seiner zweiten *Freiheitsschrift* gegenüber dem so *umsichtig*, *verständnisvoll*, *milde* und in der Sache *vollkommen überzeugend argumentierenden Erasmus von Rotterdam* aufführt. Angesichts des *Gegenstands der Debatte*, die sowohl das *Ursprungsmotiv der Reformation* wie auch die *bewegende Kraft der Aufklärung* betrifft und ihm mit einer nie zuvor erreichten Luzidität von seinem vermutlich bedeutendsten Zeitgenossen angeboten wird, fällt es mir schwer, diesen Martin Luther als *Aufklärer* zu apostrophieren.

Zwar kennt man heute den flegelhaften Ton vom genialen Karl Marx gerade auch gegenüber den ihm am nächsten stehenden Junghegelianern.[7] Man kann überdies sagen, dass man schon kurz nach der Erfindung des auch die *Flugschriften* ermöglichenden *Mediums* des *Buchdrucks* (ganz ähnlich wie in den neuerdings zu Herrschaft gelangten *digitalen social medias*) eine *Verrohung* des sprachlichen Ausdrucks hinzunehmen hat...

Doch wie Luther hier mit einem *Gelehrten* verfährt, dem er historisch und philologisch viel verdankt, der ihm anfangs mit seiner Kritik an der römischen Kirche nahegestanden hat und der, nach meinem Urteil, als der *bedeutendste zentraleuropäische Humanist, Politiktheoretiker* und *Frühaufklärer* gelten kann, ist nicht nur *skandalös*, sondern scheint vom *Ungeist der Gegenaufklärung* erfüllt.

Luthers 1525 veröffentliche Schrift *De servo arbitrio*, mit der er auf Erasmus' im Jahr zuvor erschienenen Abhandlung *De libero arbitrio* antwortet, liest sich tatsächlich wie eine in *groben Worten* erteilte *Absage an den Geist der Aufklärung*. Heinrich Stromer, der um Vermittlung im Religionsstreit bemühte Leibarzt des Mainzer Erzbischofs, sah in Luthers rücksichtsloser Entgegnung »eine große zukünftige Tragödie«.[8] Ob dieses Urteil über Luthers Schrift auf ihre politischen und religiösen Nachwirkungen zutrifft, dürfte schwer zu beurteilen sein. Es trifft aber mit Sicherheit das *Problem der Aufklärung* in ihrem historischen und philosophischen Verständnis.

Mit »Tragödie« ist natürlich nicht gemeint, dass es diese Entgegnung Luthers war, die mich in meiner ersten eigenständigen Beschäftigung mit seinen Schriften von ihm hat abfallen lassen. Dazu

[7] Insbesondere in der *Deutschen Ideologie*, die er jedoch, das muss man Marx zu Ehren sagen, gar nicht veröffentlichte.

[8] Zitiert nach der glänzenden Darstellung auch der Kontroverse zwischen Erasmus und Luther durch Schilling 2012, 390.

gehörte in meinen philosophischen Studienjahren ohnehin nicht viel.[9] Als angehender Kantianer hatte ich genug damit zu tun, die *Freiheit* als »Faktum der Vernunft« und als alleinigen *Grund* der menschlichen *Würde* zu begreifen. Darüber ließ sich bequem vergessen, wie Kant selbst in seiner *Religionsschrift* in theologischer Perspektive über die menschliche Freiheit urteilt. Die meisten Kantianer machen es sich bis heute unter dem säkularen Schirm dieser Vergesslichkeit bequem.

6. Tatsächlich aber offenbart das Freiheitsproblem die eigentliche, die innere »Dialektik der Aufklärung«, die Horkheimer vermutlich stärker als Adorno erahnte, von der die beiden Autoren in ihrem sprichwörtlich gewordenen Buch aber leider nicht gesprochen haben. Tatsächlich jedoch ist das zwischen Luther und Erasmus strittige Freiheitsproblem der, wie Kant sagen würde, »Prüfstein« der Aufklärung, und dies insofern, ob man sie *bloß säkular, lediglich gesellschaftlich* und *geschichtsphilosophisch* versteht, oder aber in einem *umfassenden Sinn* begreift. Und das heißt, wie ich es nunmeh verstehe: sie *existenziell* und damit letztlich auch *theologisch* begreift.

Um es nicht bei dieser Andeutung zu belassen, hebe ich zunächst mit Blick auf *Erasmus* hervor, dass er eine meisterliche Abhandlung über die menschliche Freiheit geschrieben hat, die so gut wie allen Handlungslagen des Menschen in einer auch modernen Anforderungen genügenden Weise entspricht.[10] Er belegt nicht nur, dass im *Alten* wie im *Neuen Testament* durchgängig sowohl von der *Entscheidungsfreiheit* wie auch von der *Verantwortlichkeit* der Individuen ausgegangen wird, die ihnen im Urteil Gottes unterstellt wird. Im Anschluss an die Willenslehre des Kirchenvaters Augustinus, dessen *De libero arbitrio* Erasmus mit dem Buchtitel über der

9 Siehe dazu meinen Rückblick auf meine Abkehr vom Gottesproblem und seine philosophische Rückgewinnung in: Gerhardt 2016b.

10 Dazu: Recki 2009, 24–28.

eigenen Schrift wieder aufleben lässt, zeigt er, dass es einen *guten Sinn* ergibt, an Gott nicht nur als an den *Schöpfer aller Dinge*, sondern speziell *auch* als an den *Schöpfer der menschlichen Freiheit* zu glauben.

Heilsversprechen und *Erlösungshoffnung* sind an die Fähigkeit des Menschen gebunden, sich ihnen *aus eigener Einsicht* und *persönlichem Entschluss* zu öffnen. Also können weder Gottes Gebote noch seine Strafen ohne die Voraussetzung eines von ihm selbst gewollten freien menschlichen Wollens gedacht werden. Erasmus setzt in einer an moderne Verfahren erinnernden *logischen, semantischen* und *handlungstheoretischen* Analyse auseinander, dass Sprechen und Handeln der Menschen sinnlos würden, wenn sie sich wechselseitig keine Freiheit zugestehen könnten.

Schließlich erweist er sich als aufmerksamer Leser der von Luther vier Jahre zuvor veröffentlichten Schrift *Von der Freiheit eines Christenmenschen* (1520), indem er die *Gnadenlehre* des Reformators aufnimmt und den stets gegenwärtigen Anteil Gottes am Tun des Menschen exponiert: Weit entfernt, den freien Willen »absolut zu setzen, legt Erasmus [...] Wert darauf, ihn einzubinden in das Bedingungsgefüge der göttlichen Allmacht und Vorsehung, indem er eine differenzierte Lehre von den Formen der Gnade vertritt, von der wir abhängen und innerhalb derer der freie Wille eine begrenzte Funktion der Mitwirkung hat«.[11]

Diese durch und durch humane Vereinbarkeitsthese von göttlicher Allmacht und menschlicher Freiheit wird von Theologen heute als »Synergismus von Gnade und Willensfreiheit« bezeichnet und kann als Parallele zu dem insbesondere bei Kantianern verbreiteten *»Kompatibilismus« von Kausalität und Freiheit* verstanden werden.

Für seine Verhältnisse braucht Luther lange, um Ende 1525 mit *De servo arbitrio* auf Erasmus zu antworten. Mit großem Scharfsinn setzt er bei der *Vereinbarkeit von Gnadenlehre und Willensfreiheit* an: Entweder hat der Mensch die göttliche Gnade nötig, und dann hilft

[11] Ebd., 24.

ihm seine Freiheit nichts, oder er ist in seinem Wollen frei, dann hat er die Gnade nicht nötig. Dazwischen gibt es für Luther nichts.

Und mit dieser Überzeugung lässt er an der Schrift des nunmehr zum *Gegner* erklärten Humanisten kein gutes Haar. Erasmus wird als *begriffs-* und *willensschwacher* Gelehrter, der von Gott zwar reden, ihm aber seine Größe nehmen will, lächerlich gemacht. Als unentschlossener Kompromissler möchte er beiden, nämlich den *Menschen* wie auch *Gott, nach dem Munde* reden. Er möchte sowohl die *Freiheit* wie auch die *Gnade*. Doch da, nach Luthers Auffassung, das eine das andere ausschließt, will Erasmus nichts.

7. Damit könnte die Frage nach Luthers Stellung zur Aufklärung entschieden sein: Wer dem *Menschen* alle Freiheit abspricht und sie im vollen Sinn des Wortes nur dem *göttlichen Willen* zuerkennt, der kann schwerlich als ein *Aufklärer* bezeichnet werden. Aufklärung war schon bei den Griechen ein *mundanes Vorhaben*, das auf die *Zuständigkeit des Menschen*, auf sein »Könnensbewusstsein«, wie Christian Meier es nennt, gegründet war.[12] Das *Wissen*, die *Tugend des Einzelnen* und mit ihm die *Gestaltung der rechtlich-politischen Ordnung* standen bei den Griechen im Vordergrund; die *Kunst* und der den Göttern geweihte *Kultus* bildeten den Rahmen.

Für *Sokrates*, den man als Protagonisten der auf *Besonnenheit, Gerechtigkeit, Tapferkeit* und *Frömmigkeit* setzenden wahrhaft um *Weisheit* bemühten *sophistischen Bewegung* ansehen kann, war die *Freiheit*, mit der er sein Schicksal auf sich genommen hat, essenziell. Dazu gehörte auch die Hinnahme des willkürlich gegen ihn verhängten Todesurteils.[13]

Daran haben sich die Wortführer der nachfolgenden europäischen, alsbald auch der vornehmlich von amerikanischen Rechtsanwälten und Geschäftsleuten befürworteten *Aufklärung* immer

[12] Meier 1980.

[13] Das belegen der Schlussabschnitt der *Apologie*, der Gefängnisdialog im *Kriton* sowie der gesamte Gesprächsverlauf im *Phaidon*.

wieder erinnert. Wobei der Fortschritt, wenn ich so sagen darf, wesentlich darin lag, die *Freiheit* zu einem *Grundrecht*, zum »*Menschenrecht*«, zu machen, das mit dem Recht auf *Leben* und die Realisierung des *individuellen Glücks* zwingend verbunden ist.

Als humanistischer Brückenpfeiler zwischen Antike und Moderne kann Erasmus ohne jede Einschränkung als Wegbereiter dieses »Zeitalters der Aufklärung« begriffen werden – auch deshalb, weil er in seiner klugen Weltläufigkeit insbesondere der *christlichen Religion* einen wesentlich mitbestimmenden Platz einzuräumen sucht. Wenn es die späteren Aufklärer, zu denen man nicht nur bedeutende theologisch produktive Philosophen wie *Spinoza*, *Leibniz*, *Rousseau* und *Kant*, sondern bis hin zu *Spalding* und *Schleiermacher* auch namhafte Theologen rechnen kann,[14] nachträglich nicht mehr vermögen, den ursprünglich *christlichen Impuls* der Aufklärung kenntlich zu machen,[15] dann kann uns Erasmus' *Institutio principis christiani*[16] mit der ihm eigenen Prägnanz helfen, die christlich motivierten Ziele eines auf *Bildung*, *sozialen Ausgleich*, *Gerechtigkeit* und *Frieden* angelegten aufgeklärten Humanismus in Erinnerung zu halten.

Damit das nicht wie eine leere Drohung klingt, erwähne ich nur ein Beispiel: Wer hat jemals *vor* und auch nur einmal *nach* Erasmus ausgesprochen, dass die Politik ein *durch sie selbst erzeugtes Übel* ursprünglich *durch eigene Anstrengung* gut zu machen hat? Die Politik, so Erasmus, hat allein deshalb die Pflicht, den »Schwächeren« (*imbecilli*) zu helfen, weil sie »der Ungerechtigkeit stärker

[14] Man denke an Theologen wie Jerusalem, Teller, Michaelis und viele andere. Siehe dazu: Beutel 2009.

[15] Die Erinnerung an den christlichen Ursprungsimpuls der europäischen Aufklärung des 17. und 18. Jhdt.s gilt heute als politisch inkorrekt. Doch da sie in der Sache so richtig ist, wie die Tatsache, dass die sich allein durch die Mitwirkung des über antike Gelehrsamkeit verfügenden Apostels Paulus (und vieler anderer) zu der evangelischen Botschaft ausgebildet hat, als die wir sie heute schätzen, wäre es unverzeihlich, diese Wahrheit nicht kenntlich zu machen.

[16] *Institutio principis christiani* (Erziehung der christlichen Fürsten) (1515).

ausgesetzt« sind![17] Wie viel Mühe hätte John Rawls sich ersparen können, wenn er davon gewusst hätte.

8. Habe ich mit diesen Überlegungen meiner eigenen These, der zufolge Luther *im Allgemeinen* als ein *Teil der zivilisatorischen Selbstaufklärung der Menschheit* und *im Besonderen* als ein *Wegbereiter der euroamerikanischen Aufklärung* des 17. und 18. Jahrhunderts anzusehen ist, widersprochen? In Teilen vielleicht. So hat es den Anschein, als relativiere Luthers Kritik an Erasmus seine früheren Ausführungen über die »Freiheit eines Christenmenschen«. Tatsächlich lässt sein gnadentheologischer Absolutismus wenig Raum für eine angemessene Gewichtung der *mundanen Instanzen*, der in eine weltliche Verantwortung eingebundenen Personen und Institutionen, denen die politische Aufklärung ihre Zuversicht verdankt. Dazu scheint auch die *menschliche Freiheit* zu gehören, ohne deren *Selbstgewissheit* und *Selbstvertrauen* keine Aufklärung in Gang kommen kann.

Aber ist es wirklich so, dass Luther dem Menschen dieses Vertrauen in die eigenen Kräfte nimmt? Darf man tatsächlich annehmen, dass er in seiner *Gnadenlehre* aus theologischen Gründen alles das in Abrede stellt, was er als Reformator mit größter Tatkraft in Gang gebracht hat? Kann es sein, dass er *die Freiheit* bestreitet, die es ihm zuallererst ermöglicht, unerschrocken und mit einzigartiger *Entschiedenheit* das zu tun, weswegen wir uns nach fünfhundert Jahren immer noch an ihn erinnern?

Es wäre so geist- wie bodenlos, wenn wir dies annehmen würden! *Niemand*, der sein Leben mit der *Entschlossenheit* führt, wie Martin Luther dies nach allen uns vorliegenden Quellen tut, erst recht *niemand*, der gegen so viele *Widerstände* für seinen eigenen Glauben kämpft, den ihm ein *Heer von Gelehrten, von Staats- und Kirchenfürsten* sowie eine Handvoll versprengter *politischer Abenteurer* streitig machen will; schon gar nicht *jemand*, der eine *welt-*

[17] Erasmus, *Institutio*, Werke V, 294/5.

geschichtliche Bewegung auslöst, wie sie die *Reformation* gewesen ist, niemand, sage ich, kann im Ernst an seiner sachlichen und persönlichen *Zuständigkeit*, damit an seiner *Verantwortung* vor sich und vor anderen und somit an seiner *inneren* wie *äußeren Verpflichtung*, das zu tun, was er getan hat und darüber hinaus zu tun versuchte, zweifeln!

Und wir können, wenn wir lesen, was Luther selbst über die »Freiheit eines Christenmenschen« schon im Beginn seiner Wirksamkeit geschrieben[18] und später niemals in Abrede stellte, sondern vielmehr wiederholt bekräftigt hat, nicht leugnen, dass er das, was die *Aufklärung* braucht, um *möglich* und jederzeit *wirklich* zu sein, nicht auch *selbst* mit aller ihm zur Verfügung stehenden Kraft *praktisch realisiert* und in seiner Lehre auch *theoretisch verteidigt* hat!

Was das ist, wovon ich hier in langen Sätzen rede, hat *Immanuel Kant* auf eine kurze Formel gebracht, die alle kennen: Aufklärung bedeute, so Kant, den »Muth« zu haben, sich seines *eigenen* Verstandes zu bedienen.[19]

---

[18] *Von der Freiheit eines Christenmenschen* (1520). – Im vorliegenden Text beschränke ich mich auf den Aufweis der von Luther in Anspruch genommenen praktisch-politischen Freiheit und verzichte auf eine Prüfung und Gewichtung seiner Argumentation in *De Servo arbitrio* (1525). Nur könnte ich die von Luther tätig unter Beweis gestellte Freiheit nicht so positiv bewerten, wenn ich der Ansicht wäre, dass er damit seiner Antwort an Erasmus widerspricht. In seiner Kritik an dem großen Humanisten, den er nicht widerlegt, beachtet Luther zu wenig, dass man auch die nicht gläubigen Menschen unter Freiheitsansprüche stellen kann und stellen können muss. Es gibt die *bürgerliche Freiheit*, die auch für Menschen gilt, die keiner Religion angehören. Deren Freiheit muss in einer politischen Theorie im Mittelpunkt stehen; Luthers Thema ist jedoch weiterhin die *Freiheit eines Christenmenschen*. Und der erfährt in seinem natürlich freigewählten Glauben die Übermacht Gottes, die – wie der aufgeklärte Theologe Schleiermacher sagen konnte – »schlechthinnige Abhängigkeit« von einer über mir stehenden Macht.

[19] Kant 1784, 35.

Allein am Wortlaut der Eröffnungspassage, die Kant seinem Aufsatz zur »Beantwortung der Frage: Was ist Aufklärung?« voranstellt, lässt sich zeigen, dass man keine *Theorie der Freiheit* braucht, um den *selbstbestimmten Imperativ eigener Verantwortlichkeit* zu verstehen und – sobald man ihn versteht – auch die *Nötigung verspürt, ihm zu folgen.*

Entscheidend ist allein das, was bereits zum *Verstehen* nötig ist: nämlich der »*eigene Verstand*«. Und wenn man ihn hat, bedarf es, nach Kant, nur der »Entschließung und des Muthes«, »sich seiner ohne Anleitung eines anderen zu bedienen«.[20] Kurz: Es ist der *Anspruch »selbst zu denken«*,[21] der für jeden, der dies kann, das Verlangen nach sich zieht, auch *selbst tätig zu sein.*

Luthers größter und wichtigster *Impuls für die Aufklärung* der auf ihn folgenden Jahrhunderte liegt somit darin, dass er diesen Anspruch des *Selbstdenkens* und des *Selbsthandelns* unter den denkbar widrigsten *persönlichen, politischen* und auch *theologischen* Bedingungen mit bewundernswerter *existenzieller Konsequenz erhoben, aufrecht erhalten* und auch zu einem *gewissen Erfolg* geführt hat. Es ist dies ein Erfolg, den Luther sich, wie wir wissen, *anders vorgestellt* hat, der ihn aber dennoch nicht von dem, was er *im eigenen Denken für richtig befunden hat*, abbringen konnte.

9. Diese Einsicht führt zu einer, wie ich finde, hochbedeutsamen theologischen Konsequenz: *Auch im Glauben muss es letztlich um die Eigenständigkeit des Gläubigen gehen.* Es kommt darauf an, ***selbst** zu glauben.* Denn nur das gläubige Individuum kann darüber urteilen, aus welcher Kraft es lebt und welcher Tröstung es bedarf.

Es ist unstrittig, dass kein Mensch für sich alleine lebt. Er ist nicht nur in seinem Wissen an den historischen und sozialen Zu-

[20] Ebd.

[21] Zum »Selbst-« und »Selberdenken« siehe Kants Nachricht von der Ankündigung einer Vorlesung im Winterhalbenjahre 1765/6, AA 2, 303ff.

sammenhang gebunden, aus dem er stammt und in dem er sich auch in existenziellen Lagen fortgesetzt befindet. Die Begriffe, mit denen er *denkt*, die Sprache, in der er *spricht*, die Normen, nach denen er *bewertet* wird (auch die, nach denen er selber wertet), sind ihm vorgegeben. Er bleibt in so gut wie allen Handlungslagen, auf die Vorleistungen und den Beistand anderer angewiesen.

Aber gerade unter diesen allgemein bestimmten Konditionen des menschlichen Daseins gibt es die bereits unser Selbstbewusstsein ermöglichende *Bedingung individueller Eigenständigkeit*. Umgeben von lauter ich-sagenden Individuen gibt es die bereits das Sprechen fundierende Chance, einige von ihnen mit einem persönlichen *Du* anzusprechen, mit dem sie als einzigartig ausgezeichnet sind. Im Prinzip können, wie wir wissen, alle Menschen mit *Du* angesprochen werden. Und es ist die von jedem in der Regel als selbstverständlich ergriffene Chance, sich selbst gegenüber jedem derart ausgezeichneten *Du* als unverwechselbares *Ich* zu begreifen. Nur als ein solches *Ich*, kann ich etwas *wissen* und *beurteilen*. Nur ein Ich kann menschlich *fühlen*. Und nur einem selbstbewussten Ich ist es möglich, eigenständig zu *handeln*.

Wenn das aber beim *Wissen*, *Urteilen*, *Fühlen* und *Handeln* so ist, kann es beim *Glauben* schon deshalb nicht anders sein, weil der *Glauben* auf das Engste mit dem *Wissen*, *Urteilen*, *Fühlen* und *Handeln* zusammenhängt und – : weil er ohne individuelles Selbstbewusstsein gar nichts ist. Also gilt die für das *Selbstdenken* gewonnene Einsicht der Aufklärung auch für den *Glauben*: Er kann noch so sehr aus unvordenklichen Traditionen stammen und auf den lebendigen Zusammenhang einer Gemeinschaft bezogen sein: Der Glauben bleibt – auch für die eigene Zeit oder für die mitbetroffenen Glieder einer Kirche – ohne jede Bedeutung, wenn er nicht von *eigenen Überzeugungen* getragen, im *eigenen Lebensgrund* verankert und vom *eigenen Sinn* bestimmt ist. Er muss immer auch das *eigene Heil* im Auge haben, selbst dann, wenn er aus der Hoffnung lebt, darin könne das Heil anderer, ja, vielleicht das aller Menschen bestehen.

Luther tastet den Anspruch des *Selbstdenkens* nicht an. Im Gegenteil: Er setzt ihn in allem voraus. Wäre es anders, hätte er niemals: »Hier stehe ich und kann nicht anders«, sagen können. Ohne *Ich* könnten kein Glaubensbekenntnis und kein Gebet gesprochen werden. Und dem *Du*, mit dem wir Christen im *Vaterunser* Gott selbst ansprechen, fehlte der sinngebende Ausgangspunkt.

Das alle Bedeutung tragende Ich entfällt somit auch bei Luther nicht, wenn er dem *Selbststehen und Selbsthandeln* etwas voranstellt, das ihm – in klarer Erkenntnis der fundierenden Rolle dieser Wissen, Fühlen und Handeln zuallererst bedeutungsvoll machenden Einstellung – den *Glauben* voranstellt.[22] Seine die Reformation theologisch begründenden Maximen des *sola fide* und des *sola gratia* haben ihren Anfangs- und ihren Endpunkt im selbstbewussten Ich des Glaubens. Man sagt also nicht zu viel, wenn man, auch mit Blick auf die Kritik am Vorrang der römischen Kurie sowie an der Selbstüberschätzung der kirchlichen Institutionen und ihres Personals, das *»Ich glaube«* als den eigentlichen Ausgangspunkt der Reformation erklärt. Wenn der »Wahlspruch« der Aufklärung fordert, nicht länger der »selbstverschuldeten Unmündigkeit« anzuhängen und sich durch »*Selbstdenken*« von Autoritäten zu lösen, denen man nur durch Gewalt und Gewohnheit anhängt, dann ist der alles andere nach sich ziehende Anspruch der Reformation: »*Glaube selbst*«. Es ist der »eigene Gauben«, der die Freiheit eines Christenmenschen begründet, und es ist das *Selberglauben*, das es einem Menschen nicht länger möglich macht, ein »Proselyt« zu sein. Wenn die Verhältnisse es nicht anders zulassen, muss der seinem eigenen Glauben verpflichtete Mensch zum »Protestanten« werden.[23] Das war 1517 so und ist auch 2017 nicht anders.

---

[22] Über die epistemische Rolle des Glaubens siehe: Gerhardt 2016a.

[23] Der die reformatorische Theologie unter den Bedingungen der Aufklärung vertretende Immanuel Kant, von dem die Formulierung mit dem »Wahlspruch der Aufklärung« stammt, verschärft die Abgrenzung gegenüber den nicht ihrem eigenen, sondern dem von der Kirche vertretenden Glauben folgenden *Proselyten* dadurch, dass er sie durchweg als Anhänger eines

10. Das hören Kirchenleute nicht gern. Sie sehen lieber die *Gemeinde* und die sie *verwaltenden Institutionen* als *Subjekt des Glaubens* an. Doch Luthers reformatorisches Bekenntnis ist auf den *individuellen Glauben* gegründet. Das hat er in einem *biographisch* und *reformationsgeschichtlich* entscheidenden Augenblick mit denkbar größter Schärfe und Klarheit ausgesprochen, und zwar am 9. März 1522.

Der Junker Jörg hatte es angesichts der Nachrichten aus Wittenberg in seinem erzwungenen Versteck auf der Wartburg nicht mehr länger ausgehalten und begab sich unerkannt und ohne Erlaubnis seines Kurfürsten ins Zentrum des Geschehens, wo er am 6. März eintraf. Er entschließt sich, die tumultösen Konflikte, die bereits in allen deutschen Landen für Unruhe sorgen, durch eine *Glaubensbotschaft* zu beruhigen, die er in 8 Predigten vor überfülltem Kirchenschiff in aufeinander folgenden Tagen vorträgt.

Wenn man den Berichten trauen darf, haben die Bewohner Wittenbergs das Unerhörte des Augenblicks empfunden.

Und wie beginnt Luther? Nicht mit Hinweisen auf die großen, durch ihn ausgelösten *Vorgänge in der Welt*; auch nicht mit *Beschwerden* über jene, die in Wittenberg das Fastengebot aufgekündigt, das Augustiner-Kloster verwüstet und die Heiligenfiguren verbrannt haben. Er hebt vielmehr – ohne Ankündigung und ohne Vorspruch[24] – mit einer *Vergegenwärtigung der Einsamkeit des Sterbens* an, und dies mit Worten, die uns schlagartig vor Augen führen, dass es hier nur noch um den *Glauben des Einzelnen*, der den Tod vor Augen hat, gehen kann. Ich zitiere Luther, der wohlge-

---

»Afterglaubens« bezeichnet. – Kants bedeutende, von den Philosophen notorisch unterschätzte Religionsschrift (Die Religion in den Grenzen der bloßen Vernunft, 1773), sollte von den protestantischen Theologen ernster genommen werden. Es ist ein Monument der Nähe zwischen Reformation und Aufklärung.

[24] So weisen es Luthers Redetexte und die anschließende Veröffentlichung aus. Ich zitiere nach den von Karin Bornkamm und Gerhard Ebeling herausgegebenen Ausgewählten Schriften, 1982, 271ff.

merkt nach Wittenberg geeilt war, um die *Zukunft der Reformation* zu sichern:

> »Wir sind allesamt zu dem Tod gefordert, und keiner wird für den andern sterben, sondern *jeder in eigener Person für sich* mit dem Tod kämpfen. In die Ohren können wir wohl schreien, aber ein jeder muss für sich selbst geschickt sein in der Zeit des Todes. Ich werde dann nicht bei dir sein noch du bei mir. Hierin muss jedermann die Hauptstücke, *die einen Christen angehen*, genau wissen und gerüstet sein.«[25]

Deutlicher kann nicht gesagt werden, worauf es im Glauben an denjenigen, der *allein* am Kreuz gestorben ist, ankommt. Hier ist die Allgemeinheit des Wissens und die Seelsorge durch die Kirche an eine Grenze gelangt, und dem sterbenden Individuum bleibt nichts als *sein Glauben*, der ein Glauben nicht mehr an den so oder so angenommenen *Lauf der Dinge*, auch nicht ein *pragmatisches Vertrauen* auf den *Fortbestand der Geschichte* oder auf die *Verlässlichkeit des Redens* und *Handelns*, auch kein *humanitärer Glauben* an die *Menschheit* oder eine *moralische Gewissheit* vom Fortbestand der *eigenen Würde* sein kann.

Der Glauben, auf den es angesichts des Todes ankommt, hat die Gewissheit, dass alles, was dem Einzelnen bis dahin wichtig war und ist, für ihn mit dem Tod verloren ist. Was ihm einzig bleibt, ist die Hoffnung, dass mit dem Tod nicht alles zu Ende und auch nicht alles nichtig ist. Und für diese Erwartung steht der *Name Gottes*, mit dem wir aber nicht mehr verbinden können als die »*Zeichen*«, die wir als von ihm gegeben zu erkennen vermeinen und die anderen noch in der größten Verzweiflung ihres Sterbens Trost gegeben haben.

Ein Wissen von diesem Gott haben wir nicht. Deshalb ist auch jede Spekulation darüber, wie er sein mag, was er kann und was er will, umsonst. Wir kennen nur die Gegenwart der Welt und die Tatsache, dass wir zu ihr gehören. Deshalb spricht auch nichts dagegen, dass wir uns in ihr so verhalten, wie es uns nach unserem besten

---

[25] Erste Predigt *Sonntag Invokavit* am 9. März 1522, in: Bornkamm/Ebeling 1982, 271.

Wissen und Gewissen richtig erscheint. Dazu gehört natürlich auch die Freiheit im Umgang mit uns selbst und mit den Dingen.

Diese Freiheit kommt selbstredend auch den Christen zu. Nur wenn sie meinen, in ihrer Unkenntnis über das, was Gott ist und was Gott will, könnten sie – wie Erasmus dies tut – *Konsequenzen für ihr menschliches Handeln* in der Welt ableiten, überschreitet der Mensch seine Kompetenz.

Das einzige, was Christen mit Blick auf Gott verlässlich sagen können, ist, dass sie sich im Leben, zu dem auch das Sterben gehört, nicht genügen. Alles Wissen, alles Verstehen, und aller Sinn machen, je stärker wir ihrer bedürfen, bewusst, dass sie selbst nicht genügen. Deshalb verweisen unser Dasein und unsere Welt nach der Art von *unvollständig ausgeführten Zeichen* auf einen *vollständigen Sinn*, einen *alles tragenden Grund*, ohne die wir uns selbst als *unvollständig* begreifen.

Dieser Sinn kann ganz anders sein, als wir es mit unseren Maßstäben zu erschließen versuchen. Über ihn können daher *kein Mensch* und *keine* noch so glanzvolle Organisation einer Kirche gebieten. Deshalb wehrt Luther mit der Reformation jede Vereinnahmung Gottes durch die Menschen ab; deshalb erhebt er auch so entschieden Einspruch gegen Erasmus, der mit seiner tiefsinnigen Erörterung über die Freiheit, Gott eine *Arbeitsteilung* offeriert, in der sich der Mensch hoffnungslos überschätzt und Gott in denkbar größter Vermessenheit unterschätzt.

Luther hingegen geht es um die *Größe Gottes*, der in seiner Freiheit, jedenfalls für den Menschen auch offen lässt, ob die Aufklärung, für die man in der Welt, wie Luther durch seine Lebensleistung bewiesen hat, ein Projekt auf Dauer wird. Wir sollten alles darauf anlegen, dass sie eine möglichst unbeschränkte Zukunft hat; aber ob es so kommt, können wir nicht wissen. Darin liegt die *Dialektik der Aufklärung*, die unser gesamtes Wissen und Können verlangt, uns aber nicht wissen lässt, ob sie auch nur auf längere Sicht gelingt.

Literatur

Beutel, Albrecht (2009): Kirchengeschichte im Zeitalter der Aufklärung. Ein Kompendium, Göttingen.

Gerhardt, Volker (2014,[3]2015): Der Sinn des Sinns. Versuch über das Göttliche, München.

Gerhardt, Volker (2016a): Glauben und Wissen, Stuttgart.

Gerhardt, Volker (2016b): Vom Grund zum Sinn. Ein philosophischer Zugang zum Göttlichen, in: Michael Kühnlein (Hg.), Gott und Sinn. Im interdisziplinären Gespräch mit Volker Gerhardt, Baden-Baden, 201–238.

Kant, Immanuel (1784): Beantwortung der Frage: Was ist Aufklärung, in: ders. Gesammelte Schriften, Bd. 1–22, Preußische Akademie der Wissenschaften, Berlin 1900ff., AA 8, 33–42.

Luther, Martin (1982): Ausgewählte Schriften, hg. von Karin Bornkamm / Gerhard Ebeling, Band 1: Aufbruch zur Reformation, Frankfurt/Main.

Meier, Christian (1980): Die Entstehung des Politischen bei den Griechen, Frankfurt/Main.

Recki, Birgit (2009): Freiheit, Wien.

Schilling, Heinz 2012, [3]2014): Martin Luther. Ein Rebell in der Zeit des Umbruchs, München.

Mathias Schmoeckel

Eine neue Konzeption des Rechts durch die Reformation

1. Einleitung

Die Frage, ob es theologische Einflüsse der Reformation auf das Recht geben kann, sollte man *prima vista* verneinen können. Zunächst entspricht es der modernen Wissenschaft, dass die wissenschaftlichen Disziplinen voneinander unabhängig sind. Was sollte etwa bei der Physik oder Chemie durch Luthers Thesenanschlag verändert worden sein? Was für die Beschreibung der Natur gilt, sollte ebenso für die Rechtsordnung und ihre eher technisch zu sehenden Rechtslehren gelten. Ferner sind die Begriffe und Ideale der Disziplinen unterschiedlich: Gerechtigkeit ist zunächst ein theologisches Konzept, mit dem Juristen konkret kaum etwas anfangen können. Weiterhin sind die Sachprobleme der Fächer ganz unterschiedlich. So lassen sich die »Theodizee« oder Fragen zu Gottes Allmacht kaum in juristische Probleme übersetzen. Schließlich waren die Reformatoren außer Calvin keine Juristen und auch bei letzterem stand in seinen Schriften immer der Theologe im Vordergrund.

Recht will zudem immanent »richtig« sein und seine Legitimation nicht nur einer als verbindlich angesehenen Theologie verdanken. Juristen des konfessionellen Zeitalters hatten oft gute Gründe, ihre Konfession zu verschleiern, entweder um ihr Leben zu schützen oder nur um ihre Lehren einfach als Einfluss der Gerechtigkeit darzustellen[1].

[1] Näheres dazu bei Schmoeckel 2009.

Dennoch beobachtete ich bei meiner Habilitationsschrift, dass sich zur Abschaffung der Folter überdurchschnittlich viele Calvinisten entschieden, nicht zuletzt auch Friedrich II. von Preußen[2]. Ich konnte diese Häufung nicht begründen, doch als Phänomen war sie auffällig. Ich habe daher seit 1999 nach konfessionellen Einflüssen auf die Rechtsordnung gesucht. Dies führte mich 2015 zur These, dass tatsächlich fast die gesamte Rechtsordnung von konfessionellen Perspektiven geprägt war und dass dies bis zum 18. Jahrhundert Bestand hatte[3]. Weil dies noch nie jemand jedenfalls seit dem 18. Jahrhundert gesehen hat, habe ich noch einige weitere Themen behandelt, um die Reichweite meiner These zu testen. Tatsächlich fand ich seither noch weitere wichtige Interdependenzen zwischen der Reformation und der Ausbildung der Rechtsordnung im 16. und 17. Jahrhundert.

Im Folgenden soll daher ein rein subjektiver Lagebericht präsentiert werden, der meinen gegenwärtigen Meinungsstand reflektiert. Es ist hoffentlich nicht Egomanie, sondern ein Gebot der Verdeutlichung, Rechenschaft nach einem so langen und eigenwilligen Gedankengang abzulegen, und den Versuch zu unternehmen, die sonst kaum darstellbare Kohärenz zu verdeutlichen. Wie immer dient ein Rechenschaftsbericht dazu, von einer höheren Autorität kontrolliert und korrigiert zu werden. Hier sollten dabei nur die wesentlichen Ergebnisse zusammengetragen werden. Ausgangspunkt aller Untersuchungen ist dabei, dass diese Fragen nur untersucht werden können, wenn die theologische Position in angemessener Weise berücksichtigt wird. Neuerungen können nur postuliert werden, wenn der Unterschied zur früheren Lehre erklärt wird. Die Grundlage des römisch-kanonischen Rechts des Hohen Mittelalters bleibt damit auch hier die maßgebliche Bezugsgröße, von der aus sich die Entwicklung überhaupt erst beschreiben lässt. Insofern gehe ich gerade nicht von der These

[2] Schmoeckel 2000, 549ff.

[3] Schmoeckel 2014.

aus, dass die Reformation die zweite große Revolution der Rechtsgeschichte sei[4], obwohl am Ende eine solche Beurteilung zutreffen könnte.

Zunächst sollen im Folgenden die Positionen der drei großen Reformatoren aus juristischer Sicht skizziert werden, um ihre Anstöße für unsere Fragestellung zu skizzieren. Danach sollen die Auswirkungen auf die Rechtsordnung betrachtet werden. Dies soll aus der heutigen Perspektive und getrennt nach den heutigen Materien geschehen. Für den Zweck eines kurzen Überblicks darf ich mich hier auf wenige Nachweise beschränken; die Quellen und Literatur wurden in den Publikationen eingehend genannt und diskutiert.

2. Anstöße der Reformatoren

2.1 Luther

Luthers Anstoß beruhte auf seiner unerschütterlichen Überzeugung, nach seinem Gewissen handeln zu müssen[5]. Letztlich handelt es sich um eine Auswirkung des Humanismus, der dem forschenden Individuum eine große Aufgabe für die Erkenntnis der Wahrheit überträgt. Luthers von der Lektüre der Bibel geprägte Gewissheit führte ihn in den Kampf gegen den Ablasshandel, also die Vorstellung, mittels eines Kaufgeschäfts Gott zur Rechtfertigung zwingen zu können. Rechtsregeln lehnte er schon aus diesem Grund ab, weil nicht nur Gott frei war in seinen Entscheidungen, sondern auch im Individuum die Überzeugung des Gewissens vorherrschen sollte. Die Freiheit eines Christenmenschen war nach seiner missverständlichen Formulierung daher zunächst eine Freiheit vom Gesetz.

[4] Das ist die große These von Berman 1983/2004.

[5] Zu Luthers Rechtslehre s. v.a., zuletzt Witte Jr. 2009.

Nach der Exkommunikation Luthers ergab sich zusätzlich seine Gegnerschaft zum Papst und dessen auf dem kanonischen Recht begründeten Anspruch als oberster Richter. Eine Dekretale anzuerkennen, argumentierte Luther, bedeute auch die Autorität des Papstes als oberste Gewalt der Gesetzgebung anzuerkennen. Eine der erstaunlichsten Leistungen Luthers war es, die Macht des Papstes derart zu delegitimieren, dass Luther im Ergebnis und anders als Jan Hus tatsächlich der Verfolgung entging. Dabei muss man allerdings der Versuchung widerstehen, Luther als Juristen darzustellen, denn dieser war und blieb vor allem Theologe.

Ausschlaggebend ist Luthers Unterscheidung zwischen der sichtbaren und der unsichtbaren Kirche. Die unsichtbare Kirche (*ecclesia invisibilis*) der wahrhaft Gläubigen sei dem Menschen unbekannt; nur Gott wisse, wer dazu gehöre. Was der Mensch als Kirche sehe, sei eine weltliche Einrichtung. Diese unterscheide sich daher nicht grundsätzlich von den anderen sozialen und rechtlichen Gruppen. Über diese entscheide die weltliche Gewalt, einen Grund für einen Vorrang der geistlichen in diesen weltlichen Fragen gebe es nicht. Luthers Zweireiche-Lehre[6] ist dagegen sprachlich und inhaltlich eine Konstruktion des 20. Jahrhunderts, der gegenüber man sich vorsichtig verhalten sollte[7].

Die Autorität des Papstes zum Verständnis der Bibel benötige man letztlich auch deswegen nicht, weil die Bibel verstanden werden wolle. Jeder sei daher fähig, die Lehre Gottes zur Kenntnis zu nehmen. Damit kam es mehr auf die innere Bereitschaft und Bildung als auf eine vorgegebene Autorität an, um das rechte Verständnis der Schrift zu garantieren.

[6] Zu dieser eingehend Heckel 2016.

[7] Von Scheliha 2014.

2.2 Melanchthon

Philipp Melanchthon zeichnet sich dadurch aus, dass er dem Recht gegenüber wesentlich aufgeschlossener war[8]. Dies geschah aus mehreren Gründen und auf verschiedene Weisen. Zunächst lernte Melanchthon bei Aristoteles, mit dem er sich seit der Mitte der 1520er beschäftigte, dass die Griechen ihrer Jugend auch den Inhalt der Gesetze beibrachten. Gegenüber der Herausforderung der Bauernkriege lernte Melanchthon den Wert der Gesetzestreue und der Disziplin kennen. Doch wie verband sich das mit dem Kampf gegen den Ablasshandel? Melanchthon ergänzte die Funktion des Rechts nach Luthers Konzeption um den Gebrauch für die im Glauben Wiedergeborenen[9]. Diese hätten zwar den Glauben gefunden, doch eine Kontrolle des Richtigen durch Konsultation der Gesetze könne nicht schaden, sondern helfe, sich zu informieren und zu entwickeln.

In der Auseinandersetzung mit den Altgläubigen entwickelte Melanchthon die Confessio Augustana von 1530. Sie legte Grund für eine Normierung des lutherischen Glaubens und führte zur Einigung der lutherischen Reichsstände. Parallel dazu entwickelte Johannes Bugenhagen seine neuen Kirchenordnungen, mit denen die neue Kirchenpraxis geordnet wurde. Beide akzeptierten also von einem frühen Zeitpunkt an rechtliche Normierungen für den Glauben und seine Praxis. Bei beiden wirkte hierin auch der Antrieb, die rechte Lehre von der Schule bis zur Universität, von der Kanzel bis zu den einzelnen Kasualien sicherzustellen. Sowohl auf der Ebene des Reichstags, wo die lutherischen Stände 1529 gegen die Ächtung Luthers und seiner Werke protestieren und so zunehmend als »Protestanten« bekannt wurden, als auch auf der Ebene der Gesetzgebung lernten die Vertreter des evangelischen Glaubens, die Rechtsordnung für ihre Sache zu nutzen.

---

8 Zu Melanchthon s. zuletzt besonders Deflers 2005.

9 Schmoeckel 2012.

Eine besondere Wertschätzung entwickelte Melanchthon dabei für das römische Recht, das er sogar als Langfassung des Naturrechts ansah, dessen Kurzform er mit dem Dekalog gleichsetzte. Er schätzte den immensen Reichtum der Gedanken im Corpus iuris civilis und stimmte mit vielen Gedanken etwa des privaten Eigentums überein. In vielen Reden verwies er auf das Vorbild des römischen Rechts und seiner großen Vertreter des Hohen Mittelalters.

Schließlich begründete Melanchthon ein neues Verständnis für die Epistemologie als Grundlage aller Wissenschaften, was natürlich von großer Bedeutung auch für die Rechtswissenschaft sein musste. Dem gefallenen Adam habe Gott noch Reste der Erkenntniskraft in *ratio* und *conscientia* belassen[10]. Damit sei es eine Aufgabe des Einzelnen, – so fehlerhaft auch immer seine Entscheidungen notwendigerweise bleiben müssten – sich zu orientieren und seine Entscheidungen zu treffen. Keiner könne die Wahrheit vollkommen erkennen, auch nicht der Papst. Man könne aber hoffen, über die Einsicht in Fehler die eigene Erkenntnis zu verbessern. Mit seiner Schrift »Liber de anima« von 1553 entwickelte Melanchthon sogar eine eigene Einsicht in den internen menschlichen Erkenntnisablauf und begründete damit letztlich die moderne Psychologie, um so die Erkenntnisfähigkeit und -bereitschaft des Individuums zu begründen.

Im Ergebnis hing keine Wissenschaft mehr von einer anderen ab, denn ihre jeweiligen Begriffe und Probleme und damit ihre Lösungswege waren nun unterschiedlich. Vor allem die Theologie konnte nicht mehr beanspruchen, die anderen Fächer anzuleiten.

Die Rechtswissenschaft wurde damit aus der Herrschaft der Theologie entlassen. M.E. liegt hierin der bedeutendste Beitrag der Reformation bei der Neubegründung der Wissenschaften am Beginn der Neuzeit, der auch die weiteren Reformatoren prägte[11].

[10] Schmoeckel 2008.

[11] Schmoeckel2002.

2.3 Calvin

Als besonders gut ausgebildeter Jurist lernte gerade Jean Calvin die Bedeutung der Theologie als Wegweiserin einer gerechten Ordnung zu schätzen[12]. Seine Lehre stellte zentral auf den neuen Bund ab, den Gott mit seinem Volk geschlossen habe. Damit hätten sich Menschen und Gott miteinander und gegenseitig gebunden. In der gegenseitigen Bindung rezipierte er die *iustitia commutativa* des Aristoteles, die Calvin in immer neuen Kontexten als *mutua obligatio* bezeichnete. So gab es für den König sicherlich Sonderrechte aus dem Gesellschaftsvertrag, doch ebenso auch Pflichten gegenüber Gott und seinem Volk. Keine Macht war ohne eine solche Bindung gegeben, und jeder Machtträger wurde damit von dem Gegenüber in die Pflicht genommen.

Hinzu trat die Auffassung, dass jeder an seiner Stelle den Dienst gegenüber Gott zu leisten habe[13]. Dies traf nicht nur für die Kirchenverfassung und ihre vier unterschiedlichen Dienste zu, sondern auch für den Staat: Neben dem König – nur der *premier serviteur de Dieu* – stehen die Magistrate, die wieder mit eigenen Verantwortungen ausgestattet sind, und neben den Magistraten stehen wiederum die Mitglieder des Volks, die jeder für sich dem Gesellschaftsvertrag verpflichtet sind. Jeder Mensch hat danach im Staat eine Bedeutung, ausgenommen vielleicht der Bettler ohne Gut und Macht. Nicht die gewährten materiellen Gaben oder die Positionen an sich waren für Calvin das Problem, sondern die von Gott damit auferlegte Prüfung, mit den Wohltaten als verantwortungsvoller Christ umzugehen.

Ohne eine Chance zu kennen, inwieweit sie durch diese Taten ihre Rechtfertigung erhalten, sind sie gehalten, ihren Verantwortungen nachzugehen, wo immer sie sie finden. Die aus dem Gesellschaftsvertrag stammenden Rechte und Pflichten waren bei Calvin wohl noch eher theologisch eingekleidet; durch die Generation seiner Schüler und Enkelschüler wurden diese jedoch leicht in juristisch einklagbare Positionen umgedeutet.

---

[12] Zu Calvin s. zuletzt besonders Witte Jr. 2008; Strohm 2008.

[13] Schmoeckel 2013.

3. Grundlagen einer neuen Wissenschaft

3.1 Epistemologie

Wie schon gesehen war es zentral, die Autorität des Papstes als höchsten Richter und Gesetzgeber des Abendlandes zu leugnen. Luthers Mut, sich auf seine individuelle Erkenntnis der Bibel zu stützen, wurde durch Melanchthons neue Erkenntnislehre abgesichert. Auch vorher bildeten diese Bereiche bereits eine logische Einheit: War der Papst als *vicarius Christi* der Stellvertreter Christi auf Erden, dann konnte er mit dieser inhaltlichen Autorität auch behaupten, die besten Urteile und weisesten Gesetze erlassen zu können bzw. alle anderen Entscheidungen der Welt hinterfragen zu dürfen. Bis zum Syllabus Errorum im 19. Jahrhundert verteidigte die römische Kirche diese Position. War die Erkenntnis dagegen individuell und fehlbar, konnte weder der Papst noch eine sonstige kirchliche Autorität die Wahrheit garantieren. Jedermann war gleichermaßen qualifiziert, eine Entscheidung zu treffen. Es kam vielmehr auf die erworbene Bildung, die methodische Stringenz und die Überzeugungskraft der Interpretation bzw. die sorgfältige Ausübung der Macht an. Die Kirche konnte mit Hilfe theologischer Lehrmeinungen nicht länger bestimmen, was richtig oder falsch war. Der Index verbotener Bücher wurde zu einer Leseempfehlung für Kritiker. Mit einem deutlichen Gespür für die Veränderungen wurden aber in die römischen Indices noch lange gerade die sächsischen, also protestantischen Werke der Rechtswissenschaft aufgenommen, die zunächst die Position des Papstes übergingen oder der Kirche keine eigene Macht zuwiesen.

Es ist seit den 1930er Jahren bekannt, dass gerade die Epistemologie bis zum 18. Jahrhundert konfessionell geprägt war[14]. Während die römische Kirche durch Melchior Cano noch einmal die Autorität der Kirche betonen ließ, die ihrer Verantwortung gegenüber jedem Einzelnen durch die Beichtväter gerecht wurde, so dass jeder

[14] Wundt 1939.

von der *unam sanctam* geführt werden konnte, waren die Calvinisten noch von der Verantwortung des Heiligen Geists geprägt, der erst die notwendige Inspiration für die Werke vermitteln könne. Für Lutheraner war dies schon eine unzulässige Vermengung der wissenschaftlichen Disziplinen.

3.2 Methodologie

Für den freien Geist wurden Methoden nun wichtiger zur Richtigkeitsgewähr als Voraussetzungen, um den Gedankengang schlüssig zu entwickeln und die Gedanken der anderen nachvollziehen zu können. Nur so konnte man den Gedankengang und die Richtigkeit der Schlussfolgerungen erkennen. Melanchthon nannte schon drei Methoden, ohne hier eine abschließende Liste präsentieren zu wollen:

1) Er selbst prägte in seinen »Loci theologici« die Argumentationsweise, die auch von Juristen übernommen wurde und sich sogar noch heute mitunter hier findet. Z.B. Schutz der Schwachen oder Verbraucherschutz wären moderne Topoi. Es geht um Axiome oder um Wahrheiten, von denen man ausgehen kann, sodass aus dieser Perspektive auf anderes gefolgert werden kann. Melanchthon trug so zu den großen Themen die etablierten Sätze zusammen und versuchte sie durch eine kohärente Entwicklung der Lehre miteinander zu verschränken.
2) Das Naturrecht unterstellt, die Natur des Menschen bestimmen zu können, um daraus Regeln für den menschlichen Zusammenhalt formulieren zu können. Das Naturrecht wurde hier von Melanchthon und seinen Nachfolgern als Methode verstanden, nicht aber als Inhalt wahrer Rechtsregeln! Insoweit unterschied er sich von der antiken Tradition, die z.B. mit Augustinus von Hippo zwischen dem ewigen Gesetz Gottes (*lex aeterna*) und dem menschlichen Recht (*lex positiva*) eine vermittelnde *lex naturalis* annahm, verstanden als Konkretisierung Gottes in seiner Schöpfung. Es gab damit ganz unterschiedliche Konzeptionen für die Natur als auch die Inhalte des Naturrechts. Aus calvinistisch-arminianischer Sicht konnte dieser Ansatz genutzt werden, weil man eine geradezu biologisch feststehende Natur des Menschen annahm, für die eine

angemessene Rechtsordnung abgeleitet werden konnte[15]. Dabei konnte man dem Menschen Eigenschaften als angeboren unterstellen oder einfach aus den Erfahrungen schließen. Aus lutherischer Sicht dagegen gab es kaum die Möglichkeit der festen Erkenntnis des Naturrechts; Pufendorf machte daher nur Vorschläge, die bis zur Widerlegung gelten sollten[16]. Umso leichter ließen sich diese protestantischen Perspektiven aus der traditionellen, römisch-katholischen Sicht kritisieren[17]: Es gebe nicht die eine Natur des Menschen, von der sich Recht ableiten ließe. Vielmehr zeige die Entwicklung des Menschen vom vor- zum postlapsalen Zustand, von Sodom und Gomorrha bis zur Erneuerung des Bundes zwischen Gott und Israel durch Noah, wie wandelhaft der Mensch sei. Die Unterschiedlichkeit der Naturrechtsdeutungen gerade auch in Abhängigkeit der Konfession kann man nicht ausreichend betonen[18]. »Das« Naturrecht gab es in der Neuzeit nicht in materieller Hinsicht, sondern nur als Postulation und Voraussetzung der eigenen Überzeugung.

3) Schließlich sollte nach Melanchthon auch die Geschichte als Mittel dienen können, das Richtige von Fehlern zu unterscheiden. Schon die Reiche der Pharaonen, Griechen und Römer nötigten Bewunderung ab, so dass man herausfinde solle, was an diesen Gemeinwesen vorbildlich gewesen sei. Bereits der Wittenberger Jurist Johann Oldendorp übernahm diesen Ansatz[19], den man immer wieder bei protestantischen Juristen bis hin zu Friedrich Carl von Savigny findet.

Diese Bemerkungen sind nur der erste, sehr grobschlächtige Versuch, seit Jahrhunderten erstmals wieder die konfessionelle Parteiung der Frühen Neuzeit gerade auch in der Rechtslehre deutlich zu machen. Sehr viel feinere Details lassen sich beobachten, wozu etwa die Einflüsse von Zwingli auf Ramus und von der ramistischen Theorie auf die frühen Calvinisten gehören, ebenso aber

---

[15] Schmoeckel 2014, 58.

[16] Schmoeckel 2013a.

[17] Schmoeckel 2009a.

[18] Schmoeckel 2013b.

[19] Schmoeckel 2016.

auch die Überzeugung von Keckermann, mit Hilfe von »Systemen« die Wahrheit ermitteln zu können[20]. Hier tun sich viele Themen auf, die bisher noch nie untersucht wurden.

3.3 Neue Rechtsquellen

Für alle Fächer stellt sich die Frage nach dem zulässigen Material, aus dem man sich bedienen kann. In der Rechtsordnung sind es die Rechtsquellen, hier also vor allem die drei Traditionen des römischen, kanonischen und oder jener davon divergierenden nachantiken Elemente, die unterschiedlich einmal als »germanisches«, »deutsches« oder »mittelalterliches« Recht beschrieben werden. Dabei darf nicht unterstellt werden, dass diese dritte Gruppe eine Einheit bildet; im Gegensatz suggeriert der damalige terminus *ius particulare* gerade das Gegenteil.

Aufgrund der kategorischen Ablehnung des kanonischen Rechts als Recht des Papstes wurde diese Rechtsquelle oft negiert oder übergangen. Tatsächlich blieb in Sachsen die erste juristische Professur dem kanonischen Recht vorbehalten, allein schon wegen seiner Bedeutung für alle modernen Themen der Verwaltung, Rechtsprechung und der Wirtschaft, so dass im 17. und 18. Jahrhundert hier noch die Wissenschaft des kanonischen Rechts blühen konnte[21].

Durch Melanchthon wurde stattdessen die Bedeutung des römischen Rechts betont, für das sich Melanchthon sogar einen – inexistenten – imperialen Anwendungsbefehl erträumte, so dass es einen schriftlichen Beleg für die Geltung geben sollte. Die Liebe zur *ratio scripta* ähnelt dabei der Behandlung der Bibel.

Durchaus möglich blieb der Rückgriff auf eigene lokale Traditionen, in Sachsen etwa auf den Sachsenspiegel. Er diente u.a. als Vorbild etwa bei Konsistorien als Kirchengerichte oder später bei der

[20] Schmoeckel, Drei Funktionen des Allgemeinen Teils, in: Cl. Peterson (Hg.), Der Allgemeine Teil (noch nicht erschienen).

[21] Schmoeckel 2011.

Rückbesinnung auf orale Elemente des Prozesses und der Konzentration auf einen Hauptttermin[22]. Auch andere Reformatoren wie Zwingli in Zürich nutzten diese Mittel, um der Reformation Lokalkolorit zu verleihen.

4. Thematische Neuerungen

4.1 Kirchenrecht

Die Änderung des Kirchenrechts war eine Notwendigkeit und unmittelbare Konsequenz der Reformation, weil man sich von der Tradition der Papstkirche trennen wollte. Allerdings gab es keine festen Vorstellungen über mögliche Alternativen. Daher konnten die Territorien unterschiedliche Versuche unternehmen. Natürlich beobachteten sich die verbündeten protestantischen Staaten und waren bereit, Errungenschaften der anderen zu kopieren. Doch das Kirchenregiment wurde durchaus unterschiedlich gehandhabt. So wurden in Sachsen keine episkopalen Strukturen entwickelt, weil der Kurfürst hierin Konkurrenz befürchtete; diese Sorgen hatten die protestantischen Monarchen Nordeuropas nicht. Bischöfe wurden daher nur in den größeren Territorien, meist außerhalb des Reichs, zugelassen. Nur zögernd wurden in Preußen, etwa zur Krönung 1701, Bischöfe geweiht. In den Städten wuchs dem Rat dagegen oft die Macht über die Kirche zu.

Selbstverständlich kam dem Papst nach protestantischem Verständnis auch im internationalen Rechtsverkehr keine übergeordnete Bedeutung – über die eines Bischofs und Territorialherrn von Rom hinaus – zu. Grotius unterließ etwa fast alle Hinweise auf den Papst, dem damit kein höchstes Streitentscheidungs- oder Vermittlungsrecht mehr zukam. Die Indizierung seines Werks war daher eine logische Konsequenz. Entsprechend einfach war es daher, in

[22] Schmoeckel 2009b.

völkerrechtlichen Werken auf die Konfession des Autors zu schließen, selbst und gerade dann, wenn naturrechtliche Argumente genutzt wurden[23].

Die Reformation führte aber auch innerhalb der Territorien zu einer Fülle neuer, ganz charakteristischer Ordnungen im Verhältnis von Staat und Kirche. Sie spiegeln allerdings nicht nur die konfessionellen Voraussetzungen, sondern auch die Machtverhältnisse des 16. Jahrhunderts wieder. Bis hin zu den Dorfpfarrern wurden in protestantischen Territorien die Vertreter der Kirche eingespannt, um die weltlichen Gesetze von der Kanzel herab bekanntzugeben oder als lokale Richter zu fungieren[24].

4.2 Eherecht

Luther und Calvin teilten nicht mehr die hochmittelalterliche Sakramentenlehre[25]. War insbesondere die gegenseitige Erteilung des Ehekonsenses kein Sakrament mehr, entfiel auch der zentrale Grund für die Unauflösbarkeit der Ehe. Sicherlich wollte auch Luther die Ehe erhalten. Sie war nicht nur einfach »ein weltlich Ding«, das durch den Fürsten zu regeln war, sondern ebenso ein geistlicher Stand, durch den sich die Partner gegenseitig im Glauben stärkten. Waren Menschen allgemein fehlbar, so konnte das auch für die Eheeingehung gelten. Dann könne es u.U. sein, dass man besser den Fehler beende, bevor dieser weitere schädliche Konsequenzen mit sich brächte.

Im Eherecht gab es ebenso wenig eine einförmige Entwicklung wie in den anderen Themen. Nürnberg führte als erstes Territorium ein Eheregister ein, um heimliche Ehen zu verhindern. Die Bereitschaft, die Scheidung auch praktisch zuzulassen, fiel ganz unterschiedlich aus. Im Übrigen wurde das, was nicht neu geregelt wurde, meist mit Hilfe des alten kanonischen Rechts ergänzt, so

[23] Schmoeckel 2013b.

[24] Schmoeckel 2014.

[25] Schmoeckel 2016a.

dass die konfessionellen Unterschiede in der Frühen Neuzeit in der Praxis reduziert wurden.

4.3 Zivilrecht

Am 6. 1. 1542 schrieb Luther ein Testament, in dem er seine Güter seiner Frau hinterließ[26]. Es war also kein letztes wissenschaftliches Wort wie bei Melanchthon, und im Gegensatz zu Calvin war Luther reich und besaß sogar zwei Güter. Es war Luther deutlich, dass er diesen Reichtum dem umsichtigen Wirken seiner Frau Katharina von Bora zu verdanken hatte. Er argumentierte daher, dass sie weiterhin die Verantwortung dafür tragen solle, auch nach seinem Tode. Es wäre ungerecht und ungeschickt, den Kindern das Vermögen zu hinterlassen und die Mutter von der Gnade der Kinder leben zu lassen. Als kluge Hausfrau werde sie besser entscheiden, wie das Vermögen zu verwerten sei und was den Kindern zu welchem Zeitpunkt zuzuleiten sei.

Die innovative, geradezu rechtsbrechende Qualität dieses Testaments kann nicht genug betont werden. In formaler und inhaltlicher Hinsicht kümmerte er sich nicht um die Rechtstraditionen und deren Voraussetzungen für ein rechtsgültiges Testament. Richtigerweise vertraute er seinen drei mitunterzeichnenden Freunden, die über den Kurfürst die Durchsetzung des Testaments erreichten. Doch nach dem römischen Recht wären sieben Zeugen erforderlich gewesen; nur nach dem kanonischen Recht reichten zwei. Man hätte das Testament alternativ vor dem Fürsten aufsetzen können, doch auch diese Form verschmähte Luther. Inhaltlich gaben römisches und kanonisches Recht dem Erblasser eine freie Entscheidung, nach sächsischem Recht sollte der Erblasser jedoch gerade in der freien Weitergabe von Grundeigentum beschränkt werden. Hier benötigte er grundsätzlich die Erlaubnis seiner prospektiven Erben, und die Weitergabe des Besitzes kam nur für die nächste Generation in Betracht.

---

[26] Schmoeckel 2016b.

Souverän setzte sich Luther wie im Ablassstreit über alle Konventionen hinweg und vertraute auf die Richtigkeit seiner Gewissensentscheidung. Oft jedoch, z.B. in Wirtschaftsfragen, war er stärker von der kanonistischen Lehre geprägt, als es ihm wohl lieb und bekannt war[27].

Ein Studiengefährte von Calvin, François Connan, lehrte als erster, dass das Synallagma – die Gegenseitigkeit – das Proprium der Vertragslehre sei. Es ist dabei wahrscheinlich, dass er im Studium neben oder durch Calvin von der aristotelischen Gerechtigkeitslehre hörte. Die Verbindungen zur *mutua obligatio*, die immer wieder die Lehre Calvins charakterisiert, ist jedenfalls auffällig[28].

4.4 Ius gentium

Zur unmittelbaren Sorge der Reformatoren gehörte auch die Absicherung für das Kurfürstentum Sachsen, in seiner Wahl der Religion nicht gestört zu werden. Ab 1529 beschäftigte man sich im Umkreis Luthers mit dem antiken Begriff des *ius gentium*, mit dem damals das Recht der Peregrinen im Gegensatz zum römischen Bürgerrecht (*ius civile*) bezeichnet wurde. Mit der Umformung als eigenständige Materie, die den Fürsten die Rechtsmacht für den auswärtigen Verkehr überließ, durch Melanchthon in der Mitte der 1530er Jahre, wurde eine neue Rechtsmaterie bestimmt, die den Fürsten u.a. die Bestimmungsmacht der Religion überließ. Das war für alle Fürsten der Zeit interessant, die daher sehr bald über die Konfessionsgrenzen hinweg diese Erfindung für sich nutzten[29].

4.5 Strafrecht

Etwa bis zum Ende des Reformationsjahrhunderts brauchte die Entwicklung im Strafrecht, bis sich hier Veränderungen abzeichne-

[27] Vgl. Schmoeckel 2014b.

[28] Schmoeckel 2010.

[29] Schmoeckel 2013c; https://papers.ssrn.com/sol3/papers.cfm?abstract_id=2639024 [vom 3.8.2015]; ders. 2017.

ten. Gerade aus der Lehre Calvins ergab sich, dass es falsch sei, den Straftäter nach seiner größten Sünde zu einer Kapitalstrafe zu verurteilen. Auch wenn Calvin selbst noch nicht davor zurückschreckte, ein Todesurteil zu verhängen, so erschien der nächsten Generation doch Milde hier eher am Platz. Im weiteren Leben sollten die Straftäter lernen, sich besser zu benehmen, nach Gottes Recht zu leben und evtl. einen Beruf auszuüben, so dass sie nicht mehr auf Betteln und Stehlen angewiesen waren[30]. Zuchthäuser waren insoweit typische erste Reaktionen auf die neue Deutung des Calvinismus. Von hier aus entwickelten sich auch die ersten Stimmen, welche die Todesstrafe ablehnten und generell mehr Milde forderten.

Da die römisch-katholische Kirche nach dem Tridentinum versuchte, mit einer Professionalisierung der »Beichtstuhljurisprudenz«[31] Sünde und Strafe zu systematisieren[32], zeigen sich wieder deutliche konfessionelle Muster[33].

4.6 Ius publicum

Eine letzte Neuerung zeigt sich schließlich im 17. Jahrhundert in der Entwicklung eines »öffentlichen Rechts«[34]. Gerade aus der Perspektive der kleinen thüringischen Fürstentümer, etwa Sachsen-Weimar, die an die jüngere albertinische Linie des Hauses Wettin Territorien und Kurwürde verloren hatten, war die Lage zu diesem Zeitpunkt prekär. Man wusste kaum, ob man sich vor dem Kaiser und der Macht des Reiches etwa im Zuge einer Rekatholisierungspolitik, wie es sich etwa im Fall der Stadt Donauwörth von 1606 abzeichnete, mehr fürchten sollte als vor den sächsischen Nachbarn

30 Schmoeckel 2008.

31 Schmoeckel 2005.

32 Schmoeckel 2004.

33 Schmoeckel 2007.

34 Grundlegend hierzu natürlich die vierbändige Historiographie von Stolleis 1988/1992/1999/2012.

und Vettern. Umgekehrt brauchten die kleineren Territorien den Schutz durch das Reich, der Kaiser durfte also keinesfalls machtlos sein. Die Besinnung auf Wissenschaft – in der Tradition von Wittenberg, aber nun von Jena aus – sollte die Stärken der Wettiner ausspielen. Ein Gemeinschaftsunternehmen von Juristen, Theologen, Historikern etc. sammelte ab 1621 unter Leitung des aus den Niederlanden stammenden Dominikus Arumaeus Schriften, die unter dem Titel des »ius publicum« ediert wurden und handbuchartig den Inhalt einer neuen Materie umreißen sollten und diesen mittleren Fürstentümern im Reich Schutz gewähren sollten.

Die alten Texte der Reichsgeschichte wurden gesichtet und nach Möglichkeit neu interpretiert[35]. Aus der privilegialen Sonderstellung der Kurfürsten, der Goldenen Bulle von 1354, lasen sie eine Machtverteilung im Reich, die für immer gelten sollte und so als »Grundgesetz« des Reichs angesehen und als allgemeine Rechtsgewährleistung durch den Kaiser angesehen werden durfte. Die Wahlkapitulationen der Kaiser und andere Texte wurden herangezogen, um wo immer möglich Schutzpflichten des Kaisers zugunsten der kleineren Territorien zu behaupten. Diese neuen Rechte bildeten den Ausgangspunkt einer neuen, stets erweiterbaren Rechtsmaterie, die das Staatsrecht des Reichs zu sein behauptete.

5. Neue Bedeutung der Rechtslehre

5.1 Gesetze und Kodifikation als Wohltat

Insgesamt waren nach Melanchthon letztlich alle normativen Texte gut, um der Orientierung der Menschen zu dienen. Je mehr Gesetze es gäbe, desto mehr Halt könnten sie finden. Gesetze wurden zu einem Mittel der Bildung und Erziehung und für den Gesetzgeber war es eine Möglichkeit, sich mit Gottes Willen auseinanderzuset-

[35] Schmoeckel 2015.

zen. Schon die reine Gesetzgebung – unabhängig vom Inhalt – wurde damit zu einem Beweis der Fürsten für ihre Sorge um das leibliche und geistliche Wohl ihres Volkes.

Doch diese Gesetzgebung konnte in ihrer soteriologischen Funktion gestärkt werden. Die Publikation von Gesetzen in der Landessprache, – möglichst umfassend, aber nicht zu lang, einfach, aber nicht irreführend – wurde ein Ideal, um den Untertanen ein passendes Lehrbuch des Staates zu geben, das idealerweise – wie es für das preußische Allgemeine Landrecht (ALR) kolportiert wird – neben die Bibel gestellt wurde. Erst Jeremy Bentham gab dieser Idee den Begriff der »Kodifikation«[36]. Pfarrer sollten sie von den Kanzeln verkünden und Mittel und Wege finden, die Inhalte dem Volk näher zu bringen. Der Sache nach findet man dieses Bemühen jedoch schon in den kursächsischen Konstitutionen von 1572 und vor allem in der dänischen Kodifikation, der »Danske Lov«, von 1683.

In dem Impetus, die Bevölkerung zu bilden und zu verbessern, kann man die protestantischen Kodifikationen von den mehr technischen Gesetzgebungen abgrenzen, die mehr als technische Anweisungen an die Magistrate die Funktionsfähigkeit der Monarchie sicherstellen sollten. Deutlich ist dieser Ansatz besonders in dem für Laien kaum verständlich geschriebenen Bayerischen Landrecht (Codex Maximilianeus Bavaricus Civilis) von 1756.

5.2 Bindung des Fürsten an das Recht

Aus Calvins Ansatz, jeden innerhalb des neuen Bundes in die Pflicht zu nehmen, folgte, dass der König nicht allein für die Einhaltung der gesellschaftsvertraglichen Pflichten angesehen werden konnte. Vor allem auch die Magistrate des Reiches hatten die Pflicht, nach ihrer Ausbildung und Position für die Gottgefälligkeit der Regierung einzustehen.

---

36 Schmoeckel 2009c.

Dies stieß sich an der Vorstellung einer über alle anderen Kompetenzen hinausragenden königlichen Macht, wie sie besonders in den Urteilen der souveränen Könige deutlich wurde, die sich an die Stelle der eigentlich zuständigen Gerichte setzten. In der deutschen Tradition wurden diese königlichen Urteile abfällig »Machtsprüche« genannt[37]. Verstand man die Aufgabe des Monarchen, wie schon von Calvin angeregt, als Verwalter eines Uhrwerks, dann waren die Eingriffe durch Machtsprüche immer auch ein Eingeständnis dysfunktionaler Strukturen.

Längst vor Montesquieu gab es damit allgemein etablierte Vorstellungen einer Gewaltenteilung, vor allem zwischen der königlichen Position und der der Magistraten. Doch auch hier zeigen sich wieder konfessionelle Unterschiede. Leistungen der Kulturpolitik, die aus römischer und lutherischer Sicht positiv gewertet wurden, konnten jedenfalls noch im 17. Jahrhundert in calvinistischer Deutung als Förderung eines sittenlosen Lebens gedeutet werden[38].

5.3 »Grundrechte«

Schon Melanchthon dachte 1542 über eine grundsätzliche Begrenzung fürstlicher Macht nach. Grenzen sollten deren Position zügeln[39]:

> »Deus enim vult et ipsos gubernatores teneri legibus, non vult caecas eorum cupiditates dominari, vult legibus civium vitam, corpora, fortunas, connubia munita esse.«
> [»Denn Gott will, daß auch die Führer selbst am Gesetz festhalten; Gott will nicht, daß ihre blinden Begierden herrschen; Gott will, daß Leben, Leib, Vermögen und Ehestand geschützt sind.«]

[37] Schmoeckel 2013d.

[38] Schmoeckel 2004a.

[39] Philipp Melanchthon, De aequitate et iure stricto [1542], CR 11, 550–555, 554; Übersetzung aus Michael Beyer, Billigkeit und strenges Recht, in: Melanchthon Deutsch, Band 1, Leipzig 1997, 170–177, 175.

Schon hier zeigen sich Ansätze, die aus heutiger Sicht in den Kontext der Grundrechtsdiskussion gerückt werden. Bei Calvin ergab sich die Bindung der Menschen an Pflichten und Rechte vor allem durch den Gesellschaftsvertrag[40]. Verbunden mit der Vorstellung subjektiver Rechte, die nach dem Bund mit Gott unverbrüchlich gelten sollten, konnten solche Konzeptionen jedenfalls in den folgenden Generationen immer stärker als klagbare, unveräußerliche – weil aus dem Gesellschaftsvertrag begründete – Rechtspositionen gedeutet werden. Die Verbindung von subjektiven Rechten mit Schutzrechten für Individuen und einer Bindung der Herrscher war sicher eine der Grundlagen für die Grundrechte-Diskussion der folgenden Jahrhunderte.

Dennoch führt kein klarer Weg von Melanchthon zur Deklaration der Menschenrechte 1789. Calvin und seine Schüler etwa behandelten eine solche Fülle von grundrechtsartigen Themen, von denen viele vor 1789 wieder verschwanden oder erst viel später als Grundrechte verstanden wurden[41]. Es handelt sich hierbei eher um eine kaum ermüdende Quelle von Grundrechtsforderungen als um einen bestimmten Satz an Werten und Forderungen. Sicherlich findet man besonders bei Calvinisten die Vorstellung gewisser unverbrüchlicher Basisrechte[42]. Doch die unterschiedlichen Entwicklungen z.B. des Calvinismus in Frankreich, den schweizerischen Stadtrepubliken oder in Schottland verhindern, dass hier vorschnell von einer Einheit auszugehen ist.

Vieles ist hier noch unerforscht, vor allem die umfangreichen Diskussionen in England und Schottland. Diese Literatur hatte sicherlich Einfluss auf die ersten nordamerikanischen Universitäten und könnte so die erste Grundrechtsdebatte in den entstehenden USA mitbestimmt haben. Doch auch die Wege zurück nach

[40] Deutlich mutiger hier John Witte Jr. 2007, 57ff; ders. 2011.
[41] Zum Beispiel der Erziehung und dem Schutz der Kinder: Schmoeckel 2016.
[42] Für Donellus z.B. Heise 2004, 282ff., 285.

Europa vor 1789 sind noch unerforscht[43]. Man wird hier zwischen der Entwicklung der einzelnen Positionen und des Katalogs an Grundrechten unterscheiden müssen. Einstweilen wirkt Melanchthons Forderung von 1542 nach einem Schutz der Bürger in ihren Rechten auf Leben, auf ihren Körper und Vermögen bzw. Eigentum sowie auf ihr ungestörtes Familienleben wie ein erster Verweis auf die Erklärung der Grund- und Menschenrecht von 1789.

6. Schluss

Insgesamt wurde deutlich, dass die Reformation nicht nur unter dem Druck der Politik im Reich, in den Territorien und international zu einer juristischen Form gezwungen wurde. Vielmehr lag in der Reformation spätestens seit 1523 mit der Leisniger Kastenordnung eine Tendenz, die Umwelt und damit auch die Obrigkeit nach den eigenen Konzeptionen neu zu formen. Die Vorstellungen waren dabei durchaus heterogen. Schon Bugenhagen und Melanchthon, erst recht aber Zwingli unterschieden sich bereits um 1525 deutlich von den ursprünglichen Vorstellungen Luthers. Die Veränderungen der Rechtsordnung im 16. Jahrhundert sind also nicht nur eine Reflektion der Konfessionalisierung, sondern entsprechen Kernvorstellungen des reformatorischen Gedankenguts, folgen aber Vorstellungen, die zunächst zunehmend auseinanderdrifteten.

Die konfessionelle Scheidung der Rechtsordnung in der frühen Neuzeit war daher eine Notwendigkeit[44], denn in der Nachfolge des Tridentinum gelang es auch den Autoren der römisch-katholischen Kirche, auf verschiedene Weisen und mit unterschiedlichen Konzepten ihre theologischen Vorstellungen umzusetzen. Wie umfassend die konfessionellen Gegensätze tatsächlich waren, kann hier einstweilen nur angedeutet werden.

---

[43] Am Beispiele der Religionsfreiheit vorgeführt in den Beiträgen von Reynolds/Cole Durham Jr. 2003.

[44] So auch Heckel 2016, 159.

Problematisch am Bild der Spaltung der neuzeitlichen Rechtsordnung ist allenfalls die Vorstellung geschlossener Lager auf zwei oder drei Seiten. Deutlicher zu trennen wäre zwischen verschiedenen Ansätzen der Reformation, etwa der oberrheinischen Reformatoren, und den territorialen Unterschieden, die sich aus den gemeinsamen Ansätzen ergaben. Gerade die Abschaffung einer Zentralinstanz führte bei den Protestanten eher zu einer Konkurrenz und zur Ausformung von Differenzen in der Umsetzung theologischer Anregungen in eine juristische Form. Die Umsetzungen lutherischer Vorstellungen in den Territorien erfolgten also ganz unterschiedlich. Die unterschiedlichen Herrschaften im und außerhalb des Reichs prägten ganz verschiedene Traditionen. Allenfalls könnte man hier verschiedene Modelle unterscheiden, die auf wesentliche Charakteristika abstellen. Die Fülle an Traditionen in ihrer konfessionellen Abhängigkeit zu begreifen, würde maßgeblich helfen, die Entwicklung der europäischen Rechtsordnungen bis zum 19. Jahrhundert zu erfassen[45].

Insgesamt lassen sich aus der Reformation immerhin zunächst einmal notwendige Veränderungen wie im Kirchenrecht beobachten, die neben durchaus eigennützige Erfindungen traten, ebenso weiterhin rein kulturelle Einflüsse etwa im Fall des Synallagmas. Die Entwicklungen, die zu einer Angleichung der Traditionen ab dem 18. Jahrhundert führten, können hier nicht skizziert werden[46]. Doch gerade wegen der zunehmenden Vielfalt wuchs der Bedarf an einer neuen Orientierung. Dabei wirkten die Höfe von Wien und Versailles entscheidend mit. Am Beginn des 19. Jahrhunderts vermischten sich die religiösen Bewegungen dann so stark, dass die nächsten Neuerungen bereits überkonfessioneller Natur waren und die konfessionellen Prägungen der Regionen immer stärker abnahmen.

---

[45] Als Ansatzpunkt hierfür immerhin die Beiträge in Friedeburg/Schmoeckel 2015.

[46] Dazu Schmoeckel 2013e.

Wenn man daher heute an einem möglichst weit von Wittenberg entfernten Ort einem beliebigen Menschen verdeutlichen möchte, worin die Bedeutung der Reformation liegt, wird man wahrscheinlich das Beispiel des Rechts wählen. Die ganzen Kulturwirkungen des Protestantismus und die Errichtung neuer Kirchen und Sekten haben in anderen Kulturen auf anderen Kontinenten weniger Gewicht. Einem Bewohner von Beijing wird man jedoch vorführen können, welche Bedeutung die Reformation für die Emanzipation der Wissenschaften, nicht zuletzt auch der Naturwissenschaften hatte.

Doch gerade bei der Diskussion der Grundrechte und eines universalen Völkerrechts wird man gewahr, welche Sprengkraft diesen Konzepten bis zur Gegenwart innewohnt. Man wird diese dabei letztlich nicht desavouieren können, indem man sie als die Phantasien frühneuzeitlicher Europäer abtut, die mit der Kultur anderer Völker inkompatibel seien. Die Vorstellung einer essentiellen Freiheit der Menschen als individuelle Überzeugung ist letztlich nicht an einen Ort und eine Zeit gebunden. Wer die eigene Freiheit für sich in Anspruch nehmen will, wird sie überall, auf allen Kontinenten und auch in den folgenden Jahrhunderten fordern.

Literatur

Berman, Harold J. (1983/2004): Law and Revolution. The Formation of the Western Legal Tradition, 2 Bde., Cambridge, MA.

Deflers, Isabelle (2005): Lex und ordo. Eine rechtshistorische Untersuchung der Rechtsauffassung Melanchthons (Schriften zur Rechtsgeschichte, 121), Berlin.

Friedeburg, Robert von / Schmoeckel, Mathias (Hgg.) (2015): Recht, Konfession und Verfassung im 17. Jahrhundert. West- und mitteleuropäische Entwicklungen, (Historische Forschungen), Berlin.

Heckel, Martin (2016): Martin Luthers Reformation und das Recht: die Entwicklung der Theologie Luthers und ihre Auswirkung auf das Recht unter den Rahmenbedingungen der Reichsreform und der Territorialstaatsbildung im Kampf mit Rom und den »Schwärmern«, (Ius Ecclesiasticum, 114), Tübingen.

Heise, Volker (2004): Der calvinistische Einfluss auf das humanistische Rechtsdenken. Exemplarisch dargestellt an den »Commentarii de iure civili« von Hugo Donellus (1527–1591), Osnabrücker Schriften zur Rechtsgeschichte, 8), Göttingen.

Reynolds, Noel B. / Cole Durham Jr., W. (Hgg.), Religious Liberty in Western Thought, (Emory University Studies in Law and Religion), Atlanta, GA.

Scheliha, Arnulf von (2014): Die »Zwei-Reiche-Lehre« im deutschen Protestantismus des. 20. Jahrhunderts. Eine kritische Sichtung, Zeitschrift für evangelisches Kirchenrecht 59, 182–206.

Schmoeckel, Mathias (2000): Humanität und Staatsraison. Die Abschaffung der Folter in Europa und die Entwicklung des gemeinen Strafprozeß- und Beweisrechts seit dem hohen Mittelalter, (Norm und Struktur, 114), Köln/Weimar/Wien.

Schmoeckel, Mathias (2002): Recht durch Erziehung – Gesetz zur Bildung. Usus legis Reformatorum, in: Christoph Strohm (Hg.), Martin Bucer zum 450. Geburtstag, (Travaux d'Humanisme et Renaissance), Genf, 245–270.

Schmoeckel, Mathias (2004): Der Entwurf eines Strafrechts der Gegenreformation. Prova, pena e penitenza in un sistema posttridentino, in: Marco Cavina (Hg.), Tiberio Deciani (1509–1582): Alle origini del pensiero giuridico moderno, Udine, 207–234.

Schmoeckel, Mathias (2004a): Zwischen Idealstaat und Realpolitik: Machiavellismus in Ostfriesland um 1600. Des Ostfriesischen Cantzelars Thomae Frantzij Getreuwer Rath, in: Frederick S. Carney/ Heinz Schilling/ Dieter Wyduckel (Hgg.), Jurisprudenz, Politische Theorie und Politische Theologie (Beiträge zur Politischen Wissenschaft, 131), Berlin, 463–525.

Schmoeckel, Mathias (2005): Beichtstuhljurisprudenz, Handwörterbuch zur Deutschen Rechtsgeschichte, Band 1, Berlin, Sp. 505-508.

Schmoeckel, Mathias (2007): Fragen zur Konfession des Rechts im 16. Jahrhundert am Beispiel des Strafrechts, in: Irene Dingel/ Wolf-Friedrich Schäufele (Hgg.), Kommunikation und Transfer im Christentum der Frühen Neuzeit, (Veröffentlichungen des Instituts für Europäische Geschichte Mainz; Beihefte, 74), Mainz, 157–191.

Schmoeckel, Mathias (2008): Erkenntnis durch *ratio* und *conscientia*: Die Begründung einer modernen Wissenschaftlichkeit des Rechts durch

Melanchthons Naturrechtslehre, in: Görge K. Hasselhoff/ Michael Meyer-Blanck (Hgg.), Religion und Rationalität (Studien des Bonner Zentrums für Religion und Gesellschaft, 4), Würzburg, 179-220; (spanische Kurzfassung: Conocimiento a través de ratio y conscientia: El significado del derecho natural de Melanchthon para el derecho moderno, in: Homenaje al Profesor José Antonio Escudero, Band 3, Madrid 2012, 1151–1171).

Schmoeckel, Mathias (2008a): Metanoia. Die Reformation und der Strafzweck der Besserung, in: Reiner Schulze u.a. (Hgg.), Strafzweck und Strafform zwischen religiöser und weltlicher Wertevermittlung, (Symbolische Kommunikation und gesellschaftliche Wertesystem, 25), Münster, 29–58.

Schmoeckel, Mathias (2009): Die katholische Wissenschaft. Die methodische Säkularisation der Jurisprudenz im 16. Jahrhundert, in: Philippe Büttgen u.a. (Hgg.), Vera doctrina. Zur Begriffsgeschichte der Lehre von Augustinus bis Descartes / L'idée de doctrine d'Augustin à Descartes, (Wolfenbütteler Forschungen, 123), Wiesbaden, 151-171.

Schmoeckel, Mathias (2009a): Die Sünde des protestantischen Naturrechts aus römisch-katholischer Sicht. Perspektiven einer protestantischen Rechtsquellenlehre, in: Christoph Strohm / Heinrich de Wall (Hgg.), Jurisprudenz und Konfession in der Frühen Neuzeit, Berlin, 313–346.

Schmoeckel, Mathias (2009b): Benedict Carpzov und der sächsische Prozess. Mündlichkeit und Konzentration im sächsischen Verfahren vor dem Hintergrund des Ius Commune und der Reformation, Zeitschrift für Rechtsgeschichte Germanistische Abteilung (ZRG GA) 126, 1–37.

Schmoeckel, Mathias (2009c): Leges et in carmina redigendae sunt. Die Erfindung der Kodifikation als Konzept durch Melanchthon und deren Rezeption in katholischen Staaten bis 1811, Zeitschrift für Rechtsgeschichte Kanonistische Abteilung (ZRG KA) 126, 397-436; englische Fassung: Education by Means of Law, in: Michael Welker/ Gregor Etzelmüller (Hgg.) (2013): Concepts of Law in the Sciences, Legal Studies, and Theology, (Religion in Philosophy and Theology, 72), Tübingen 239-249.

Schmoeckel, Mathias (2010): François Connan (1508-1551), das Synallagma und die Föderaltheologie, in: Bernard d'Alteroche u.a. (Hgg.), Mélanges en l'honneur d'Anne Lefebvre-Teillard, Paris 2009, 963–989.

Schmoeckel, Mathias (2011): Der Einfluss der Reformation auf die Kanonistik: Kontroversen um die Rechtsquellenlehre und das »gemeine

Recht«, in: P. Kardinal Erdö/ Sz. Anzelm Suzromi (Hgg.), Proceedings of the thirteenth Congress of Medieval Canon Law, Città del Vaticano 2010, (Monumenta Iuris Canonici, series C: subsidia, vol.14), 707–730.

Schmoeckel, Mathias (2012): Der Bauernkrieg und Melanchthons Kehre, in: David v. Mayenburg/ Görge K. Hasselhoff (Hgg.), Die Zwölf Artikel von 1525 und das »Göttliche Recht« der Bauern – rechtshistorische und theologische Dimensionen, Würzburg, 179–202.

Schmoeckel, Mathias (2013): Die Gewährleistung der Freiheit des Einzelnen als Staatszweck nach Calvin, in: Heinrich de Wall (Hg.), Reformierte Staatslehre in der frühen Neuzeit, (Beiträge zur Politischen Wissenschaft,), Berlin, 21–50.

Schmoeckel, Mathias (2013a): Pufendorfs Vernunftrecht und die lutherische Erkenntnislehre, in: Jens Eisfeld u.a. (Hgg.), Naturrecht und Staat in der Neuzeit. Diethelm Klippel zum 70. Geburtstag, Tübingen, 57–79.

Schmoeckel, Mathias (2013b): Le droit naturel et ses trois confessions à l'époque moderne, in: Jacqueline Hoareau-Dodinau / Guillaume Métairie (Hgg.), La religiosité du droit, (Cahiers de l'Institut d'Anthropologie Juridique, 35), Limoges, 205–231.

Schmoeckel, Mathias (2013c): Les influences des confessions dans la formation du droit international public, in: Patrick Arabeyre / Brigitte Basdevant-Gaudemet (Hgg.), Les clercs et les princes. Doctrines et pratiques de l'autorité ecclésiastique à l'époque moderne, (études et rencontres, 41), Paris, 439–455.

Schmoeckel, Mathias (2013d): The mystery of power verdicts solved? Frederic II of Prussia and the emerging independence of jurisdiction, in: George Martyn u.a. (Hgg.), From the Judge's Arbitrium to the Legality Principle, Berlin, 119–143.

Schmoeckel, Mathias (2013e): Zum Ende konfessioneller Prägungen: Franz Schmier, Karl Anton v. Martini und die Pufendorf-Rezeption in Österreich, in: Arndt Kiehnle / Bernd Mertens / Gottfried Schiemann (Hgg.), Festschrift für Jan Schröder zum 70. Geburtstag, Tübingen, 585–605.

Schmoeckel, Mathias (2014): Das Recht der Reformation. Die epistemologische Revolution der Wissenschaft und die Spaltung der Rechtsordnung in der Frühen Neuzeit, Tübingen.

Schmoeckel, Mathias (2014a): Der Pastor als Richter? Der Einfluss der lutherischen Reformation auf die untere kirchliche Gerichtsbarkeit, in: Max Engamarre (Hg.), L'Intime du droit à la Renaissance. Actes du cinquantenaire de la Fisier, Genf, 307–335.

Schmoeckel, Mathias (2014b): Das kanonische Zinsverbot und die Konfessionalisierung, in: Wim Decock u.a. (Hgg.), Law and Religion. The Legal Teachings of the Protestant and Catholic Reformations, (Refo500, Academic Studies, 20), Göttingen, 186–212.

Schmoeckel, Mathias (2015): Dominik Arumaeus und die Entstehung des öffentlichen Rechts als rechtswissenschaftliches Lehrfach in Jena, in: Robert von Friedeburg / Mathias Schmoeckel (Hgg.), Recht, Konfession und Verfassung im 17. Jahrhundert. West- und mitteleuropäische Entwicklungen, (Historische Forschungen), Berlin, 85–127 (mit Anhang von Pascal Förster).

Schmoeckel, Mathias (2016): Oldendorp, On Law and Equity, in: Serge Dauchy u.a. (Hgg.), The Formation and Transmission of Western Legal Culture. 150 Books that Made the Law in the Age of Printing, (Studies in the History of Law and Justice, 7), Berlin 73–76.

Schmoeckel, Mathias (2016a): Christian Influence on Modern Family Law, in: Maria Gigliola di Renzo Villata (Hg.), Family Law and Society in Europe from the Middle Ages to the Contemporary Era, (Studies in the History of Law and Justice, 5), 1–19.

Schmoeckel, Mathias (2016b): Last Will and the Invention of Testamentary Freedom, in: Helle Vogt u.a. (Hgg.), Space of Action: Donations & Inheritance – Strategies, Relations and Historical Development from Late Roman Period until Modern Times, Oslo (im Druck).

Schmoeckel, Mathias (2016c):Der Einfluss der Reformation, Zeitschrift für Rechtsgeschichte Kanonistische Abteilung (ZRG KA) 133 (2016), 317–358.

Schmoeckel, Mathias (2017): Die Reformation als Grundlage des modernen Völkerrechts, in: Michael Germann/ Wim Decock (Hgg.), Das Gewissen in den Rechtslehren der protestantischen und katholischen Reformationen, (Refo500), Leipzig, 226–269. Auch: https://papers.ssrn.com/sol3/papers.cfm?abstract_id=2639024 [vom 3.8.2015].

Stolleis, Michael (1988–2012): Geschichte des öffentlichen Rechts, München, 4 Bde.

Band 1 (1988): Reichspublizistik und Policeywissenschaft 1600–1800:

Band 2 (1992): Staatsrechtslehre und Verwaltungswissenschaft 1800–1914:

Band 3 (1999): Staats- und Verwaltungsrechtswissenschaft in Republik und Diktatur 1914–1945:

Band 4 (2012): Staats- und Verwaltungsrechtswissenschaft in West und Ost 1945–1990.

Strohm, Christoph (2008): Calvinismus und Recht. Weltanschaulich-konfessionelle Aspekte im Werk reformierter Juristen in der Frühen Neuzeit, Tübingen.

Witte Jr., John (2007): The Reformation of Rights: Law, Religion and Human Rights in Early Modern Calvinism, Cambridge.

Witte Jr., John (2009): Law and Protestantism. The Legal Teachings of the Lutheran Reformation, Cambridge.

Witte Jr., John (2011): Rights and liberties in early modern Protestantism: the example of Calvinism, in: ders. / Frank Alexander (Hgg.), Christianity and Human Rights: An Introduction, Cambridge, 135–154.

Wundt, Max (1939): Die deutsche Schulmetaphysik des 17. Jahrhundert, (Heidelberger Abhandlungen zur Philosophie und ihrer Geschichte, 29), Tübingen.

Detlef Pollack

Reformation und Moderne

Universalgeschichtliche Fragestellungen wie die nach der Entstehung der modernen Welt und dem Beitrag des Protestantismus zu ihrer Herausbildung werden in der neueren Kultur- und Sozialgeschichte kaum noch behandelt. Nach den vieldiskutierten Antworten der soziologischen Klassik auf diese Fragen hat sich inzwischen eine weitgehend einmütig geteilte Skepsis gegenüber großen Erzählungen eingestellt. Dabei kann die Legitimation für die Beschäftigung mit solchen Fragestellungen wohl kaum in den universalgeschichtlichen Konstruktionen selbst liegen, die natürlich stets umstritten sind, gewagt sein müssen und unvermeidlicher Weise in vielen Einzeldetails der Korrektur bedürfen. Wenn wir uns auf universalgeschichtliche Fragen einlassen, dann hat das wohl vor allem darin seinen Grund, dass wir sie selbst interessant finden, dass wir sie nicht vergessen wollen und sie nicht preisgeben können, weil sie uns unmittelbar etwas angehen. In welcher Gesellschaft leben wir, woher kommen wir, welche Umstände haben zur Herausbildung der modernen Gesellschaft beigetragen und welche Rolle haben dabei Religion oder auch Protestantismus gespielt – das sind Fragen von unmittelbarer Relevanz. Sich ihnen nicht mehr zu stellen, liefe darauf hinaus, den Sinn sozial- und kulturgeschichtlichen Arbeitens selbst in Frage zu stellen, denn »das Verständnis der Gegenwart ist immer das letzte Ziel aller Historie«.[1] So überrascht es denn nicht, dass trotz der allgegenwärtigen Skepsis gegenüber Meistererzählungen auch in nachklassischer Zeit immer wieder Antworten auf die großen Fragen gesucht werden. Mit zweien von ihnen wollen wir hier einsetzen: mit einer protestantischen und mit einer katholischen.

[1] Troeltsch 1911, 6.

1. Zwei Meistererzählungen

Das protestantische Narrativ stammt von Trutz Rendtorff, der mit seinem Ansatz an Georg Wilhelm Friedrich Hegel anknüpft. Hegel sah in Luthers Reformation »die Hauptrevolution« der Neuzeit. In der Reformation sei die Unmittelbarkeit des einzelnen Christen zu Gott durchgesetzt und damit »das Prinzip des freien Geistes [...] zum Panier der Welt gemacht« worden. »Das eigentümliche Prinzip des Protestantismus«, »nichts in der Gesinnung anerkennen zu wollen, was nicht durch den Gedanken gerechtfertigt ist,« sei auch das Prinzip »der neueren Zeit«.[2] Auch Trutz Rendtorff stellt zwischen dem Prinzip des Protestantismus und der Moderne einen engen Zusammenhang her. Die kirchlich nicht ableitbare Gewissheit des Glaubens, wie sie der Christenheit durch das Ereignis der Reformation eingestiftet sei, überschreite, so Rendtorff, die Anstalt Kirche und gehe als von der Kirche emanzipierte religiöse Subjektivität in die Welt ein.[3] Gerade weil die religiöse Subjektivität kirchlich, kulturell und soziologisch unableitbar sei, könne sie zum Ermöglichungsgrund der neuzeitlichen Gesellschaft werden, denn diese ziehe aus der unableitbaren Freiheit des Menschen ihre Kraft.[4] Das soziologisch unzugängliche Subjekt sei insofern Platzhalter des Unbedingten.[5] Genau in dieser Unbedingtheit der menschlichen Subjektivität aber habe die Moderne ihr Fundament.

Rendtorff legt also zunächst das Zentrum der Religion in die unableitbare Ursprünglichkeit des Glaubensaktes und weist dann die in dieser Ursprünglichkeit liegende Überschreitung der kirchlichen Institution als den Schritt von der Reformation der Kirche zum Selbstbewusstsein der Neuzeit aus. Damit hat er das Prinzip des Protestantismus und das der Moderne miteinander verknüpft und

---

2 Hegel 1959, 253ff. sowie ders. 1960, 36.

3 Rendtorff 1985, 570.

4 Ebd., 570f.

5 Rendtorff 1975, 48, 75.

die Reformation zum Gründungsereignis der Moderne gemacht. Letztendlich geht es Rendtorff mit dieser Identifikation von subjektivem Glaubensakt und neuzeitlicher Subjektivität aber gar nicht um eine angemessene Erfassung der Kulturwirkungen der Reformation, sondern darum, die Säkularisierungstheorie, die zwischen Religion und Moderne ein unauflösbares Spannungsverhältnis postuliert, außer Kraft zu setzen. Die gefährdete Substanz – die Religion – wird auf einen intangiblen Kernbestand reduziert und die gerettete Unbedingtheit in die Bedrohungsmacht – die Moderne – als deren Ermöglichungsgrund selber eingenistet. Hinter der historischen Konstruktion Rendtorffs steht ein kategorisches Gegenwartsanliegen. Was den Anschein eines protestantischen Triumphalismus erweckt, entpuppt sich so als theologischer Rettungsversuch.[6] Im Rückgriff auf Hegel, in dessen System das Absolute und das Weltliche, Transzendenz und Immanenz noch zusammengehalten sind, manifestiert sich mithin ein entzweites Bewusstsein. Natürlich erweckt eine solche begriffstechnische Konstruktion den Verdacht, das ausschließliche Ergebnis theologisch bestimmter Interessen zu sein.

Unübersehbar von einem kategorischen Gegenwartsanliegen getragen ist auch die zweite Großerzählung: die These Brad Gregory's von der »unintended reformation«, die in starkem Maße den Geist eines katholischen Romantizismus atmet.[7] Der historische Endpunkt seiner Erzählung – der gegenwärtig zu beobachtende religiöse, kulturelle, lebenspraktische und politische Hyperpluralismus – ist ihr heuristischer Ausgangspunkt. Im späten Mittelalter beeinflusste das Christentum, so Brad Gregory, noch alle Bereiche des Lebens: die politische Machtausübung, die sozialen Beziehungen, ökonomische Transaktionen, das Familienleben, Bildung, Wissen-

[6] Es ist daher kein Zufall, dass Rendtorff meint, mit seiner Konstruktion die Sorge um das Überleben der Religion »sowohl in einem geistlichen wie in einem historischen Sinne« als »letztlich unbegründet« ausgewiesen zu haben. Rendtorff 1985, 568.

[7] Gregory 2012.

schaft und Kultur. In dieser Zeit war das Christentum eine institutionalisierte Weltanschauung, die von keiner Gesellschaftssphäre als ein separater Raum getrennt werden konnte. Das religiöse Leben damals sei von einer großen Bandbreite lokaler Praktiken und Glaubensvorstellungen geprägt gewesen. Zwar konnte diese religiöse Diversität, wenn sie die scharfen Grenzen zwischen Orthodoxie und Heterodoxie überschritt, zu ernsthaften Schwierigkeiten führen, wie etwa an dem Schicksal der Waldenser, der Lollarden und der Hussiten zu ersehen. Innerhalb der gesetzten Grenzen aber war die mittelalterliche Kirche ein vom Papsttum weitgehend tolerierter großer Spielplatz, auf dem sich die unterschiedlichsten religiösen Gebräuche, Anbetungspraktiken, theologischen Ansätze, kirchlichen Untergruppen und synkretistischen Glaubensüberzeugungen vom orthodoxen Kern bis zum häretischen Rand versammeln konnten.[8] Abgesehen von der Ablehnung religiöser Minoritäten wie den böhmischen Hussiten und den englischen Lollarden sowie der kleinen Zahl an Juden und iberischen Muslimen waren die Wahrheitsansprüche der Kirche selbstverständlich akzeptiert.[9] Im Gegensatz dazu ist das frühe 21. Jahrhundert in den Ländern Amerikas und Europas hingegen charakterisiert »by an enormous range of divergent and incompatible truth claims, whether explicit or implicit, about values, meaning, morality, purpose, and priorities«. Was wahr ist, wie man leben sollte, worauf es im Leben ankommt, ist grundsätzlich umstritten. Diesen Zustand des Hyperpluralismus führt Gregory auf die Wirkungen der Reformation zurück. Allerdings trug die Reformation zur Heraufkunft der säkularisierten und hyperpluralen Moderne nicht direkt bei, sondern indirekt und unintendiert. Nicht die Entzauberung der Welt war das Ergebnis der Reformation, wie Max Weber annahm, sondern die nicht-intendierte Entbettung des Christentums aus dem gesellschaftlichen Zusammenhang, in dem es im Mittelalter noch stand.

8 B. S. Gregory (demnächst), zitiert nach dem Manuskript, 9f.

9 Ebd., 13.

Die Ersetzung der Autorität der römischen Kirche durch das Schriftprinzip produzierte einen nicht enden wollenden Kampf rivalisierender Ansprüche über das, was Gottes Wort meint, der zwischen Protestanten und Katholiken, aber auch innerhalb des Protestantismus unlösbare Zwietracht säte. Die konkurrierenden Wahrheitsansprüche relativierten sich wechselseitig, sodass die Theologie zu ihrer eigenen Marginalisierung beitrug. Doch nicht nur durch das Prinzip der sola scriptura beförderte die Reformation die Entbettung des Christentums. Die in der Folge der Reformation einsetzenden Konflikte zwischen den unterschiedlichen Konfessionen und religiösen Gruppen gaben, so Gregory, den Weg frei für die Entfaltung eines öffentlichen, wirtschaftlichen und politischen Lebens unabhängig von der Religion, die nun zu etwas Separatem fern von allem anderen wurde. Das Christentum verwandelte sich in eine eingeschränkte Sache individueller Präferenz. An die Stelle allseits geteilter Werte, Weltdeutungen und Überzeugungen trat der moderne Kapitalismus und Konsumerismus.[10] In unserer Welt seien Individualismus, Liberalismus, Egoismus, Steigerungsideologie und Hyperpluralismus die höchsten Güter. Die Wasserscheide, die diese Welt von der Zeit der institutionalisierten Weltanschauung des Mittelalters trennt, aber sieht Gregory in der Reformation.

Anstelle einer Fortschrittsgeschichte haben wir es nunmehr mit einer Verfallsgeschichte zu tun. Die Christentumstheorie Trutz Rendtorffs und die Säkularisierungsthese Brad Gregorys schreiben beide der Reformation eine tragende Rolle in der Entstehungsgeschichte der Moderne zu. Sie unterscheiden sich allerdings in der Bewertung dieser Rolle. Ist sie einmal der Garant des freiheitlichen Charakters der Moderne, so das andere Mal die Wurzel ihrer Fragmentierung und Entgleisung.

Kommt der Reformation tatsächlich ein solches Gewicht zu? Bei der Beantwortung dieser Frage dürfen die Gegenwartsinteressen die historische Analyse natürlich nicht bestimmen. Zugleich wäre

[10] Ebd., 30.

es aber naiv, einfach nur von den historisch beobachtbaren Phänomenen ausgehen zu wollen, denn bei einem solchen Herangehen wüssten wir gar nicht, auf welche Entwicklungslinien in der unübersichtlichen Mannigfaltigkeit historischer Aufbrüche, Abbrüche und Umbrüche wir uns konzentrieren sollten. Um die Bedeutung des Protestantismus für die Entstehung der modernen Welt herausarbeiten zu können, ist die Entwicklung eines Modernebegriffs unausweichlich. Nur wenn klar ist, was wir erklären wollen, wissen wir, nach welchen Langfristwirkungen der Reformation wir suchen. Dieser Modernebegriff sollte sich allerdings von positiven oder negativen Bewertungen freihalten.[11]

2. Die Moderne

Zur Kennzeichnung moderner Gesellschaften werden hier unter Aufnahme der Arbeiten von Niklas Luhmann, Pierre Bourdieu, Ulrich Beck, Uwe Schimank und anderer drei Merkmale vorgeschlagen: funktionale Differenzierung (1), Individualisierung (2) sowie die Einrichtung von sozialen Wettbewerbsarenen (3).

1. Funktionale Differenzierung[12] meint die Ausdifferenzierung unterschiedlicher gesellschaftlicher Bereiche wie Recht, Wirtschaft, Politik, Wissenschaft oder Religion, die unterschiedlichen Funktionslogiken, Semantiken und Leitunterscheidungen folgen. Während vormoderne Gesellschaften, etwa das lateinische Christentum des Mittelalters, hierarchisch gegliedert waren und auf eine Spitze zuliefen, die das Ganze der Gesellschaft zu repräsentieren vermochte, zeichnen sich moderne Gesellschaften durch eine polyzentrische Differenzierungsform aus, in der verschiedene gesellschaftliche Bereiche relativ selbständig nebeneinander stehen und

[11] Troeltsch 1911, 8.

[12] Zu den hier vorausgesetzten modernitätstheoretischen Bestimmungen vgl. Pollack 2016.

durch Austauschbeziehungen aufeinander bezogen sind, eine gesamtgesellschaftlich verbindliche Interpretation der Gesamtgesellschaft jedoch ausgeschlossen ist.

2. Individualisierung ist ein Seitenaspekt funktionaler Differenzierung, insofern als in funktional differenzierten Gesellschaften der soziale Ort des Individuums durch die Ordnung der Gesellschaft nicht mehr ein für alle Mal vorgegeben ist. Vielmehr kann der Einzelne aufgrund seiner Verflechtung in unterschiedliche Bereiche der Gesellschaft die Rollen, die er in den verschiedenen Gesellschaftssphären spielt, stärker mitbestimmen. Unter Individualisierung ist mithin zu verstehen, dass der Einzelne sein Leben mehr und mehr selbst zu beeinflussen vermag. Er kann sich aus vorgegebenen Sozialformen wie Stand und Klasse oder Milieu und kommunaler Gemeinschaft zunehmend herauslösen, zu kulturell codierten Wertvorstellungen und Diskursen auf Distanz gehen und ist auch von Obrigkeit und Staat nicht mehr so abhängig wie früher. Individualisierung meint selbstverständlich nicht, dass das Individuum freikommt von der Gesellschaft, wohl aber, dass die Beziehung zwischen Individuum und Gesellschaft nicht mehr eine direkte, sondern eine vielfältig vermittelte ist – durch Schul- und Ausbildungsangebote, durch den Arbeitsmarkt, sozialstaatliche Einrichtungen, durch Öffentlichkeit und Medien. So kann der Einzelne alle gesellschaftlichen Strukturen und Ereignisse zwar auf sich beziehen und sich und seine Bedürfnisse zum Maßstab ihrer Beurteilung machen, aber keine Person, auch nicht privilegierte Eliten, können ihre Ansprüche unvermittelt in der Gesellschaft durchsetzen.

3. Mit der Einrichtung von Wettbewerbsforen ist gemeint, dass sich in einzelnen gesellschaftlichen Bereichen Märkte herausbilden, auf denen konkurrierende Leistungsanbieter um Akzeptanz ringen. Angebote können stets von besseren Angeboten überholt werden. Von den Wettbewerbsforen in Wirtschaft, Politik, Wissenschaft, Kunst geht eine Wandlungsdynamik aus, die nicht auf ein

letztes Ziel zustrebt, sondern prinzipiell ergebnisoffen ist. In der Anwendung moderner Praktiken auf sich selbst liegt das reflexive, selbstkritische Konstitutionsprinzip der Moderne. Voraussetzung der Entstehung moderner Wettbewerbsforen ist die Einrichtung von rechtsstaatlich abgesicherten fairen Wettbewerbsbedingungen. Nur wenn derartige rechtliche Rahmenbedingungen gewährleistet sind, kann sich die Konkurrenz zwischen unterschiedlichen Leistungsanbietern entfalten. Die Pluralisierung der Angebotsstrukturen hat dann wiederum einen Einfluss auf die Prozesse der Individualisierung, denn mit der Verbreiterung der Angebote steigen auch die individuellen Wahlmöglichkeiten.

Wie lässt sich dieses anhand von modernisierungstheoretischen Überlegungen gewonnene heuristische Raster auf die Reformation und ihre Nah- und Fernwirkungen anwenden? Hat der Protestantismus auf die Herausbildung der Moderne einen signifikanten Einfluss ausgeübt, und wenn ja, welchen? Trug die Reformation zur funktionalen Differenzierung der Gesellschaft, zu ihrer Individualisierung sowie zur Errichtung von Wettbewerbsarenen bei? Die hier vertretene These lautet, dass die Wurzeln der modernen Gesellschaft weit vor der Reformation lagen, dass die Reformation zwar einen Entwicklungsschub auf dem Wege zur Moderne auslöste, der Durchbruch zur Moderne sich allerdings erst im 18. Jahrhundert vollzog. Zunächst: Welche Modernisierungsimpulse gingen von der Reformation aus?

3. Die frühe lutherische Reformation

Mit seiner Rechtfertigungslehre reagierte Luther auf die durch die mittelalterliche Theologie aufgeworfene Frage nach der Heilsgewissheit des Menschen.[13] Luther beantwortete diese Frage aber nicht wie in der theologischen Tradition durch Hinweis auf die

13 Troeltsch 1911, 33.

hierarchische Erlösungsanstalt der Priesterkirche, die die ex opere operatum wirkenden Sakramente verwaltete, und grenzte sich ebenso von einer auf die Leistung des Menschen setzenden Werkfrömmigkeit ab, wie sie etwa im Werk Gabriel Biels vertreten wurde. Seine reformatorische Entdeckung bestand vielmehr darin, dass Grundlage der Heilszueignung allein die Gnade Gottes sei, die in schroffem Gegensatz zu allen Leistungen des Menschen stehe.[14] Die theologische Einsicht in den Gnadencharakter des Heils gehörte bereits zu den Grundaussagen Thomas von Aquins und wurde in der mittelalterlichen Theologie von vielen geteilt. Bei Luther spitzte sie sich jedoch zu der Überzeugung zu, dass das Heil allein auf der Gnade Gottes beruhe und der macht- und kraftlose Mensch zur Erlangung des Heils schlichtweg nichts beitragen könne, außer dass er diese Gnade gläubig annehme. Allein im Akt des Glaubens sei das Heil gegenwärtig. »Glaubst du, so hast du. Glaubst du nicht, so hast du nicht«, so heißt es in Luthers Schrift »Von der Freiheit eines Christenmenschen«.[15] Diesen Glaubensakt verstand Luther als allein von Gott gewirkt. Damit aber waren die Fundamente der mittelalterlichen Soteriologie, die die Beteiligung des Menschen am Heilswerk Christi ebenso betonte wie die sakramentale Vermittlung der Gnade, grundlegend in Frage gestellt.[16]

Noch bevor Luther die Konsequenzen seines theologischen Ansatzes völlig deutlich vor Augen standen, wurde er von Rom in einen Prozess verwickelt, in dem es nicht mehr um die ihn bewegende Frage ging, wie der Mensch das Heil erlangt, sondern darum, inwieweit er mit seinen Thesen die päpstliche Autorität verletzt habe. Von soteriologischen Fragen wurde damit auf die Ekklesiologie umgestellt. In der Leipziger Disputation von 1519 trieb Johannes Eck Martin Luther zu Aussagen, mit denen er nicht nur die Autorität des Papstes, sondern auch die von Konzilien als oberste Instan-

[14] Ökumenischer Arbeitskreis, Sattler/Leppin 2014, 41.

[15] Luther 1520, 24.

[16] Ökumenischer Arbeitskreis, Sattler/Leppin 2014, 42.

zen der Gesamtkirche in Zweifel zog. Nicht kirchliche Gremien entschieden über die christliche Wahrheit, sondern allein die Heilige Schrift. Zunächst ungewollt und auch nur im Privaten, dann aber in absichtsvoller polemischer Provokation vollzog Luther den Bruch mit der Papstkirche. Spätestens im Zusammenhang mit der Verbrennung der päpstlichen Bannandrohungsbulle 1520 bezeichnete Luther den Papst nun auch öffentlich als Antichrist. Der Papst stelle sich über die Heilige Schrift, mache sich zum Herrscher über die Kirche, beanspruche die Weltherrschaft sowie den Supremat auch gegenüber Kaisern und Königen und tyrannisiere das Gewissen der Gläubigen. Angesichts der geistlichen Vorherrschaftsansprüche betonte Luther in seiner Schrift »An den christlichen Adel deutscher Nation von des christlichen Standes Besserung« von 1520 demgegenüber den Eigenwert der weltlichen Obrigkeit.[17] So führte ihn die Bestreitung des weltlichen Machtanspruchs des Papstes auch zu der Forderung nach einer Trennung von geistlichem und weltlichem Regiment. Der innere und der äußere Mensch, Leib und Seele, seien zu unterscheiden, so Luther in seinem Traktat »Von der Freiheit eines Christenmenschen«. In seinem Innern, seinem Gewissen, gehöre der Christ dem Reiche Gottes an und könne nicht durch äußere Gewalt gezwungen werden. Im Reich der Welt wiederum will Luther das geistliche Regiment, das fromm mache, den Glauben wecke und durch die Evangeliumsverkündigung der Ausbreitung des Reiches Gottes diene, und das weltliche Regiment, das angesichts der Macht der Sünde für Ordnung und Frieden zu sorgen habe, getrennt sehen.[18] Die Evangeliumsverkündigung geschehe ohne Gewaltanwendung, allein durch das Wort. Das weltliche Handeln aber bediene sich des Schwerts. Es könne sich nur auf den äußeren Menschen beziehen, nicht aber auf Fragen der Gesinnung und des Gewissens.

[17] Luther 1520a, bes. 407–411.

[18] Vgl. Strohm 2008, 223f.

Aus dieser Ansicht folgte für Luther, dass falsche Lehren nicht durch Anwendung von Gewalt überwunden werden können, sondern allein durch die Verkündigung des Evangeliums, durch das Wort, das die Herzen ergreift. »Ketzerei ist ein geistlich Ding, das kann man mit keinem Eisen zerhauen, mit keinem Feuer verbrennen, mit keinem Wasser ertränken.«[19] Im Gegenteil. Wo man mit Gewalt die Irrlehren austreiben wolle, werde man sie nur bestärken. »Willst du Ketzerei vertreiben, so musst du den Griff treffen, dass du sie vor allem aus dem Herzen reissest und [sie] gründlich, mit Zustimmung [des von ihr Befallenen], abwendest. Das wirst du mit Gewalt nicht zu Ende bringen, sondern nur stärken.«[20]

Nach der Exkommunikation Luthers im Jahr 1521 nahmen sich die Landesfürsten und Städte der Reformation an. Dass Luthers Exkommunikation nicht ein Akt individueller Ausgrenzung blieb, sondern historische und soziale Konsequenzen mit sich brachte, hatte mit dieser Politisierung der Reformation zu tun. Nachdem die Fürsten die Reformation zu ihrer Sache gemacht hatten, war sie nicht mehr zu stoppen. Die Politisierung der Reformation hatte allerdings auch zur Folge, dass Luther die anfängliche klare Trennung von geistlichem und weltlichem Regiment wieder zurücknahm. Schon nach der Einführung einer neuen Gemeindeordnung in Wittenberg in der Zeit seines Aufenthaltes auf der Wartburg drängte Luther nach seiner Rückkehr nach Wittenberg auf einen obrigkeitlich-landesherrlichen Reformationskurs[21]. Im Zusammenhang mit den Bauernaufständen, zu deren Eskalation nach Luthers Auffassung die »schwärmerischen« Lehren Thomas Müntzers maßgeblich beigetragen hatten, sah Luther die weltliche Obrigkeit in der Verantwortung, gegen die öffentliche Predigt falscher Lehren vorzugehen. In späteren Jahren wurde mit der Einführung des landesherrlichen Kirchenregiments die ursprüngliche Trennung von

[19] Luther, Von weltlicher Obrigkeit (1523), WA 11, 268.

[20] Ebd., 269.

[21] Kaufmann 2017, 45.

geistlichem und weltlichem Regiment überhaupt aufgehoben. Und auch gegenüber den von ihm als bekehrungsunwillig angesehenen Juden nahm Luther sein früheres Insistieren auf Unzuständigkeit des weltlichen Handelns wieder zurück.

Was besagt das nun für unsere Frage nach dem Beitrag der Reformation zur Herausbildung der modernen Welt? Unter Aufnahme der drei entwickelten heuristischen Kriterien zum Verständnis der Moderne seien die Wirkungen der Reformation kritisch diskutiert.

1. Eine Differenzierung von Religion und Staat ist in Luthers Zwei-Regimenten-Lehre angelegt, die sich unmittelbar aus seinem Eintreten für die Freiheit des gläubigen Gewissens ergibt. Weder soll der Papst weltliche Macht ausüben und mit äußeren Mitteln auf die Herzen der Gläubigen einzuwirken versuchen, noch soll die weltliche Herrschaft in das Reich des Glaubens übergreifen. Äußeres und Inneres, Weltliches und Geistliches sollen vielmehr getrennt sein. Um die Reformation in geordnete Bahnen zu lenken und vor ihrer Auflösung in Schwärmertum und Willkür zu bewahren, wird der Trennungsgrundsatz von Kirche und Staat jedoch innerhalb kürzester Zeit außer Kraft gesetzt und die Reformation auf einen obrigkeitlichen Kurs gebracht. Das landesherrliche Kirchenregiment nimmt sowohl geistliche als auch weltliche Aufgaben wahr. Im konfessionellen Zeitalter bilden Thron und Altar ohnehin eine handlungspraktische Einheit. Zur Kennzeichnung ihres Verhältnisses spricht Rudolf Schlögl[22] von »symbiotischer Konkurrenz« und Heinz Schilling[23] von der im Zeichen des Konfessionalismus geschlossenen Allianz der Kirche mit dem aufsteigenden Staat. Im Hinblick auf das moderne Prinzip der funktionalen Differenzierung von Religion und Politik wird man der Reformation also kaum Langfristwirkungen zusprechen können.

Allerdings enthält das reformatorische Gedankengut ein Innova-

---

[22] Schlögl 2013, 28ff.

[23] Schilling 2009, Bd. 1, 311.

tionspotential, auf das protestantische Erneuerungsbewegungen, Freikirchen und Dissenters sich immer wieder berufen konnten und auf das sie zur Bestimmung ihres Verhältnisses zum Staat immer wieder zurückgegriffen haben. In den USA hat dieser Impuls – vermittelt über den Calvinismus – eine tiefgehende Wirkung entfaltet, die sich in dem skeptischen Verhältnis der protestantischen Denominationen zum Staat ebenso ausdrückt wie in der scharfen Trennung zwischen Kirche und Staat, die verfassungsrechtlichen Rang erhalten hat. In skandinavischen Ländern dagegen hat stärker das lutherische Erbe des konfessionellen Staatskirchentums nachgewirkt und die verfassungsrechtliche Gestalt der Kirchen beeinflusst. In Finnland, Dänemark und Norwegen besteht bis heute eine lutherische Staatskirche, in Schweden wurde sie erst im Jahr 2000 abgeschafft.

2. Bedeutsam sind die reformatorischen Impulse für die Individualisierung. Zwar gab es auch im Mittelalter, vor allem im Spätmittelalter, immer wieder Stimmen, die auf eine individuelle Gottes- und Christusbeziehung drängten und demgegenüber die Heilsvermittlung über die Klerikerkirche und die von ihr verwalteten Sakramente als geringerwertig einstuften. Im Vorfeld der Reformation finden sich sogar schon verschiedene Strömungen, die Anspruch auf die Rechtfertigung des Menschen allein durch den Glauben erhoben. Mit seiner Unterscheidung von innerem und äußerem Menschen, mit seinem Bestehen auf der Freiheit des Gewissens und seiner Abwehr allen äußeren Zwangs in Glaubensfragen sowie mit seiner scharfen Kritik am Gehorsamsanspruch des Papstes nahm Luther in seiner Rechtfertigungstheologie, wie Berndt Hamm herausgearbeitet hat, aber noch einmal eine »normative Zentrierung« vor,[24] auf die hin er alle seine theologischen Aussagen ausrichtete. Auch wenn das »sola fide« bereits Eingang in mittelalterliche Formulierungen gefunden hat, zum Beispiel bei

[24] Hamm 1999.

Thomas Bardwardine,[25] wird es doch erst bei Luther zum systematischen Kern der Theologie. Die Betonung des Glaubens hat eine Depotenzierung der Kirche zur Folge, die im Verhältnis zum Glauben zur nachgeordneten Instanz wird, obschon sie zugleich insofern von Bedeutung ist, als der Glaube nicht aus sich selbst heraus entstehen kann, sondern auf das Hören des Wortes Gottes angewiesen ist.[26] Die Kirche kann aber nicht den Glauben bewirken, der allein das Werk des lebendigen Gottes ist. Sie erstreckt sich nur auf die äußeren Belange der Christenheit und muss sich vom Inhalt der Verkündigung unterscheiden. Insofern wird bei Luther die Unterscheidung zwischen religiösem und säkularem Bereich der Unterscheidung zwischen weltlich und göttlich unterstellt: Kirche und Staat gehören gleichermaßen zur von Gott geschaffenen Schöpfung und sind vom Schöpfer fundamental unterschieden.

Gleichwohl wird man aber auch die Grenzen des durch die Reformation ausgelösten Individualisierungsschubs ins Auge fassen müssen, denn die Wahrheit des christlichen Glaubens ist nach Luther zwar nicht mehr an die kirchliche Lehrautorität gebunden, wohl aber an die Heilige Schrift und damit nach wie vor an ein heteronomes Prinzip. Luther kann sogar behaupten, dass sich die Schrift selbst auslege,[27] und damit auf die Verankerung der christlichen Wahrheit im gläubigen Subjekt verzichten. Die in der lutherischen Orthodoxie des 16. und 17. Jahrhunderts vollzogene Konzentration auf die dogmatische Lehre und die daraus resultierende Relativierung der subjektiven Unmittelbarkeit der Gottesbeziehung hat insofern Anhalt an Luther selbst. Erst der Pietismus mit seiner Kritik am reinen Buchstabenglauben besinnt sich dann wieder neu auf die religiöse Kompetenz des frommen Subjekts. Das Beispiel des Pietismus zeigt freilich auch, wie die Impulse der Re-

[25] Bradwardini 1618.

[26] Vgl. Laube 2011, 131.

[27] Luther, WA 7, 97. Vgl. auch Mostert 1979. Den Hinweis auf die Lutherstelle verdanke ich Matthias Pohlig, Münster.

formation zwar zunächst nachlassen, als gedankliche und affektive Ressource aber auch weiterwirken und wiederentdeckt werden können.

3. Auch was die Einrichtung von Arenen des Wettbewerbs, also die Entstehung eines religiösen Marktes angeht, wird man den Einfluss der Reformation eher gering ansetzen müssen. Der junge Luther ging zwar noch davon aus, dass die Bekämpfung von Ketzern nicht in die Zuständigkeit der weltlichen Obrigkeit fällt. Da der Glaube nicht mit äußeren Mitteln erzwungen werden könne, habe die Obrigkeit für die Erweckung des Glaubens keine Verantwortung oder doch nur insofern eine Verantwortung, als sie die freie Predigt des Wortes Gottes sicherzustellen habe, das allein zum Glauben führen könne. Später aber billigte Luther nicht nur die Verfolgung von Ketzern durch die weltliche Obrigkeit, sondern nahm den starken Arm der Obrigkeit für die Sache des Evangeliums sogar in Anspruch. Im Grunde war für Luther immer klar, wo die Wahrheit des Evangeliums zu finden ist. Wer von der offenbarten Wahrheit abwich, war im Irrtum und musste von der Wahrheit überzeugt werden. Nicht nur der Papst war der Antichrist, auch die Türken, also die Muslime, bezeichnete er in seinen späten Schriften als Antichristen. Zwar erhöhte sich mit der Reformation der Grad des religiösen Pluralismus auf geradezu dramatische Weise – die nicht intendierte, aber faktisch eingetretene Kirchenspaltung war vielleicht die bedeutsamste Folge der Reformation; mit ihr endete die Einheit des durch die römische Kirche kulturell zusammengehaltenen Mittelalters. Die Pluralisierung des religiösen Feldes bedeutete aber gerade nicht die Einrichtung einer Arena des fairen Wettbewerbs, sondern die Entstehung einer feindlichen Konkurrenz. Die Festlegung eines modus vivendi wie im Westfälischen Frieden wäre dann weniger ein unmittelbares Ergebnis der Reformation als eine moderierende Reaktion auf ihre zerstörerischen Folgen.

Insgesamt gesehen ist der Beitrag der Reformation zur Herausbildung der modernen Welt also eher gering. Im Gefolge der Reformation wurden die im Mittelalter und in der Reformationszeit angelegten Modernisierungstendenzen sogar noch einmal zurückgedrängt. Im Konfessionellen Zeitalter des 16. und 17. Jahrhunderts fielen auf territorialer Ebene politische, religiöse, soziale und rechtliche Ordnung weitgehend zusammen. Eherecht, Sittenzucht, Schulwesen und Armenfürsorge waren ebenso kirchliche Aufgaben, wie es zu den Funktionen der politischen Herrschaft gehörte, für die religiöse Wahrheit und die reine Lehre zu sorgen.[28] Auch übte die Obrigkeit in dieser Zeit eine scharfe Kontrolle über den Glauben ihrer Untertanen sowie über alle Aspekte ihrer Lebensführung aus.[29] Aus dem Grundsatz »cuius regio eius religio« resultierte der Ausschluss abweichender religiöser Bekenntnisse aus dem Territorium des Landesherrn. Über die Kirchenzucht, die der Staat im Auftrag der Kirche vollzog, wurde das Leben der Menschen nicht nur in der Öffentlichkeit, sondern auch in Ehe und Familie, ja bis hin zur individuellen Glaubenspraxis und privaten Gewissensüberzeugung diszipliniert. Mit dem Cuius-Regio-Prinzip hatte der Landesherr zwar das Recht, seine Konfession zu wählen. Innerhalb seines Territoriums aber sollte religiöse Konformität herrschen. Teilweise erreichte Schritte auf dem Weg zur funktionalen Differenzierung, zur Entflechtung von Individuum und kollektiver Ordnung sowie zur religiösen Pluralisierung der Gesellschaft wurden insofern im Konfessionellen Zeitalter wieder zurückgenommen.

Das allerdings sollte sich erst im 18. Jahrhundert ändern. Erst im 18./19. Jahrhundert vollzog sich der Durchbruch zur Moderne. Aber nicht nur insofern ist die Bedeutung der Reformation für die Herausbildung der modernen Welt zu relativieren. Wichtige Kennzeichen der Moderne haben ihren Ursprung bereits vor dem Reformationszeitalter im Mittelalter. Das betrifft sowohl vorauslaufende

---

[28] Sehling 1914, 8.

[29] Stollberg-Rilinger 2006, 94.

Entwicklungen im Bereich der funktionalen Differenzierung als auch im Verhältnis von Individuum und kirchlichen Autoritäten.

4. Wurzeln der Moderne im Mittelalter

1. Funktionale Differenzierung: Was die Prozesse der funktionalen Differenzierung betrifft, so spricht vieles dafür, dass der wesentliche Anstoß von der römischen Kirche selbst ausging. Das lateinische Christentum mit dem römischen Patriarchat an der Spitze trieb – so lautet die hier vertretene These – mit seinem Bestehen auf einer weltlich unableitbaren, allein theologisch begründeten Rationalität auf unintendierte Weise andere Bereiche der Gesellschaft dazu an, ebenfalls eigene Sachlogiken und Rationalitätskriterien aufzubauen und diese gegen die Eigenrationalität der römischen Kirche in Stellung zu bringen. Mit Max Weber nimmt diese These an, dass vorauslaufende Entwicklungen im Bereich der Religion maßgeblich zur Entstehung der modernen Welt beigetragen haben. Anders als in Webers Ansatz wird die Herauslösung der Moderne aus der Religion aber nicht als ein Prozess der Transformation von religiösen Motiven in wirtschaftliche Gesinnungen verstanden, sondern als das Ergebnis von Konflikten.[30] Indem das Drängen Roms auf institutionelle und theologische Autonomie hier als der zentrale Ausgangspunkt funktionaler Ausdifferenzierungsprozesse herausgestellt wird, soll die Bedeutung anderer Entwicklungslinien nicht bestritten werden. Auch in der Finanzwirtschaft und im Merkantilismus der norditalienischen Stadtrepubliken der Renaissancezeit, in der Entstehung unabhängiger Universitäten, in der Verselbständigung des Rechts etwa in der Rechtsschule von Bologna und der Schaffung geistlicher und weltlichen Landesherrschaften seit dem 11. Jahrhundert liegen wesentliche Wurzeln gesellschaftlicher Differenzierung. Keine dieser Fak-

[30] Luhmann 1989, 260.309.

toren aber hatte einen so starken Einfluss auf die Herausbildung ausdifferenzierter gesellschaftlicher Sphären wie der Versuch der Kirche, sich als eine von der Welt unterschiedene und sie dominierende Institution zu etablieren und damit die Autonomie anderer gesellschaftlicher Sphären zu verneinen.

Für die Ausdifferenzierung des Religiösen waren die Hildebrandschen Reformen des 11. Jahrhunderts entscheidend. Mit ihnen drängte die römische Kirche auf eine schärfere Abgrenzung von den Belangen der Welt, auf eine Stärkung ihrer organisatorischen Gestalt und auf eine Steigerung ihres Superioritätsanspruchs über alle Bereiche der Gesellschaft. Das Recht der Könige und Fürsten, die Bischöfe in ihrem Herrschaftsgebiet einzusetzen, das sie lange Zeit geduldet hatte, lehnte sie nunmehr ab. Kein Laie dürfe eine priesterliche Person einsetzen. Ebenso intensivierte sie ihr Bestreben, Simonie (den Ämterkauf) und Nikolaitismus (die Priesterehe bzw. das Priesterkonkubinat) zu unterbinden, und schärfte den Priestern und Mönchen ein, ein gottgefälliges und asketisches Leben zu führen. Mit diesen Maßnahmen kam es der Kirche Roms darauf an, die Heiligung der Institution voranzutreiben und die Sakralität der von ihr verwalteten Sakramente sicherzustellen. Durch eine Art Selbstunterscheidung von der Welt versuchte sie, dieses Ziel zu erreichen.[31]

Der römischen Kirche ging es in der Zeit des 11. Jahrhunderts aber nicht nur darum, die Grenzen der Kirche zu ihrer Umwelt zu schärfen, sondern auch darum, ihre interne Struktur auszubauen. Die hierarchischen Unterstellungsverhältnisse wurden geregelt, die Spitzenposition des Papstes gefestigt, die Wahl des Papstes in die Hand des neu entstehenden Kardinalskollegiums gelegt, wodurch Klerus und Volk ihre traditionelle Zuständigkeit verloren, und mit der Schaffung der Kurie dem Papst ein Verwaltungsstab beigefügt. Der ›Dictatus papae‹ von 1075 legte fest, dass nur der Papst Bischöfe absetzen oder in den Schoß der Kirche wieder aufnehmen dürfe

[31] Tyrell 2010, 235.

(III.), dass sein Gesandter allen Bischöfen auf einem Konzil übergeordnet sei, auch wenn er einen niedrigeren Weihegrad besitze (IV.), dass sein Urteil von niemandem widerrufen werden dürfe, er selbst aber die Urteile aller widerrufen könne (XVIII.), dass die römische Kirche niemals geirrt habe und nach dem Zeugnis der Schrift auch fürderhin niemals irren werde (XXII.) oder dass derjenige nicht als katholisch gelten dürfe, der mit der römischen Kirche nicht übereinstimme (XXVI.).[32] Nicht mehr das frühmittelalterliche Konsens- und Gewohnheitsrecht sollte gelten. Vielmehr beanspruchte sie, selbst Recht zu setzen.[33]

Die ihre Verflechtung mit der Welt unterbrechende und sich eigenständig strukturierende Institution erhob nun allerdings den Anspruch, Gehorsam in der gesamten christlichen Welt zu finden, auch bei Fürsten und Königen. Allein der Papst dürfe kaiserliche Herrschaftszeichen verwenden, hieß es im ›Dictatus papae‹ (VIII.). Ihm sei es erlaubt, Kaiser abzusetzen (XII.), er selbst aber dürfe von niemandem gerichtet werden (XIX.).[34] Einzig der römische Bischof könne als universal bezeichnet werden (II.). In einer bezeichnenden Dialektik von Entkopplung und Verkopplung distanzierte sich die Kirche von der Welt und beanspruchte zugleich die Herrschaft über sie.

Damit waren alle anderen gesellschaftlichen Akteure, Kleriker, Könige, Bauern, aber auch Gelehrte, Baumeister und Krieger, in den Status von Untergebenen oder Abweichlern gebracht. Funktionale Differenzierung konnte sich nun nur noch gegen den päpstlichen Universalitätsanspruch entwickeln, als Abwehr von Suprematieansprüchen, als Bekundung von Nicht-Identifikation, als Dissens oder, wie es Hans Blumenberg sagt, als eine Form der humanen Selbstbehauptung.[35] Der alle Bereiche übergreifende Uni-

[32] Laudage/Schrör 2006, 101ff.

[33] Berman 1991, 142; vgl. Dreier 2002.

[34] Laudage/Schrör 2006, 101ff.

[35] Blumenberg (1996) stellt die Entstehung der Neuzeit als einen Akt der Selbstbehauptung des *Humanum* gegenüber hypostasierten theologischen

versalitätsanspruch des Papstes erzwang geradezu die Ausbildung eigener Rationalitäten in anderen Gesellschaftsbereichen. Im 13. Jahrhundert erfuhr der päpstliche Universalitätsanspruch noch einmal eine Steigerung. Bonifaz VIII. beanspruchte mit seiner Bulle ›Unam Sanctam‹, dass der Papst der Inhaber beider Schwerter, des geistlichen wie des weltlichen, sei und den weltlichen Herrscher nicht nur einsetze, sondern auch richte.

Es ist dieses seit Gregor VII. beobachtbare Bemühen um Unterordnung alles Weltlichen unter das Geistliche, aus dem die Selbstbehauptung des Weltlichen zu erklären ist. Unter Heinrich IV. und seinen Nachfolgern richtete sich das Autonomiestreben der weltlichen Herrscher noch auf die Bewahrung der Einheit von geistlicher und weltlicher Gewalt und bewegte sich damit in traditionellen Bahnen. Das Recht des Papstes, die Kaiserkrone zu verleihen, und die aus der Weihe resultierende Aufgabe des Königs, als Vogt des Papstes zu fungieren, wurden nicht bestritten. Spätestens seit Friedrich I. Barbarossa (1152–1190) lassen sich indes Tendenzen beobachten, die auf eine Legitimation der königlichen und kaiserlichen Macht unabhängig von Kirche und Papst zielten. Besonders stark prägten sich diese Tendenzen bei Friedrich II. aus. Zwar erkannte dieser die geistliche Gewalt des Papstes an, die Berechtigung zur Überordnung über Kaiser oder Könige sprach er ihm jedoch ab. Die staatliche Gewalt sei ihrem Wesen nach niemandem verantwortlich; der Kaiser könne nur von Gott selbst gerichtet werden; die Kirche hingegen müsse auf die Einfachheit und Armut ihrer Urzeit zurückgeführt werden.[36] In der Konstitution von Melfi

Absolutheitsansprüchen dar. Mit der Steigerung der Souveränität Gottes über alle menschlich fassbare Rationalitätskriterien im Nominalismus des Mittelalters, insbesondere mit der Überordnung des göttlichen Willens über seine Vernunft, treten Göttliches und Menschliches so weit auseinander, dass nur noch die Selbstbehauptung des Menschen gegenüber der potentiell allenthalben drohenden göttlichen Willkür bleibt. Diese von Blumenberg geistesgeschichtlich entwickelte Denkfigur wird hier sozialgeschichtlich gewendet.

[36] Schmidt 1954, 212.

(1231) bezeichnete Friedrich II. den kaiserlichen Herrscher als Herrn und Diener von Recht und Gerechtigkeit.[37] In ihr findet nur das weltliche Schwert Erwähnung, während die Kirche lediglich in der Rolle eines Schutzobjektes der weltlichen Gewalt erscheint.[38] Wie Gerhard Dilcher herausgearbeitet hat, stützt Friedrich II. seine Herrschaft allein auf das Recht und entzieht der Kirche damit jegliche politische Legitimationsfunktion.[39]

Die sich auf diese Weise vollziehenden Prozesse der Differenzierung zwischen Kirche und Politik überschreiten freilich nicht den Rahmen eines allseits geteilten christlichen Weltbildes. Auch wenn sich der Kaiser gegen den Suprematieanspruch des Papstes stellte, tat er das unter Bezugnahme auf christliche Weltdeutungsmuster, indem er sich etwa auf die Gottunmittelbarkeit seines Königtums berief oder die schöpfungsmäßige Stiftung weltlicher Gewalt behauptete.

Die Differenzierung von kirchlichem und politischem Code spiegelt sich auch in den zeitgenössischen Diskursen wider. Auf der einen Seite standen kurialistische Theologen wie Bartholomäus von Lucca (um 1236–1326/27), Aegidius Romanus (gest. 1316), Augustinus Triumphus (1243–1328) oder Jacobus von Viterbo (gest. 1308), die den universalistischen und absolutistischen Suprematieanspruch des Papstes mit theologischen Argumenten zu begründen suchten,[40] auf der anderen Denker wie Johannes Quidort von Paris (1255/60–1306), Dante Alighieri (1265–1321), Marsilius von Padua (gest. 1342/43) oder auch Wilhelm von Ockham (1288–1347), die von der legitimen Dualität von geistlicher und weltlicher Macht ausgingen, den weltlichen Herrschaftsanspruch der Kirche bestritten und die politische Herrschaft aus nichtkirchlichen Quellen zu legitimieren versuchten. So betonte etwa Johannes Quidort von Pa-

---

[37] Dilcher 2009.

[38] Ebd., 15.

[39] Ebd., 22.

[40] Forschner 2012, 71.

ris, dass der Papst in sich nicht die höchste weltliche und priesterliche Macht nach dem Vorbild des Melchisedek vereinige, sondern der Kirche ebenso wie Christus keinerlei weltliche Vollmacht zukomme und der Staat einen von der Kirche unabhängigen Ursprung im Naturrecht habe.[41] Ähnlich legten auch Dante Alighieri, Marsilius von Padua oder Wilhelm von Ockham Wert darauf, die Kirche auf ihre geistliche Funktion zu beschränken und für den Staat eigenständige Rechtsquellen ausfindig zu machen, sei es die Gottunmittelbarkeit des Kaisers, der Wille des Volkes oder das gegenüber dem Papsttum höhere Alter des Königtums.[42] Damit wurden weltliche und geistliche Herrschaft, *regnum* und *sacerdotium*, als eigenständige, selbstbegründete Sphären nebeneinander gestellt und darauf verzichtet, den einen Bereich auf den anderen zurückzuführen.

2. Individualisierung: Beachtliche Veränderungen lassen sich im Mittelalter auch im Verhältnis des Individuums zu den kirchlichen und theologischen Autoritäten beobachten. Ein erster Individualisierungsschub fällt in die zweite Hälfte des 11. und in das 12. Jahrhundert. Er ist als Entdeckung bzw. als Wiederentdeckung des Subjekts beschrieben worden und drückt sich zum Beispiel im Aufkommen eines neuen Typs von Autobiographien, eines selbstbewussten scholastischen Argumentationsstils sowie einer subjektivierten Form der Frömmigkeit aus.[43]

Im Frühmittelalter galt es als selbstverständlich, dass der Einzelne einen besonderen Weg zu Gott nur in einer geistlichen Gemeinschaft finden kann und jede Abweichung von den Normen der Gemeinschaft seine Seele in Gefahr bringt. Seit der Wende vom 11. zum 12. Jahrhundert verstärkten sich jedoch Tendenzen eines individuellen Zugangs zu Gott. Visionäre wie Rupert von Deutz oder Hildegard von Bingen berichten in ihren Erzählungen von ihren inneren Kämpfen, von ihrem Ringen um den rechten Glauben, von

41 Bielefeldt 1987, 86f.

42 Ebd., 102; Forschner 2012, 71.

43 Vollmann 1998.

den Versuchungen des Teufels und der schließlich erfahrenen Offenbarung Gottes, die sie zu einem Gefäß des Heiligen Geistes gemacht habe.[44] Mystiker wie Bernhard von Clairvaux betonen ebenfalls, dass der neu gewonnene Glaube ein Geschenk Gottes, eine von Gott empfangene Gnade sei.

Eine neuerliche Verinnerlichung erfuhr die christliche Frömmigkeit im Spätmittelalter. Im 14. und 15. Jahrhundert gewann ein Frömmigkeitstypus an Bedeutung, in dessen Zentrum die Vorstellung von der nahen Gnade Gottes stand.[45] Im Unterschied zur theologisch angestrebten Erkenntnis Gottes wies diese Frömmigkeitsform einen affektiven Weg zu Gott. In der unmittelbaren Erfahrung Gottes, die als wonnereiches Berühren, Umarmen, Küssen, Schmecken und Kosten beschrieben wurde,[46] erlange das Individuum innige Nähe zu Gott. Wurzelnd in der Mystik der Klöster trug diese Frömmigkeitsbewegung, die seit etwa 1420 als devotio moderna bezeichnet wurde, zu einer Intensivierung der monastischen Lebensweise bei, strahlte aber auch in die Welt der Laien aus.[47] Insbesondere im lesekundigen städtischen Bürgertum fiel sie auf fruchtbaren Boden. Dort bestärkte sie Vorstellungen von der legitimen Partizipation der Laien am kirchlichen Leben. Zuweilen verband sie sich dabei mit einer vor allem moralisch ausgerichteten Kirchen- und Kleruskritik.

Auch in der Theologie lassen sich im Spätmittelalter Tendenzen einer Individualisierung und Subjektivierung beobachten. Nach der Verurteilung des aristotelischen Notwendigkeitsdenkens 1277 entstand eine neue Anschauung vom moralischen Sein des Individuums, dessen ontologischer Grund in der menschlichen Freiheit gesehen wurde.[48] Während Thomas von Aquin, obschon er das mo-

[44] Meier-Staubach (demnächst).

[45] Hamm 2004.

[46] Ebd., 549.

[47] Leppin 2012, 440.

[48] Kobusch 1993, 25.

ralische Sein als einen von der Natur unabhängigen Seinsbereich begriff (Thomas Summa theologiae, I-II, qq. 18-21), den Intellekt dem Willen noch überordnete und das moralische Wollen des Menschen aus der Erkenntnis der nach der Norm des Wahren und Guten eingerichteten intelligiblen Ordnung des Seienden ableitete, kehrten Denker wie Duns Scotus, Petrus Johannis Olivi und Wilhelm von Ockham das Verhältnis von Wille und Intellekt um und gewannen auf diese Weise eine ontologische Begründung für die Behauptung der Selbstbestimmung des menschlichen Willens.[49] Duns Scotus ging es dabei vor allem darum, mit der Unterscheidung zwischen potentia absoluta und potentia ordinata die Freiheit des Willens Gottes zu sichern. Gott hätte als potentia absoluta auch eine ganz andere Welt schaffen können. Er ist nicht in Kausalketten eingespannt, sondern kann diese auch durchbrechen. Gleichwohl handelt er nicht rein willkürlich. Als potentia ordinata hat er vielmehr eine intelligible Weltordnung geschaffen, an der auch der Mensch, obschon auch für ihn der Primat des Willens über den Verstand gilt, sich in seinem moralischen Handeln orientiert.[50]

Diese Dialektik in der Argumentationsstruktur gilt auch für eine andere Denkbewegung der mittelalterlichen Theologie, die oft bis in die Neuzeit ausgezogen wird: für die Begründung des subjektiven Selbstbestimmungsrechts, die Jean Gerson zu Beginn des 15. Jahrhunderts gegeben hat und in die Gedanken Bonaventuras und der Kanonisten und Dekretisten des 12. Jahrhunderts eingeflossen sind.[51] Danach liege im Menschen das Vermögen, zwischen gut und böse zu differenzieren, und die daraus resultierende Fähigkeit, sich frei zwischen Alternativen zu entscheiden. Es sei der freie Wille, der den Menschen grundlegend von der ihn umgebenden Natur unterscheide und ihm eine über das Geschaffene hinausgehende

[49] Mensching 1998, 493.

[50] Ebd., 500.

[51] Kobusch 1993 33f.

Würde verleihe. Doch auch hier wird, etwa bei Bonaventura, die Gnade Gottes als Ermöglichungsgrund der menschlichen Freiheit gedacht und damit die menschliche Subjektivität in die metaphysischen Annahmen einer Substanzontologie eingefügt.[52] Der Rahmen der Substanzontologie wird erst in der Neuzeit gesprengt.

So lassen sich im späten Mittelalter zwar Tendenzen einer Subjektivierung der theologischen Argumentation sowie einer Individualisierung der Frömmigkeit ausmachen. Immer wieder werden sie jedoch in die dominante Weltanschauung einer göttlich begründeten Ordnung eingefügt und durch sie eingeschränkt. Außerdem ist unübersehbar, dass neben den Individualisierungstendenzen auch Tendenzen einer Stärkung der sakramentalen Heilsvermittlung und einer Veräußerlichung der Frömmigkeitskultur stehen, die ebenfalls an Bedeutung gewinnen.[53] Im Ablasswesen etwa wird Religiosität quantifizierbar und berechenbar gemacht, in der Heiligenverehrung erhält sie einen magischen Charakter.

3. Was schließlich Tendenzen zur Pluralisierung des religiösen Feldes angeht, so handelt es sich dabei in den Jahrhunderten des Mittelalters hingegen nur um ein marginales Phänomen. Die neuerdings von Religionswissenschaftlern aufgestellte These, die europäische Religionsgeschichte sei von der Antike bis heute durch religiösen Pluralismus gekennzeichnet,[54] besitzt keine empirische Basis. Schon die Anfänge des Christentums stellten eher den Versuch dar, den religiösen Synkretismus in der Umwelt des Christentums innerchristlich zu überwinden, als eine Öffnung gegenüber anderen Religionen zu vollziehen.[55] Erst recht war die europäische Religionsgeschichte des Mittelalters vor allem durch die Ausgrenzung, Abwehr und Marginalisierung nichtchristlicher Religionsge-

[52] Ebd., 54.

[53] Leppin 2012, 372, 407f.

[54] Gladigow 1995; Kippenberg/Rüpke/Stuckrad 2009; Kippenberg 2007, 56f.

[55] Markschies 2003.

meinschaften sowie die Bekämpfung innerchristlicher Abweichungen geprägt. Dass in einem Staatswesen nur eine Religion herrschen kann, war im Mittelalter selbstverständlich.[56] Auch die Behauptung, Christen, Juden, Muslime und Heiden hätten im Mittelalter eng beieinander gelebt, ist nicht richtig. Heiden lebten im Wesentlichen außerhalb des christlichen Lebensbereichs, Sarazenen und Griechisch-Orthodoxe in mehr oder weniger getrennten Lebenswelten, auch wenn es einige Kontaktzonen mit ihnen gab, Juden hingegen in abgegrenzten Gebieten im Innern.[57] Vor allem aber war ihre Wahrnehmung von Stereotypen gekennzeichnet. Sie galten als Ungläubige, Teufelsdiener, Sünder und Verdammte. Auch wenn es eine gewisse Kenntnis anderer Religionen gab und die Unterschiede zwischen Muslimen und Heiden oder auch Juden und Häretikern durchaus wahrgenommen wurden, so interessierte man sich für sie doch nicht um ihrer selbst willen, sondern fast ausschließlich aus Gründen der Bekehrung oder der Abgrenzung.[58] Selbst Kontakte änderten nichts an der Beurteilung der Andersgläubigen als unzivilisiert, sündig und gottlos. Die polemische Abwertung Andersgläubiger schloss ein friedliches Zusammenleben in der Praxis oder diplomatischen Austausch und sogar Bündnisse allerdings nicht aus.[59]

Der Vergleich mit dem Mittelalter lässt die Bedeutung der Reformation noch einmal besonders hervortreten. Im Hinblick auf Prozesse der funktionalen Differenzierung und der Individualisierung werden im Mittelalter angelegte Tendenzen im Reformationszeitalter verstärkt. Gleichwohl treten kirchliche und weltliche Ordnung erst im nachkonfessionellen Zeitalter zunehmend auseinander, und ebenso lockert sich erst im 18. Jahrhundert der staatliche Zugriff auf die Glaubenspraxis und die religiösen Überzeugungen

[56] Sehling 1914, 8.

[57] Goetz 2013, 773f.

[58] Ebd., 803.

[59] Ebd. 782f.

des Einzelnen. Tatsächlich kam es seit Ende des 18. Jahrhunderts in Europa und den Vereinigten Staaten zur zunehmenden Differenzierung von Religion und Politik. 1791 wurde die Trennung von Kirche und Staat in den USA in der Verfassung verankert, 1795 in Frankreich, obschon bereits 1801 wieder rückgängig gemacht, 1796 in den Niederlanden. Im Allgemeinen Preußischen Landrecht von 1794 wurden die Kirchen, die einst mit dem Anspruch aufgetreten waren, für die Durchsetzung der wahren Lehre Sorge zu tragen, zur rechtlichen Organisationsform eines Vereins oder einer »geistlichen Gesellschaft« herabgestuft.[60] Die mit dem Reichsdeputationshauptschluss von 1803 und den anderen Säkularisationen vorgenommenen Enteignungen der katholischen Kirche bedeuteten auf der politischen Ebene die Abschaffung der geistlichen Fürstentümer und trugen insofern gleichfalls zur Differenzierung von Religion und Politik bei.

Doch nicht nur im Verhältnis zwischen Politik und Religion lassen sich im 18. Jahrhundert Prozesse der funktionalen Differenzierung beobachten, sondern auch zwischen Religion und Bildung, Religion und Wissenschaft, Religion und Ethik, Religion und Kunst usw. Zugleich wurde immer deutlicher, dass sich der Glaube nicht länger von der Obrigkeit vorschreiben ließ und der Staat dem Individuum das Recht auf Selbstbestimmung einräumen muss. Auch wenn das Aufsichtsrecht der Obrigkeit über die Religion ihrer Untertanen auf Territorialebene unangetastet blieb und in den Territorien nach wie vor die staatliche Kirchenhoheit galt, erwies sich der Konfessionszwang, wo er denn noch ausgeübt wurde, immer mehr als Anachronismus.

Im Unterschied zu den Prozessen der funktionalen Differenzierung und der Individualisierung lassen sich im Mittelalter Tendenzen der religiösen Pluralisierung kaum ausmachen. Ein Auseinanderbrechen der kirchlichen Einheit vollzog sich erst mit der Reformation. Man wird wohl nicht fehlgehen in der Annahme, dass

[60] Hattenhauer 1970, 542–584.

in der Spaltung der kirchlichen Einheit der bedeutsamste, wenn auch unintendierte Beitrag der Reformation zur Herausbildung der modernen Welt lag. Auf diese Spaltung reagierte der absolutistische Staat, der die blutigen Religionsstreitigkeiten durch die Konzentration der politischen Macht in seiner Hand überwand. Mit harter Hand ordnete sich der absolutistische Staat die religiösen Parteien unter und vermochte auf diese Weise die Bürger vor dem religiösen Fanatismus zu schützen und die Konfessionsgemeinschaften in seinen Dienst, den Dienst der Staatsräson, zu stellen. Im Schatten des absolutistischen Staates, argwöhnisch von ihm beobachtet, aber nicht konsequent unterdrückt, entwickelten sich zivilgesellschaftliche Strukturen, die dem feudalen Staat selbst gefährlich wurden und ihn, revolutionär oder evolutionär, schließlich entmachteten.

5. Der Durchbruch zur Moderne in der Sattelzeit

1. Im nachkonfessionellen Zeitalter traten kirchliche und weltliche Ordnung zunehmend auseinander. Aufgrund der Erfahrungen des Dreißigjährigen Krieges und seiner Folgen gewann die Einsicht an Boden, dass die konfessionelle Einheit nicht durchsetzbar und die faktische Differenz zwischen den Konfessionen anzuerkennen ist. Die Staatszwecklehre änderte sich. Nicht länger kam dem Staat die Aufgabe zu, als Beauftragter Gottes die Verkündigung des Evangeliums zu sichern und für die Wahrheit einzutreten. Vielmehr trat an die Stelle der religiösen Zweckbestimmung des Staates die Staatsräson – »das Wohl, der Nutzen des Staates, die salus publica«.[61] Politische Gebilde existierten nicht um der Kirche willen, der Staat – so wollten es die Naturrechtslehren von Pufendorf, Pfaff, Boehmer und anderen – habe sein Ziel vielmehr in der Sicherung der öf-

[61] Sehling 1914, 35.

fentlichen Ordnung. Die Sorge um die Religion nahmen die Naturrechtslehrer ausdrücklich von den Staatspflichten aus, obschon natürlich nach wie vor die Ansicht gültig blieb, dass Religion für den Zusammenhalt des Staats, für die allgemeine Moral und die Einhaltung von Verträgen von Nutzen sei.[62]

Um 1800 setzte sich in Deutschland die Idee durch, Bildung und Erziehung zu eigenständigen, von Herkunft und Stand, aber auch von Tradition und Autorität unabhängigen Zielen zu erklären, bestimmt nicht mehr durch Geburt, sondern durch Talent und Leistung.[63] Die kirchliche Verfügung über die Schule wurde gelockert. In Preußen übernahm der Staat 1794 die Kontrolle über die Erziehung. Auch die Universitäten gewannen konfessionelle Unabhängigkeit. An die Stelle der konfessionell getragenen Universität trat die Universität als Staatsanstalt.[64]

2. Ebenso lockerte sich im 18. Jahrhundert der staatliche Zugriff auf die Glaubenspraxis und die religiösen Überzeugungen des Einzelnen. Ein Staat, der ein auf Freiwilligkeit beruhender Zusammenschluss mündiger Bürger sei, könne niemals Zwang über die Gewissen derjenigen ausüben, die ihn erst konstituiert hätten – so die Vertragstheorien von Rousseau und Locke, die im 18. Jahrhundert auf starke Resonanz stießen. Der Glaube entziehe sich der staatlichen Kontrolle. Er sei etwas höchst Individuelles. Allenfalls die äußere Glaubenspraxis unterliege der staatlichen Aufsicht. Gerade diese aber mache nicht den Kern des Christentums aus. Immer deutlicher wurde, dass sich der Glaube nicht länger von der Obrigkeit vorschreiben ließ und der Staat dem Individuum das Recht auf Selbstbestimmung einräumen muss. Auch wenn das Aufsichtsrecht der Obrigkeit über die Religion ihrer Untertanen auf Territorialebene unangetastet blieb und in den Territorien nach wie vor die staatliche Kirchenhoheit galt, erwies sich der Konfes-

[62] Schlaich 1969, 78f.

[63] Nipperdey 1983, 60.56.

[64] Ebd., 56.65.

sionszwang, wo er denn noch ausgeübt wurde, immer mehr als Anachronismus.

Umbauten in der dominanten religiösen Semantik entsprachen diesen Liberalisierungstendenzen. Gott wurde nicht mehr vor allem als der strafende und zürnende Herr der Welt vorgestellt, sondern als der liebende Vater, die Welt nicht mehr als irdisches Jammertal beschrieben, dessen Ende kurz bevorstehe, der Mensch nicht mehr als notorischer Sünder, der der Züchtigung und Gnade bedarf. Das Gottesbild und mit ihm das Welt- und Menschenbild hellte sich auf. Das Interesse wandte sich von den Aussichten auf das Jenseits dem Diesseits zu, das als vervollkommnungsfähig in den Blick kam und für die menschliche Gestaltungsfähigkeit freigegeben wurde. Statt des Weltgerichts erwarteten die Menschen nunmehr einen ins Unendliche gehenden menschlichen Fortschritt. In kritischer Wendung gegen eine als veräußerlicht und erstarrt wahrgenommene Kirche strebten christliche Erneuerungsbewegungen wie der Pietismus, der Methodismus oder auch die Herrnhuter Brüdergemeine die subjektive Verinnerlichung des christlichen Glaubens sowie einen subjektiv verantworteten sittlichen Lebenswandel an. Auch setzten sich Tendenzen zur Privatisierung und Intimisierung der christlichen Glaubenspraxis und zur Verdiesseitigung religiöser Gehalte in dieser Zeit immer mehr durch. Im Vordringen sogenannter »stiller« Beerdigungen ohne Beisein des Pfarrers und geistlichen Segen drückt sich diese Abwendung von der jenseitigen Welt plastisch aus.

3. Die Subjektivierungs-, Privatisierungs- und Verdiesseitigungstendenzen gingen Hand in Hand mit einer zunehmenden Pluralisierung des religiösen Felds. Neben die lutherische Orthodoxie und das katholische Lehramt traten pietistische Konventikel, methodistische Versammlungen, jansenistisch beeinflusste Gnadenlehren, neologische Moralvorstellungen. Aufklärungsphilosophen schwärmten vom chinesischen Konfuzianismus. Aber auch die Kirchenkritik erlebte eine Blüte. Im Zuge der Französischen Re-

volution wurde an die Stelle Gottes die Verehrung der Vernunft vorübergehend zum staatlichen Kult erhoben. In Preußen blieb die staatliche Religionsaufsicht formal zwar erhalten, sie erstreckte sich mehr und mehr jedoch nur noch auf die äußeren Umstände des kirchlichen Lebens und immer weniger auf Fragen des Glaubens oder der Theologie. Die Kirchenzucht, die gesellschaftlich kaum noch Unterstützung erfuhr, war faktisch abgeschafft. Damit setzten sich mehr und mehr religiös plurale Verhältnisse durch.

Unübersehbar hat sich mit den politischen, sozialen und kulturellen Veränderungen im nachkonfessionellen Zeitalter der Durchbruch zur Moderne vollzogen. Wie er zu erklären ist und welchen Anteil der Protestantismus daran hatte, soll abschließend mit Hilfe von vier Hypothesen skizziert werden.

I. Einen zentralen Auslöser für den Durchbruch zur Moderne bildeten die Religionskriege des 16. und 17. Jahrhunderts. Die blutigen Religionsstreitigkeiten wurden durch die Konzentration der politischen Macht im absolutistischen Staat überwunden, der sich mit harter Hand die religiösen Parteien unterordnete und auf diese Weise die Bürger vor dem religiösen Fanatismus zu schützen vermochte und zugleich die Konfessionsgemeinschaften in seinen Dienst, den Dienst der Staatsräson, stellte. Im Schatten des absolutistischen Staates, argwöhnisch von ihm beobachtet, aber nicht konsequent unterdrückt, entwickelten sich zivilgesellschaftliche Strukturen, die dem feudalen Staat selbst gefährlich wurden und ihn, revolutionär oder evolutionär, schließlich entmachteten. Das Ende der Kirchenzucht, die Lockerung der geistlichen Schulaufsicht, die Überführung der kirchlichen in die weltliche Zensur, die Aufhebung der Fürstbistümer trugen zur Differenzierung von Kirche und Staat bei. Durch die partielle Auflösung der Koalition von neuzeitlichem Staat und Konfessionalismus kam es zu einer Art *Entriegelung,* so dass bislang gesamtgesellschaftlich sekundäre Kräfte und Modernisierungspotentiale zur Wirkung kommen konnten.[65] Zunächst traf dies auf schon ausdifferenzierte Bereiche wie das neuzeitliche Rechtsdenken, naturwissenschaftliche und medizinische Diskurse oder die politische Theorie zu. Aber auch der ganze Bereich der Bildung, Schule und Universität, die bislang unter konfessioneller Kontrolle standen, gewannen an Selbständigkeit, ebenso auch wie Moral und Poesie.

II. Aufgrund der funktionalen Entriegelung und der damit verbundenen Lockerung des staatlichen Zugriffs auf den Einzelnen bildete sich, so Lucian Hölscher,[66] im 18. Jahrhundert eine neue urbane Kommunikations- und Freizeitkultur heraus. Die Entstehung dieser neuen Unterhaltungs- und Diskussionskultur mit wachsendem literarischem Markt, Zeitschriftengründungen, neuen Geselligkeitsformen wie Kaffeehäusern, literarischen Zirkeln, Tee-Gesellschaften und Tanzveranstaltungen, aber auch mit der Gründung neuer Vereinigungen, Orden und Clubs bis hin zu den Freimaurerlogen, bedeuteten nicht nur eine Aufwertung von Bildung, Geselligkeit und Diesseitsfreude, sondern auch eine Stärkung zivilgesellschaftlicher Netzwerkstrukturen. Die in ihnen verankerten Diskurse, moralischen Normen und Vertrauensverhältnisse besaßen eine politische Sprengkraft und wurden zu einem Kern der sich herausbildenden bürgerlichen Gesellschaft. An der Entstehung dieser zivilgesellschaftlichen Kommunikationskultur hatten bemerkenswerterweise die Geistlichkeit mit ihren Anstrengungen zur sittlichen Erziehung sowie die Kirchen mit ihren Bildungseinrichtungen selbst einen beachtlichen Anteil.

III. Eine gewichtige Rolle für die Veränderungen im 18. Jahrhundert dürfte auch die für diese Zeit nachgewiesene Beschleunigung des sozialen, wirtschaftlichen und technischen Wandels gespielt haben. Aufgrund verbesserter landwirtschaftlicher Anbaumethoden, der Erhöhung der landwirtschaftlichen Nutzfläche, der

[65] Vgl. Schilling 2009, 327.

[66] Hölscher 1990, 603; ders., 2005, 95–100.

Einführung neuer Kulturpflanzen sowie der Entwicklung der öffentlichen und privaten Hygiene stieg die Lebenserwartung an.[67] Infolge des beschleunigten sozialen und technologischen Wandels sowie der höheren Lebenserwartung wurde das Tempo des sozialen und technologischen Wandels erstmals innerhalb einer Lebensspanne erfahrbar.[68] Zukunft trat dem Einzelnen als etwas Andersartiges entgegen und insofern auch als etwas, das der Gestaltung durch menschliche Tatkraft unterworfen werden kann. Die aus der Veränderung der Erfahrungswelt des Einzelnen resultierende Dynamisierung der Zeitvorstellung – Koselleck spricht von dem Auseinandertreten von Erfahrungsraum und Erwartungshorizont[69] – könnte zu einer Öffnung des Zukunftshorizontes, zu einem Verblassen der Endzeiterwartungen und einer Umkehr der Blickrichtung vom Jenseits auf das Diesseits beigetragen haben.

IV. Mit der Entriegelung der konfessionell eingehegten Sozial- und Herrschaftsverhältnisse erhöhte sich aber auch die Wahrscheinlichkeit, dass bislang an den Rand gedrängte Denklinien wie etwa die durchaus auch von Luther inspirierte mystisch-spiritualistische Traditionslinie von Sebastian Franck, Jakob Böhme, Gottfried Arnold, Johann Christian Edelmann bis hin zu Friedrich Christoph Oetinger, Johann Caspar Lavater und Gottfried Herder an Einfluss gewannen. Hinzu kommen die Wirkungen der Herzensfrömmigkeit des Pietismus sowie die individualisierenden Tendenzen innerhalb der lutherischen Orthodoxie mit ihrer Betonung von Selbsterforschung, sittlich verantwortlicher Lebensführung und religiöser Innerlichkeit.

---

67 Wrigley 1969; Marschalck 1984.

68 Wie Jan Assmann und Reinhart Koselleck vermuten, vermag das kommunikative soziale Gedächtnis nicht mehr als 80 bis 100 Jahre zu umfassen. Die Wahrnehmung von Veränderung wäre dann, so schlussfolgert Hartmut Rosa (2005, 177f.), daran gebunden, dass sich signifikante Wandlungsprozesse innerhalb von drei bis vier Generationen vollziehen.

69 Koselleck 1989, 349–374.

Die Umwälzung aller Lebensverhältnisse im nachkonfessionellen Zeitalter kann wohl kaum auf direkte Wirkungen der Reformation zurückgeführt werden. Am stärksten hat sie auf diesen Umwälzungsprozess wahrscheinlich durch die Zersprengung der Einheit der römischen Kirche und damit auf nicht-intendierte Weise beigetragen. Aufgrund der Konflikte zwischen den Konfessionen stieg nicht nur der Staat zur absolutistischen Macht auf. Durch diese Konflikte wurden auch die Einflussmöglichkeiten von Kirche und Theologie geschwächt und ihre Geltungsansprüche relativiert. In den im nachkonfessionellen Zeitalter sich vollziehenden sozialen, politischen, ökonomischen und kulturellen Umbruch war der Protestantismus selbst hineingestellt. Nur als Teil dieses Umbruchs hat er ihn auch mitgestaltet.

Literatur

Berman, Harold J. (1991): Recht und Revolution: Die Bildung der westlichen Rechtstradition, Frankfurt am Main.

Bielefeldt, Heiner (1987): Von der päpstlichen Universalherrschaft zur autonomen Bürgerrepublik: Aegidius Romanus, Johannes Quidort von Paris, Dante Alighieri und Marsilius von Padua im Vergleich, in: Zeitschrift der Savigny-Stiftung für Rechtsgeschichte, Kanonistische Abteilung, Bd. 73, 70–130.

Blumenberg, Hans (1996): Die Legitimität der Neuzeit. Erneuerte Ausgabe. Frankfurt am Main.

Bradwardini, Thomas (1618): Archiepiscopi olim Cantuariensis, De Causa Dei, Contra Pelagium et De Virtute Causarum. Libri tres, Nachdruck 1964.

Dilcher, Gerhard (2009): Säkularisierung von Herrschaft durch Sakralisierung der Gerechtigkeit? Überlegungen zur Gerechtigkeitskonzeption bei Kaiser Friedrich II. und Ambrogio Lorenzetti, in: Inge Kroppenberg / Martin Löhnig / Dieter Schwab (Hgg.): Recht – Religion – Verfassung, Festschrift für Hans-Jürgen Becker zum 70. Geburtstag, Bielefeld, 9–47.

Dreier, Horst (2002): Kanonistik und Konfessionalisierung: Marksteine auf dem Weg zum Staat, Juristenzeitung 57, 1–13.

Forschner, Maximilian (2012): Naturrecht, positives Recht und Herrscherwille bei Thomas von Aquin und Wilhelm von Ockham, in: Ludwig Siep / Thomas Gutmann / Bernhard Jakl / Michael Städtler (Hgg.): Von der religiösen zur säkularen Begründung staatlicher Normen: Zum Verhältnis von Religion und Politik in der Philosophie der Neuzeit und in rechtssystematischen Fragen der Gegenwart, Tübingen, 59–80.

Goetz, Hans-Werner (2013): Die Wahrnehmung anderer Religionen und christlich-abendländisches Selbstverständnis im frühen und hohen Mittelalter, Berlin/Boston.

Gladigow, Burkhard (1995): Europäische Religionsgeschichte, in: Hans G. Kippenberg / Brigitte Luchesi (Hgg.), Lokale Religionsgeschichte, Marburg, 21–42.

Gregory, Brad S. (2012): The Unintended Reformation: How a Religious Revolution Secularized Society, Cambridge, MA .

Gregory, Brad S. (demnächst): Disembedding Christianity: The Reformation Era and the Secularization of Western Society, in: Ingolf Dalferth (Hg.), Reformation und Säkularisierung, (im Druck).

Hamm, Berndt (1999): Normative Zentrierung im 15. und 16. Jahrhundert: Beobachtungen zur Religiosität, Theologie und Ikonologie, Zeitschrift für Historische Forschung 26, 163–202.

Hamm, Berndt (2004): Die »nahe Gnade« – innovative Züge der spätmittelalterlichen Theologie und Frömmigkeit, in: Jan A. Aertsen / Martin Pickavé (Hg.): »Herbst des Mittelalters«? Fragen zur Bewertung des 14. und 15. Jahrhunderts, Berlin/New York, 541–557.

Hattenhauer, Hans (1970): Allgemeines Landrecht für die preußischen Staaten, Frankfurt am Main/Berlin.

Hegel, Georg Wilhelm Friedrich (1959): Vorlesungen über die Geschichte der Philosophie, Bd. 3, in: ders., Sämtliche Werke; Bd. 19.

Hegel, Georg Wilhelm Friedrich (1960): Grundlinien der Philosophie des Rechts, in: ders., Sämtliche Werke Bd. 7.

Hölscher, Lucian (1990): Die Religion des Bürgers: Bürgerliche Frömmigkeit und protestantische Kirche im 19. Jahrhundert, Historische Zeitschrift 250, 595–630.

Hölscher, Lucian (2005): Geschichte der protestantischen Frömmigkeit in Deutschland, München.

Kaufmann, Thomas (2017): Die Reformation: ein historischer Überblick, in: Udo di Fabio / Johannes Schilling (Hgg.), Die Weltwirkung der Reformation: Wie der Protestantismus unsere Welt verändert hat, München, 13–66.

Kippenberg, Hans G. (2007): Europäische Religionsgeschichte: Schauplatz von Pluralisierung und Modernisierung der Religionen, in: Friedrich Wilhelm Graf /Klaus Große Kracht (Hgg.), Religion und Gesellschaft: Europa Im 20. Jahrhundert, Köln u.a., 45–71.

Kobusch, Theo (1993): Die Entdeckung der Person: Metaphysik der Freiheit und modernes Menschenbild, Freiburg.

Koselleck, Reinhart (1989): ›Erfahrungsraum‹ und ›Erwartungshorizont‹: Zwei historische Kategorien, in: ders.: Vergangene Zukunft: Zur Semantik geschichtlicher Zeiten, Frankfurt am Main.

Laube, Martin (2011): Kirche als »Institution der Freiheit«: Traditionen und Perspektiven protestantischer Ekklesiologie, in: Christian Albrecht (Hg.), Kirche, Tübingen, 131–170.

Laudage, Johannes / Schrör, Matthias (Hg.) (2006): Der Investiturstreit: Quellen und Materialien (Lateinisch – Deutsch), Köln u.a.

Leppin, Volker (2012): Geschichte des mittelalterlichen Christentums, Tübingen.

Luhmann, Niklas (1989): Die Ausdifferenzierung von Religion, in: ders.: Gesellschaftsstruktur und Semantik, Bd. 3, Frankfurt am Main, 259–357.

Luther, Martin (1520): Von der Freiheit eines Christenmenschen, Weimarer Gesamtausgabe (WA) 7, 12–38.

Luther, Martin (1520a): An den christlichen Adel deutscher Nation von des christlichen Standes Besserung, Weimarer Ausgabe (WA) 6, 381–469.

Luther, Martin (1523): Von weltlicher Obrigkeit, wie weit man ihr Gehorsam schuldig sei, Weimarer Gesamtausgabe (WA) 11, 229–280.

Markschies, Christoph (2003): Der christliche Glaube und das Problem des Synkretismus in kirchengeschichtlicher Perspektive, in: Hans Krech / Udo Hahn (Hg.), Esoterik. Herausforderung für die christliche Kirche im 21. Jahrhundert, Hannover. 89–112.

Marschalck, Peter (1984): Die Bevölkerungsgeschichte Deutschlands im 19. und 20. Jahrhundert, Frankfurt am Main.

Meier-Staubach, Christel (demnächst): Krise und Conversio: Grenzerfahrungen in der biographischen Literatur des Hochmittelalters, in: Frühmittelalterliche Studien 50.

Mensching, Günther (1998): Der Primat des Willens über den Intellekt: Zur Genese des modernen Subjekts im späten Mittelalter, in: Reto Luzius Fetz / Roland Hagenbüchle / Peter Schulz (Hgg.), Geschichte und Vorgeschichte der modernen Subjektivität, Berlin/Boston 487–507.

Mostert, Walter (1979): Scriptura sacrasui ipsius interpres – Bemerkungen zum Verständnis der Heiligen Schrift durch Luther, Lutherjahrbuch 46, 60–96.

Nipperdey, Thomas (1983): Deutsche Geschichte 1800–1866: Bürgerwelt und starker Staat, München.

Pollack, Detlef (2016): Modernisierungstheorie revised: Entwurf einer Theorie moderner Gesellschaften, Zeitschrift für Soziologie 45, 219–240.

Rendtorff, Trutz (1975): Gesellschaft ohne Religion? Theologische Aspekte einer sozialtheoretischen Kontroverse (Luhmann/Habermas), München.

Rendtorff, Trutz (1985): Die Religion in der Moderne – die Moderne in der Religion: Zur religiösen Dimension der Neuzeit, Theologische Literaturzeitung 110, 561–574.

Rosa, Hartmut (2005): Beschleunigung: Die Veränderung der Zeitstrukturen in der Moderne, Frankfurt am Main.

Sattler, Dorothea / Leppin, Volker (Hg.) (2014): Reformation 1517-2017: Ökumenische Perspektiven, Freiburg/Göttingen.

Schilling, Heinz (2009): Das konfessionelle Europa, in: Hans G. Kippenberg / Jörg Rüpke / Kocku von Stuckrad (Hgg.), Europäische Religionsgeschichte: Ein mehrfacher Pluralismus, 2 Bde., Göttingen, 289–338.

Schlaich, Klaus (1969): Kollegialtheorie: Kirche, Recht und Staat in der Aufklärung, München.

Schlögl, Rudolf (2013): Alter Glaube und moderne Welt: Europäisches Christentum im Umbruch 1750–1850, Frankfurt am Main.

Schmidt, Kurt Dietrich (1954): Grundriss der Kirchengeschichte, Göttingen.

Sehling, Emil ([2]1914): Geschichte der protestantischen Kirchenverfassung, Leipzig u.a.

Stollberg-Rilinger, Barbara (2006): Europa im Jahrhundert der Aufklärung, Stuttgart.

Strohm, Christoph (2008): Calvin und die religiöse Toleranz, in: Martin Ernst Hirzel / Martin Sallmann (Hg.), 1509 – Johannes Calvin – 2009: Sein Wirken in Kirche und Gesellschaft: Essays zum 500. Geburtstag, Zürich, 219–236.

Troeltsch, Ernst (1911): Die Bedeutung des Protestantismus für die Entstehung der modernen Welt, München/Berlin.

Tyrell, Hartmann (2010): Katholische Weltkirche und Religionsfreiheit: Christentumsgeschichtliche und differenzierungs-theoretische Überlegungen, in: Karl Gabriel / Christian Spieß / Katja Winkler (Hgg.): Religionsfreiheit und Pluralismus: Entwicklungslinien eines katholischen Lernprozesses, Paderborn, 197–260.

Vollmann, Benedikt Konrad (1998), Die Wiederentdeckung des Subjekts im Hochmittelalter, in: Reto Luzius Fetz / Roland Hagenbüchle / Peter Schulz (Hgg.), Geschichte und Vorgeschichte der modernen Subjektivität, Berlin/Boston, 380–393.

Wrigley, Edward A. (1969): Bevölkerungsstruktur im Wandel: Methoden und Ergebnisse der Demographie, München.

Yves Bizeul

Bedeutung der Reformation für die Entwicklung des politischen Denkens in Europa

Ein religiöses Ethos kann je nachdem den Erfindungsgeist oder den Konformismus stärken, Revolutionen hervorrufen oder Traditionen festigen, die politische Integration begünstigen oder in Frage stellen, die demokratische bzw. wirtschaftliche Entwicklung unterstützen oder bremsen.[1] Léo Moulin führt die technologische und wirtschaftliche Entwicklung Europas und des Westens auf die jüdisch-christliche Vorstellung, der Mensch stehe im Mittelpunkt des Universums, zurück. Erst dieser religiös untermauerte Anthropozentrismus habe eine Beherrschung der Welt durch den Menschen möglich gemacht, während in anderen Religionen der Einzelne als Spielball von Naturkräften betrachtet wurde, die auf ihn einwirkten und mit denen er lernen musste umzugehen.[2] Marcel Gauchet sieht hier die indirekte Konsequenz christlicher Anschauungen, in erster Linie der Inkarnationslehre und der damit verbundenen Betonung des einzigartigen Wertes des menschlichen Individuums. Beides habe implizit dazu beigetragen, das Selbst aufzuwerten. Erst auf dieser Grundlage hätte sich ein »Ausstieg« der Religion aus der öffentlichen Sphäre vollziehen können. Langfristig habe dies zum »politischen Tod der Religion« geführt. Gauchet nennt aus diesem Grund das Christentum die »Religion des Ausstiegs aus der Religion« (*la religion de la sortie de la religion*).[3] Unter dem »Ausstieg aus der Religion« versteht er keine gesellschaftliche

1 Vgl. Moulin 1975, 373.

2 Moulin 1972.

3 Gauchet 1985, 292; ders.: 2004.

Überwindung der Religion, sondern vielmehr den Prozess der Autonomisierung des Weltlichen von der Religion und deren Privatisierung.[4]

Beide Entwicklungen wurden durch die Reformation forciert. Sie hat das politische Denken maßgeblich beeinflusst.[5] Dazu trugen nicht nur die evangelischen *belief systems*, sondern auch gesellschaftliche, zum Teil leidvolle Erfahrungen – wie die Verfolgung der französischen Hugenotten und englischen *dissenters* – bei. Wir können im Rahmen dieses Beitrags nicht alle Teilaspekte dieser höchst komplexen Fragestellung ansprechen. Wir verzichten hier auf eine Metaerzählung, bevorzugen Narrative kleinerer bzw. mittlerer Reichweite und werden nur auf einige, in unseren Augen besonders relevante, Themenfelder hinweisen. Dabei werden wir uns auf verschiedene protestantische Traditionen berufen, auch wenn vor allem der Calvinismus und seine Ableger im Vordergrund dieses Aufsatzes stehen.

Der Beitrag der Reformation zum Demokratisierungsprozess

Erste repräsentativ-demokratische Praktiken fanden im Mittelalter innerhalb der katholischen Kirche, in erster Linie innerhalb der Ordensgemeinschaften statt. Die norditalienischen Stadtrepubliken des Spätmittelalters haben sich beim Aufbau ihrer komplexen politischen Institutionen nicht nur vom antiken Vorbild der Demokratie, sondern auch und vor allem von den demokratischen Ver-

---

[4] Gauchet 1998, 11ff. Diese These ist nicht neu. Schon der Theologe Friedrich Gogarten hatte auf die Rolle des Christentums, in erster Linie der Reformation, beim Durchbruch der Säkularisierung aufmerksam gemacht. Vgl. Gogarten 1937, 344.

[5] Zu den unabsichtlichen Folgen der Reformation siehe u. a.: Gregory 2012.

fahren inspirieren lassen. Jedoch bildeten sie keine Demokratien im modernen Sinn, sondern oligarchische Republiken.[6] Es ist vor allem die Reformation, die einen entscheidenden Beitrag zum Demokratisierungsprozess geleistet hat. Freilich waren weder Luther noch Calvin lupenreine Demokraten. Calvin bevorzugte eine Mischung aus aristokratischer und demokratischer Verfassung.[7] Allerdings verstand man damals unter Aristokratie das, was unserer modernen repräsentativen Demokratie am nächsten kommt. Calvin plädiert für die Freiheit des Volkes, wenn er feststellt:

> »Vray est que si on fait comparaison des trois especes de gouvernemens que i'ay recitées, que la preeminence de ceux qui gouverneront tenans le peuple en liberté, sera plus à priser«.[8]

Allerdings war für ihn die Frage nach der guten politischen Verfassung nicht von zentraler Bedeutung.

Montesquieu hingegen sprach von einer natürlichen Nähe des Protestantismus zur Republik – bei ihm gehören sowohl die Demokratie als auch die Aristokratie zur Republik – und des Katholizismus zur Monarchie.[9] Die Hervorhebung der Autonomie des Gläubigen, die Betonung der Prüfung aller Glaubenssätze – später auch »freie Prüfung« (*libre examen*) genannt – und die Verkündung des »allgemeinen Priestertums aller Gläubigen« durch die Reformatoren haben sich mit der Zeit in den Forderungen nach politischer Selbstbestimmung niedergeschlagen.[10] Sie haben nicht nur einen religiösen Umbruch und einen innerkirchlichen Transformations-

6 Moulin 1964; ders. 1960; ders.1998.

7 Bouvignies 2004; Wolf 1951; Kingdon 1964; Kingdon,/Linder 1970.

8 Registres du Conseil de Genève, IV, XX, 8. »Wahr ist, wenn man die drei Arten von Regierungen, die ich erwähnt habe [Monarchie, Aristokratie, Demokratie], betrachtet, dass diejenige, in der das Volk in Freiheit gehalten wird, die bessere ist« (Übers. des Autors).

9 Montesquieu 1989, 718. Jeanne de Lartigue, Montesquieus Frau, war eine Hugenottin. Vgl. Haechler 2000.

10 Vgl. Lessay 2002, 63–80; Ellul 1981; Willaime 1999; ders. 1995; Baubérot 1992; Moulin 1975, 379f.; Abel 1992.

prozess eingeleitet, sondern auch den Sinn für Individualität gestärkt. Dadurch kam es auch zu weiteren profunden gesellschaftlichen und politischen Umwälzungen, die bis heute andauern.[11] Außerdem verlor die weltliche Macht einen Teil ihrer Aura aufgrund der evangelischen Hervorhebung des Prinzips der »*sola scriptura*«. Ihre Legitimität konnte jetzt jederzeit im Namen der Autorität der Bibel in Frage gestellt werden, zunächst von den Ephoren und später auch von jedem Einzelnen. Insbesondere die calvinistische Lehre der absoluten Souveränität Gottes hat – wenn auch am Anfang ungewollt – zu einer Entweihung weltlicher Herrschaft geführt.[12]

Die lutherische »Weltfrömmigkeit« hat lange Zeit das Autonomieprinzip übertönt und in Deutschland sogar eine ausgeprägte Staats- und Obrigkeitstreue gefördert, die eine Resakralisierung der Politik mit sich brachte und den Weg für die Entstehung der modernen politischen Religionen freilegte. Dennoch war die Unterwerfung in den Augen Luthers notwendig, um das Fortbestehen der deutschen Reformation abzusichern, denn der Bauernkrieg und die staatskritische radikale Reformation hätten leicht zu ihrer Aufhebung führen können. Indes, nachdem sich 1531 die evangelischen Landesherren zur Sicherheit im »Schmalkaldischen Bund« zusammenschlossen, akzeptierte Luther die Legitimität eines gewaltsamen Widerstandes gegenüber dem Kaiser. Luise Schorn-Schütte weist außerdem darauf hin, dass lutherische Gelehrte wie Philipp Melanchthon und die Autoren des Magdeburger Bekenntnisses vom April 1550 u. a. auf der Grundlage der Naturrechts- und der Drei-Ständelehre eine Notwehr- und Gegenwehrlehre entwarfen, die auch für Calvinisten richtungsweisend war.[13] Allerdings sollte nach den Lutheranern dadurch nur die wahre Religion geschützt werden, während die calvinistischen Monarchomachen die Meinung vertraten, die Magistraten dürfen auch gegen Machtha-

[11] Vgl. Greschat 2005.

[12] Vgl. Willaime 1995, 28.

[13] Vgl. Schorn-Schütte, 2015.

ber, die tyrannisch herrschen und den Herrschaftsvertrag gebrochen haben, Widerstand leisten.[14]

Die staatstragende Interpretation der »Zwei-Regimente-Lehre« bzw. der »Zwei-Reiche-Lehre« Luthers der lutherischen Orthodoxie wurde später in Preußen und Deutschland für politische Zwecke instrumentalisiert.[15] Dadurch sollte eine angeblich traditionelle apolitische Haltung der lutherischen Kirche theologisch untermauert werden. Während der Nürnberger Prozesse behauptete der NS-Frankenführer und Herausgeber des nationalsozialistischen Hetzblattes »Der Stürmer« Julius Streicher polemisch, dass er nichts anderes als Luther getan habe und dieser ebenso auf die Anklagebank gehören sollte.[16] Tatsache ist, dass für die meisten Lutheraner die presbyterial-synodale reformierte Gemeindeordnung nicht akzeptabel ist, weil sie zu demokratisch war. Sie hielten einzig das landesherrliche Kirchenregiment bzw. Summepiscopat in den beiden Versionen des Episkopalismus und des vom Absolutismus geprägten Territorialismus für vertretbar.

Im Gegensatz dazu haben sich die calvinistischen Gemeindeordnung und Bundestheologie im politischen Feld als demokratiefördernd erwiesen. Philip Benedict bestreitet dies zwar.[17] Er weist darauf hin, dass Calvin die urdemokratische Verfassung der Kirchenorganisation des Calvinisten Jean Morély ablehnte. Morélys Traktat *Traité de la discipline et police chrétienne* (1562) wurde in Genf verbrannt und mehrmals von der französischen Nationalsynode verurteilt. Morély selbst wurde exkommuniziert. Außerdem wurde die presbyterial-synodale reformierte Gemeindeordnung zunächst ohne Calvins ausdrückliche Zustimmung angenommen.[18]

---

[14] Vgl. Benedict 2002, 147. Noch radikaler waren jedoch in dieser Hinsicht die damaligen katholischen Monarchomachen, die von einem Widerstandsrecht des einfachen Volks sprachen.

[15] Vgl. Schorn-Schütte 2007.

[16] Zitiert nach: Marsch/Thieme 1961, 115.

[17] Vgl. Benedict 2002.

[18] Vgl. a.a.O., 135.

Das presbyterial-synodale Leitungsmodell kannte weiterhin ursprünglich mehrere Varianten und in Genf Calvins assoziierte man mit diesem Modell keine demokratische Betrachtungen, sondern die presbyteriale Kirchenzucht. Dennoch war die Genfer Gemeindeordnung kollegial verfasst und setzte mit ihrer Verteilung der Ämter unter den Gemeindemitgliedern eine weitgehende Gleichstellung aller Gläubigen voraus. Laut Boileau ist jeder Protestant mit einer Bibel in der Hand Papst, so dass man im Calvinismus leicht zu der Überzeugung kommen konnte, dass neben dem politischen Herrscher auch jeder Einzelne Anteil an der Souveränität Gottes hat.

Die Wertlegung auf das Dezentrale in diesem Organisationsmodell mit interner Selbststeuerung, in dem von der Basis und nicht von übergeordneten Instanzen aus die Struktur gedacht wird (*bottom up* und nicht *top down*), wurde später in den Kirchenordnungen durch den Calvinismus, den Zwinglismus und die radikale Reformation beeinflussten englischen Puritaner noch überboten. Kongregationalistische Verfassungen waren durch die Unabhängigkeit und die Gleichsetzung der einzelnen Kirchengemeinden nach dem Modell der urchristlichen Gemeinden und durch eine »*democracy in church government*« gekennzeichnet. Angesichts dieser institutionellen Praxis ist es nicht erstaunlich, dass sich die Puritaner während der Englischen Revolution von 1640 für die Souveränität des Parlaments, manche sogar für das Prinzip der Volkssouveränität, aussprachen.[19] Bei dieser Revolution handelte es sich nicht nur um eine Revolte gegen die anglikanische Staatskirche und ihre intolerante Haltung gegenüber religiösen Minderheiten, sondern zugleich auch um einen Aufstand des Unterhauses des Parlaments gegen den Aufstieg des englischen Absolutismus, der die ständische Verfassungsordnung in Frage zu stellen drohte. Als die englischen Puritaner mit dem König in Konflikt gerieten, hielten die meisten unter ihnen an dem Prinzip der Souveränität

[19] Vgl. Walzer 1965.

des Parlaments, nach dem Motto »*rex singulis major, universis minor*« (der König bestimmt über partikulare Fragen, das Parlament über die Fragen des Gemeinwohls) fest.[20] In der Streitschrift von 1650 *The Tenure of Kings and Magistrates* spricht der puritanische Dichter und Staatsphilosoph John Milton in Anlehnung an Henry de Bracton von der Souveränität des Gesetzes als Ausdruck der Vernunft und des Volkswillens, die selbst den König verpflichtet.[21] Die Leveller- und Digger-Bewegungen, ein linker puritanischer Flügel im Parlament, traten sogar entschieden für eine moderne, naturrechtlich begründete Vorstellung der Volkssouveränität auf der Basis der Selbstbestimmung der Einzelnen ein[22] – im Unterschied zu dem deutschen Reformierten Christian Johannes Althusius, der sich die Volkssouveränität noch in der Gestalt eines Bundesstaats von Selbstverwaltungskörperschaften vorstellte. Die Digger-Bewegung forderte ein allgemeines Männerwahlrecht, jährliche Parlamentswahlen und eine Beratung der Gesetze durch das Volk.[23]

Von den Stuarts verfolgt, mussten zahlreiche *dissenters* ab 1620 in die englischen Kolonien Nordamerikas auswandern. Getrennt von der ständisch organisierten englischen Gesellschaft, probierten sie dort neue gesellschaftliche und politische Strukturen aus. In ihrer völligen Abgeschiedenheit war ein starkes Zusammenhalten überlebensnotwendig.[24] Diesen Zusammenhalt zu sichern, war das Hauptziel des *Mayflower compact* der *Pilgrim Fathers*, der stark an die *church convenants* englischer Puritaner erinnert.[25] Neben den Handelsunternehmen der freien Investoren und Aktionäre (*freemen*), hat auch die Kirchengemeindeordnung als Organisationsmuster der neuen politischen Gemeinschaft fungiert. In Neu-Eng-

[20] Vgl. Turchett 2001, 582.

[21] A.a.O., 586.

[22] Vgl. Jahn 1950; Robertson 1951; Pease 1916.

[23] Vgl. Winstanley 1652/1988, 206f. 302f. Siehe hierzu weiterhin: Saage: 1998, 77–80.

[24] Vgl. Brunotte 2000.

[25] Vgl. Lacorne 2007, 52–57.

land schufen die »Heiligen« bzw. »Auserwählten« in ihren einzelnen Siedlungen (*townships*) eine Art Versammlungsdemokratie. Alexis de Tocqueville stellt fest: »Das Puritanertum war nicht bloß eine religiöse Überzeugung; in verschiedener Hinsicht war es mit den unbedingtesten demokratischen und republikanischen Lehren verbunden.«[26]

Auch wenn sich die Puritaner oft als religiös intolerant erwiesen und ihre politischen Institutionen schnell oligarchische Züge erhielten – meist durften nur die *freemen* wählen und mitentscheiden –, blieb die Vorstellung der Gleichheit der Bedingungen bestehen. Zwar stellte diese politische Gleichstellung aller (weißen, männlichen) Amerikaner eher einen Mythos als eine Tatsache dar, doch die von Tocqueville vorgefundene lebendige Idee der Gleichheit, die er zum Hauptkriterium der Demokratie erhob, verhalf letztendlich zum Durchbruch der Idee der Volkssouveränität sowie zur Entstehung einer »neuen Grammatik der Freiheit« (Thomas Paine) ab 1776.[27] Zugleich hat man in den USA unter dem Einfluss der u. a. von J. Hector St. John de Crèvecœur Ende des 18. Jh. eindrucksvoll dargestellten großen religiösen Vielfalt meist versucht, der kulturellen Integration und dem kulturellen Pluralismus – nach der Maxime »*e pluribus unum*« – Rechnung zu tragen.[28]

Neben der Kirchenordnung hat auch die dem Alten Testament entliehene calvinistische Vorstellung des Bundes zwischen Gott und seinem auserwählten Volk die Entwicklung demokratischen Gedankenguts begünstigt.[29] Calvins theologische Akzentsetzung

[26] Tocqueville 1987, Bd. 1, 53.

[27] A.a.O., 60ff.

[28] Vgl. de Crèvecœur 1782/1981, 74f.; Lacorne 1997, 52f.

[29] Vgl. Oestreich 1969; Schmidt 1998. Ähnliches gilt auch für die aufgeklärte jüdische Tradition. So beruft sich Spinoza explizit auf den alttestamentlichen Bund, um seine Vertragstheorie und seine Vorliebe für die Demokratie zu untermauern. Vgl. Spinoza 1670/1989, 513. Zur Bedeutung des Bundes für die Beziehungen zwischen Politik und Religion im alten Israel siehe: Trigano 1992,39ff.

auf die verschiedenen biblischen *foedera* brachte ihn zu der Überzeugung, dass eine Gruppe von Frommen stets in der Lage sei, den Bund, der sie mit Gott verbinde, zu erneuern.[30] Auf dieser Grundlage hat sich später eine neue Legitimitätskonzeption durchsetzen können. Man findet sie freilich im Ansatz schon bei mittelalterlichen Autoren wie Manegold von Lautenbach, der in den Wirren des Investiturstreits von einem Vertrag zwischen dem weltlichen Herrscher und dem Volk sprach.[31] Aber erst die calvinischen Monarchomachen haben anstelle der alten Vorstellungen des Herrschaftsvertrags, des »*pactum subjectionis*« bzw. »*dominationis*«, die modernere Idee des »*pactum religiosum*« zwischen Gott und seinem Volk mit dem politischen Herrscher als Mittler und Vormund vertreten. Die damit verbundene Betonung der »*mutua obligatio*« trug entschieden zur Wandlung der alten Theorie des Unterwerfungsvertrags zwischen den Untertanen und dem Herrscher hin zu der modernen Theorie des Sozialvertrags zwischen Freien und Gleichen bei.[32] Althusius ging noch einen Schritt weiter, indem er den weltlichen Machthaber nicht mehr als Vormund ansah. Für ihn beruhte der Herrschaftsvertrag auf einem Konsens von unten, der die Stände miteinander verband.[33] Ob man ihn aus diesem Grund als ersten Theoretiker des modernen Sozialvertrags betrachten kann, wie dies Otto von Gierke tat, wird in der neueren Literatur kritisch betrachtet, da Althusius die Übertragung der Herrschaftsgewalt vom Volk auf den Herrscher mittels der Ephoren noch in Analogie zum Bund Gottes mit seinem auserwählten Volk denkt. Ziel des Consociationsvertrags ist bei ihm immer noch die Verpflichtung des politischen Herrschers zur Achtung der Gesetze, nicht die Gründung einer Gemeinschaft durch Freie und Gleiche.[34]

---

[30] Skinner 1978, 236.

[31] Manegold von Lautenbach, Liber ad Gebehardum XLVII. Vgl. Fuhrmann: 1975, 21–42.

[32] Black 1993, 32. Vgl. auch Oestreich 1961, 19f.

[33] Hüglin 1991, 71.

[34] Vgl. Winters 1995, 47.

Die meisten der späteren Gelehrten, die eine demokratische Sozialvertragstheorie entwarfen, waren entweder Protestanten bzw. im Protestantismus sozialisiert. Dies gilt sowohl für weitere Vertreter des Naturrechts wie Samuel von Pufendorf, Christian Thomasius, Christian Wolff, Jean Barbeyrac und Jean-Jacques Burlamaqui als auch für die Klassiker des politischen Denkens John Locke, Jean-Jacques Rousseau oder Immanuel Kant.[35]

Mit der calvinistischen Bundestheologie ging auch die grundlegende Überzeugung einher, dass das Volk unter der unmittelbaren Herrschaftsgewalt Gottes steht. Freilich sind es vor allem die massiven Verfolgungen von Seiten des katholischen Staats, welche die französischen Calvinisten dazu gebracht haben, ihre ursprüngliche, durch Römer 13,1 motivierte königstreue Position zu revidieren. Dennoch haben Calvinisten und Puritaner die weltliche Macht stets als zweitrangig angesehen, nach dem Motto: »Man muss Gott mehr gehorchen als den Menschen« (Apg. 5,29). Sie argumentierten in erster Linie mit Bezug auf das Alte Testament. Das römische Recht war für sie Lex Dei, frei nach Cornel Zwierlein,[36] und sie setzten sich in Anlehnung an Martin Bucer und Heinrich Bullinger für ein »prophetisches Wächteramt der Kirche« ein. Sie standen infolgedessen prinzipiell der Lehre des Widerstandsrechts offener gegenüber als viele Lutheraner.

Allerdings war diese Lehre keineswegs neu. Schon mittelalterliche Theologen wie Thomas von Aquin hatten ein solches Recht eingeräumt, wenn ein Tyrann die Christen zur Götzenanbetung verführt, wenn die Macht des politischen Herrschers illegitim ist oder wenn er Gesetze erlässt, die gegen das Gottesgesetz und die Gerechtigkeit verstoßen.[37] Außerdem waren, wie schon erwähnt, die Schriften der calvinischen Monarchomachen des 16. Jh. zu die-

[35] Siehe zur Philosophie des Sozialvertrags: Gough 1936/1957). Voigt 1965; Kersting 1996.

[36] Vgl. Zwierlein 2006.

[37] Vgl. Thomas von Aquin: Sum. Theol. Ia-IIae, q. 96, a. 4 und IIa-IIae, q. 104, a. 6.

sem Thema oft weniger radikal als die der katholischen Jesuiten, die gegen protestantische Herrscher wetterten.[38] Hinter der calvinistischen Sicht des Widerstandsrechts stand allerdings nicht nur der Kampf um den rechten Glauben, sondern auch eine prinzipielle Entwertung jeder Art von politischer Herrschaft – nicht jedoch der Welt selbst. Die Souveränität des weltlichen Herrschers wurde nur als Abbild der Souveränität Gottes wahrgenommen.

Während die Betrachtungen Calvins durch Theodor Bezas und François Hotmans zum Widerstandsrecht noch vorsichtig ausfielen, wurde in der unter dem Pseudonym Stephanus Junius Brutus 1579 veröffentlichten calvinistischen Abhandlung *Vindiciae contra tyrannos* das Volk zum wahren Souverän erklärt, der über dem weltlichen Herrscher steht und ihm nur zu gehorchen hat, solange dieser gerecht regiert und die Gesetze achtet.[39] Diese Schrift spricht sich im Falle der Unterdrückung von Gläubigen in einem Land für ein Recht auf »humanitäre Intervention«, hier »Hilfepflicht« genannt, aus.[40]

Später stellte der Schweizer reformierte Theologe Karl Barth – der Hauptverfasser der Barmer Theologischen Erklärung von 1934 – seinen aktiven Widerstand gegen den Nationalsozialismus als Folge der zentralen calvinistischen Lehre der Souveränität Gottes und der Königsherrschaft Christi dar.[41] In einer Abhandlung von 1946, in der Barth eine Reflexion zur fünften der sechs Thesen der Barmer Theologischen Erklärung führt,[42] definiert er die Bürgerge-

---

[38] Vgl. Vahle 1974; ders. 1975; Zum Thema Widerstandsrecht und Tyrannenmord siehe Turchetti 2001.

[39] Vgl. Celta 1580, hier zitiert nach der französischen Übersetzung von 1581, 185.219.

[40] A.a.O., 262.

[41] Vgl. Ott 1956.

[42] Diese These lautet: »Fürchtet Gott, ehrt den König. (1. Petr 2,17). Die Schrift sagt uns, dass der Staat nach göttlicher Anordnung die Aufgabe hat in der noch nicht erlösten Welt, in der auch die Kirche steht, nach dem Maß menschlicher Einsicht und menschlichen Vermögens unter Androhung

meinde (den Staat) nüchtern als

> »geistlich blind und unwissend. Sie hat weder Glauben, noch Liebe noch Hoffnung. Sie hat kein Bekenntnis und keine Botschaft. In ihr wird nicht gebetet und in ihr ist man nicht Bruder und nicht Schwester.«[43]

Mit der These, wonach die Bürgergemeinde weder Glauben noch Hoffnung hat, wollte Barth nicht die Wirklichkeit beschreiben, zumal es einen politischen Glauben auch unabhängig von der Existenz einer Christengemeinde geben kann. Vielmehr wollte er auf die Gefahr eines Religiöswerdens der Politik hinweisen.[44] Wichtig in dieser Schrift ist neben der theologischen Einschränkung der Bedeutung des Staates die Betonung der politischen Freiheit. Nach Barths Überzeugung bejaht die Christengemeinde aus theologischen Gründen dezidiert die Freiheit als ein »jedem Bürger durch die Bürgergemeinde zu garantierende[s] Grundrecht«. Freiheit versteht er als die Möglichkeit,

> »seine Entscheidungen in der politisch rechtlichen Sphäre nach eigener Einsicht und Wahl und also selbständig zu vollziehen und die Freiheit einer Existenz in bestimmten politisch rechtlich gesicherten, aber nicht politisch rechtlich geordneten und regulierten Sphären (Familie, Bildung, Kunst, Wissenschaft, Glaube)«.[45]

---

und Ausübung von Gewalt für Recht und Frieden zu sorgen. Die Kirche erkennt in Dank und Ehrfurcht gegen Gott die Wohltat dieser seiner Anordnung an. Sie erinnert an Gottes Reich, an Gottes Gebot und Gerechtigkeit und damit an die Verantwortung der Regierenden und Regierten. Sie vertraut und gehorcht der Kraft des Wortes, durch das Gott alle Dinge trägt. Wir verwerfen die falsche Lehre, als solle und könne der Staat über seinen besonderen Auftrag hinaus die einzige und totale Ordnung menschlichen Lebens werden und also auch die Bestimmung der Kirche erfüllen. Wir verwerfen die falsche Lehre, als solle und könne sich die Kirche über ihren besonderen Auftrag hinaus staatliche Art, staatliche Aufgaben und staatliche Würde aneignen und damit selbst zu einem Organ des Staates werden.« Barth 1984, 112.

43 Barth 1946, 5.

44 Vgl. Eberhard Jüngel: Ganz werden: Theologische Erörterungen V. Tübingen 2003, S. 165.

45 A.a.O.., 24.

Das göttliche Liebesgesetz und die absolute Vorherrschaft Christi zwingen die Einzelnen dazu, die Rechte ihrer Nächsten unbedingt zu achten. Barth fügt in der Tradition des Pietisten Kant hinzu:

> »Der mündige Christ kann nur ein mündiger Bürger sein wollen und er kann auch seinen Mitbürgern nur zumuten, als mündige Menschen zu existieren.«[46]

Die Verweltlichung der Naturrechtslehre

Die Reformation hat nicht nur einen Beitrag zur Demokratisierung geleistet, sondern auch zur Verweltlichung der Naturrechtslehre.[47] Die Naturrechtsgedanken der Stoa und der Scholastik wurden zunächst in der katholischen Spätscholastik der Schule von Salamanca zum modernen Völkerrecht weiterentwickelt, bevor sie durch den Reformierten Hugo Grotius in eine systematische Form gebracht wurden. Aufgrund der Misshandlungen der Ureinwohner nach der Entdeckung der »Neuen Welt« stellte sich damals die Frage nach der Existenz von Grundrechten, die für alle Menschen gelten sollten, mit einer neuen Schärfe. Zugleich machten die verheerenden Religionskriege deutlich, dass man eine übergeordnete Instanz zur Sicherung des Friedens und des Zusammenlebens brauchte. Thomas Hobbes und mit ihm zahlreiche protestantische Theologen sahen diese im Staat. Grotius setzte seine Hoffnung auf die menschliche Vernunft. Er betrachtete sie nicht mehr als den Ort, an dem das ewige Gesetz Gottes ohne die Offenbarung nur bruchstückweise aufscheinen kann. Vielmehr wurde die Vernunft von ihm als ein Vermögen verstanden, das es ermöglicht, ein in sich schlüssiges System von Grundsätzen des Zusammenlebens zu ermitteln. Dadurch kam es zu einer Rationalisierung und Verweltlichung des Naturrechts, die später von weiteren protestantischen

---

[46] Ebd.

[47] Vgl. Bizeul 1999.

Naturrechtslehrern vorangetrieben wurden. So von dem Lutheraner Samuel von Pufendorf, der eine – von Leibniz und Jean Barbeyrac kritisierte – Unterscheidung zwischen Naturrecht und Moraltheologie einführte, und dem Wolffianer Jean-Jacques Burlamaqui mit seiner Vorstellung einer moralischen inneren Verpflichtung. Auch wenn das »Vernunftrecht« anfänglich von den protestantischen Denkern vor allem zum Zweck der Begründung des staatlichen Rechtsmonopols entworfen wurde,[48] wurde es später auch zur Limitierung der Herrschaftsgewalt eingesetzt.

Die Entstehung der modernen Menschenrechte

Die Wandlung der Grundrechte der alten Naturrechtslehren in die modernen Menschenrechte wurde nur vor dem Hintergrund einer tiefgehenden Änderung des Welt- und Naturbildes möglich. Sie wurde nicht nur durch den Humanismus, den Rationalismus und die Entwicklung der Wissenschaft und Technik vorangetrieben, sondern auch durch den sog. »protestantischen Augustinismus« (Blandine Kriegel). In dieser Denkschule wird die Natur nicht mehr als ein hierarchisches Ganzes betrachtet, wie Aristoteles es getan hatte, sondern als eine durch Freie und Gleiche zu ordnende Vielfalt, die letztendlich nur gegenüber Gott rechenschaftspflichtig sind.[49] Protestantische Autoren wie Richard Hooker, Edward Coke, John Milton, die Leveller, John Locke und Thomas Paine vertraten diese Ansicht und leisteten dadurch mittelbar einen wichtigen Beitrag zur Entstehung der modernen Menschenrechte.[50] Damit wurde aber auch die Voraussetzung für die Ersetzung der Bibel als

48 Vgl. Schröder 2006.

49 Vgl. Kriegel 1998, 144f.

50 Vgl. Stourzh 1981; Dickinson 1987.

»heilige Schrift« durch das »Buch der Natur« und für eine nicht ungefährliche Sakralisierung des Profanen geschaffen.[51]

Die These eines Ursprungs der Menschenrechte im Protestantismus wurde am Anfang des 19. Jh. von dem französischen Philologen und Kant-Experten Charles de Villers vertreten.[52] Auch der österreichische Staatsrechtler Georg Jellinek sah in der »Erklärung der Menschen- und Bürgerrechte« nicht »das Werk der Revolution«, sondern »eine Frucht der Reformation und ihrer Kämpfe«.[53] Die französische Erklärung der Menschen- und Bürgerechte von 1789 war seiner Meinung nach auf die amerikanischen Menschenrechtserklärungen zurückzuführen, die selbst aus der protestantischen Tradition entstanden ist. Diese Behauptung, die Max Weber nachhaltig beeinflusste,[54] ist nicht unumstritten geblieben. Sie wurde schon zur Zeit Jellineks von Emile Boutmy, dem Gründer der Pariser *Ecole libre des sciences politiques*, auch aus nationalistischen Gründen hinterfragt.[55] Gerhard Oestreich stellt heute in seiner Geschichte der Menschenrechte fest:

> »Gewiß hat die Forschung [die] These [Jellineks] weithin abgelehnt und in vielen Untersuchungen auch für den konkreten Zeitpunkt der Erklärungen selbst widerlegt. Im Vordergrund der Diskussion in den neuenglischen Kolonien des 18. Jahrhunderts standen die alten englischen Freiheitsrechte, und die Toleranzfrage ist mit ihnen erst in zweiter Linie verbunden. Aber in einem tieferen Grunde hat Jellinek doch recht: die die frühe Neuzeit wesentlich beherrschenden Konfessionskämpfe und Religionskriege mit ihren politischen Folgen stehen hinter den Erklärungen der Menschenrechte wie hinter der Fortbildung des neueren Naturrechts. [...] Die Bedeutung der Religion wird durch die Geistesgeschichte der natürlichen Rechte allgemein bestätigt, denn entscheidend wurde die Berüh-

[51] Vgl. Trigano 1984, 187ff.

[52] de Villers 1804.

[53] Jellinek 1964.

[54] Vgl. Joas 2006; Ouédraogo 2004, 117ff.

[55] Vgl. Klippel 1995.

rung von Christentum und antiker, besonders stoischer Philosophie.«[56]

Auch wenn die These der Entstehung der Menschenrechte aus dem Protestantismus relativiert werden muss, ist auffällig, dass die meisten Vordenker der *Civil Liberties*, des rationalen Naturrechts und der Menschenrechte Protestanten waren. Mit dem Protestantismus ist ebenfalls die Durchsetzung des in der Idee der Gottebenbildlichkeit enthaltenen Primats des Individuums vor dem Ganzen und der u. a. von Milton, Locke, dem Quäker William Penn und dem Calvinisten Pierre Bayle hochgehaltenen Idee der Gewissensfreiheit verbunden.[57]

Die Durchsetzung einer positiven Sicht der Toleranz

Erst mehrere Entwicklungen haben in der Frühen Neuzeit den schwierigen Durchbruch einer positiven Sicht von Toleranz ermöglicht: Der Humanismus förderte irenische Einstellungen und Denker wie Erasmus von Rotterdam, Thomas Morus oder Guillaume Postel knüpften an das alte stoische Ideal der *concordia*, des Wiederaufbaus der verlorenen gemeinschaftlichen Einheit des politischen und religiösen *corpus christianum* an. Auch das Gedeihen des freien Markts hat die Toleranz begünstigt. Voltaire bezeichnete in seinen *Lettres philosophiques* von 1733 die Börse von London als Hochburg der Toleranz. Infolge der Reformation und der daraus entstandenen Vermehrung von Sonderlehren kam es zur Durchsetzung eines zwar konfliktträchtigen und von keiner Seite beabsichtigten, aber durchaus dauerhaften religiösen Pluralismus. Nach langen Jahren blutiger Religionskonflikte setzte in Europa die Kriegsmüdigkeit ein. Immer mehr Beteiligte kamen zu

[56] Oestreich 1978, 13f.

[57] Vgl. Bizeul 2000; Bizeul 2015.

der Einsicht, dass die religiösen Gesinnungsstreitigkeiten nicht durch die Anwendung von Gewalt zu lösen seien. Die französischen »*Politiques*«, meist Katholiken um Michel de L'Hospital und später um Jean Bodin und Etienne Pasquier, forderten im Namen der Staatsräson das Ende der inneren religiösen Kämpfe, die Frankreich international geschwächt hatten. Sie setzten ihre Hoffnung, einen Kompromiss zu erzwingen, auf den Staat als Hüter des inneren Friedens.[58] Dies gilt ebenfalls, wie bereits erwähnt, für protestantische Staatsdenker.

Ab Ende des 17. Jh. setzte sich ansatzweise eine positivere und aktivere Haltung gegenüber der religiösen Differenz durch. Die meisten Plädoyers für die Toleranz wurden damals von Verfolgten, Abweichlern oder Emigranten in religiös gemischten Staaten, so in England, den Vereinigten Staaten oder in Holland, verfasst. Sie waren meist Anhänger des Rationalismus. Es waren rationalistische Denker, die im 17. Jh. zu den engagiertesten Verfechtern der religiösen Toleranz zählten, so neben Bayle, Grotius, Pufendorf, Spinoza und Locke. Mit dem Rationalismus war die Vorstellung verbunden, dass die Wahrheit nicht etwas ist, was man besitzen kann. Alle Erkenntnisse sollten durch die erhellende Ratio von ersten und klar erkannten Prinzipien abgeleitet werden. Selbst Dogmen und Glaubenssätze waren auf ihre Übereinstimmung mit der Vernunft zu prüfen. Mit dem Aufstieg des Rationalismus ging außerdem das »Verblassen endzeitlicher Erwartungen« und damit auch des religiösen Fanatismus einher.[59]

Rationalismus, Verfolgung und aufgeklärter Calvinismus bilden die Trias, die letztendlich den Durchbruch der Toleranzidee mit sich brachte. So wurde die Idee der Religionsduldung in den Vereinigten Provinzen vor allem durch verfolgte Anabaptisten und arminianische Remonstranten vertreten. Es ist auffallend, dass fast alle Verfechter der Toleranz des 17. Jh. Kontakte zu den Remon-

---

[58] Vgl.Christin 1997.

[59] Koselleck 1995, 25ff.

stranten hatten: Grotius stand deren Bewegung sehr nahe und verteidigte in seinem Werk *Defensio fidei catholicae de satisfactione Christi* (1617) die Arminianer gegen den Vorwurf der Häresie. Spinoza bezog Stellung für die republikanisch-ständische »Regentenpartei« des Ratspensionärs von Holland Jan de Witt, die bei den Remonstranten Rückhalt suchte, und bekämpfte die monarchische »Oranierpartei«, die zusammen mit den streng orthodoxen calvinistischen Contraremonstranten eine Politik der religiösen Intoleranz verfolgte. Locke führte lange Gespräche mit dem Remonstranten Philipp von Limborch. Es ist sogar anzunehmen, dass er seine *Epistola de Tolerantia* zuerst auf lateinisch erscheinen ließ (1689), um mit dieser Schrift den Arminianern in ihrem Kampf gegen ihre calvinistischen orthodoxen Feinde beizustehen.[60] Bayle übersetzte 1685 einen in Latein verfassten offenen Brief seines holländischen Freundes und Beschützers, des Remonstranten Adriaan van Paets, ins Französische.[61]

Aber auch sektiererische Bewegungen innerhalb des Protestantismus haben zur Verbreitung der religiösen Toleranz und zur Herrschaftsbegrenzung beigetragen. So die »Religion ohne Dogmen« der englischen und US-amerikanischen Quäker, die Wert auf eine unmittelbare Offenbarung ohne vermittelte Instanz, eine Of-

[60] Julius Ebbinghaus schreibt in diesem Sinne in Anm. 4 zur Einleitung des Toleranzbriefes Lockes: »Fragt man, was Locke zum Aufgeben aller politischen und religiösen Vorbehalte der Restaurationszeit gegen die Dissenters veranlaßt hat, so scheint mir die natürlichste Antwort: dies ist die Frucht seines Aufenthaltes in Holland und seines Umganges mit Arminianern und dem Kreis um Leclerc. Der Freund Philipps von Limborch konnte unmöglich die These von der Staatsgefährlichkeit der Sekten aufrechterhalten. Er sah in Holland, daß sie tatsächlich im Frieden mit dem Staate lebten. Die allen Dissens ironisierende Bemerkung, die den Toleranzbrief eröffnet, daß Orthodoxie das sei, was jede Kirche in ihren eignen Augen ist, lautet bei Limborch (*De veritate religionis christianae* 1687, 244), daß jede Kirche Orthodoxie ›aequo iure sibi adscribere potest‹. Auch ist die Übereinstimmung von Lockes Toleranz und späterer Religionslehre mit den Prinzipien der Remonstranten unverkennbar.« Locke 1689/1996, 127.

[61] Vgl. Bizeul 2000, 79.

fenheit für das Licht der Wahrheit, das soziale Engagement, den Respekt Andersdenkenden gegenüber, das Eintreten für den Frieden und die stille Andacht legten. Die »Gesellschaft der Freunde«, wie die Quäker sich selbst nannten, wurde von den französischen Aufklärer, vor allem von Voltaire, dem Ritter de Jaucourt und dem Abt Raynal, als Anti-Modell zum Katholizismus und als »Tempel der Toleranz« sowie des politischen Liberalismus gelobt. Jaucourt verglich den Quäker William Penn, den Gründer und Gouverneur Pennsylvanias, sogar mit Lykurg, dem weisen Gesetzgeber Spartas.[62]

Tocqueville lobt die Amerikaner dafür, dass sie verstanden hätten, den »Geist der Religion« mit dem »Geist der Freiheit« ineinander zu verflechten »und wunderbar zusammenzubringen«.[63] So kann die Religion ein Bollwerk gegen eine eventuelle Tyrannei der Mehrheit sein. Sie ist eine notwendige Alternative zum Glauben an die »Meinung der Allgemeinheit«, die selbst eine »Art von Religion« bildet, »deren Prophet die Mehrheit ist«.[64] Der Theologe Ferdinand Christian Baur sah im 19. Jh. im Protestantismus das »Prinzip der subjektiven Freiheit, der Glaubens- und Gewissensfreiheit, der Autonomie des Subjekts im Gegensatz zu aller Heteronomie des katholischen Begriffs der Kirche«[65] am Werk. Immanuel Kant, Benjamin Constant oder der Schweizer Charles Monnard sind einige der zahlreichen Protestanten, die auf die Autonomie des Einzelnen und auf die Bedeutung der Verantwortungsethik Wert gelegt haben. Kant und Monnard haben diese Verantwortungsethik mit ei-

[62] Vgl. Lacorne, 2007, 18–22.

[63] Tocqueville 1987, Bd. 1, 65. Siehe auch hierzu: Hidalgo 2006, 37. In einem Brief an Francisque de Corcelle vom 15. November 1843 behauptet Tocqueville, dass er verzweifelt nach einem Weg zur Versöhnung des »Geistes der Religion« und des »Geistes der Freiheit« suche. Vgl. Œuvres et correspondance inédites d'Alexis de Tocqueville. Publiées et précédées d'une notice, par Gustave de Beaumont, Bd. 2. Paris 1861, 121.

[64] Tocqueville 1987, Bd. 2, 22.

[65] Baur 1852, 257.

ner Pflichtethik untrennbar verbunden. Erst auf dieser Grundlage konnte der Liberalismus entstehen und gedeihen.

Der protestantische »Sozialindividualismus«

Die Protestanten haben einen ausgeprägten »Sozialindividualismus«.[66] Die gleichzeitige Neigung zum autonomen Denken und Handeln und zum sozialen Engagement sind laut Jean Baubérot kennzeichnend für das protestantische Ethos. Es beruht im Kern auf zwei ethischen Metaprinzipien: Eigenverantwortung und Autonomie, welche im Protestantismus oft mit einem ausgeprägten Sinn für das Soziale kombiniert werden. In Deutschland findet man im Pietismus und in den Erweckungsbewegungen des 19. Jh. einen klaren Willen, das soziale Engagement mit dem autonomen Handeln der Einzelnen zusammenzuhalten. Die »Innere Mission« ist Anfang des 19. Jh. mit dem Auftrag entstanden, die Armut der Benachteiligten der industriellen Revolution zu lindern. Durch den Pietisten Johann Hinrich Wichern bekam sie in den Jahren 1848/1849 ihre Programmatik. In Anlehnung an die Ideen des württembergischen Pietisten Friedrich Christoph Oetinger haben sich zudem die Schwaben Johann Christoph Blumhardt und sein Sohn Christoph Blumhardt für die Bekämpfung der akuten menschlichen Nöte eingesetzt. Der Letztgenannte gründete in Deutschland und in der Schweiz die Bewegung des Religiösen Sozialismus. Nach lutherischer Auffassung sollte sich die Kirche den Notständen zuwenden, während der Staat die Strukturen, die solche Notstände erzeugen, ändern und ein Minimum an Sicherheit für die Schwächsten herstellen sollte – eine Sichtweise, die auch die progressive Sozialgesetzgebung der Bismarckzeit und die Weimarer Verfassung geprägt hat. Auch in Frankreich und der Schweiz sind die meisten protestantischen Hilfswerke aus der Erweckungsbewegung des 19. Jh. entstanden. Durch die Errichtung sozialer Einrich-

[66] Baubérot 1982.

tungen versuchten sich damals die selbsternannten »Erweckten« neue Möglichkeiten der Evangelisierung zu schaffen und zugleich zu vermeiden, dass sich die Protestanten in katholischen Armen- und Krankenhäusern zum Katholizismus bekehrten.

Im heutigen Deutschland und in Skandinavien findet man die beiden Metaprinzipien des protestantischen Ethos in der Idee der sozialen Marktwirtschaft wieder. Diese Vorstellung wurde in Deutschland in Anlehnung an ein Memorandum des während des Zweiten Weltkriegs gebildeten und mit der Bekennenden Kirche zusammenarbeitenden Freiburger Kreises 1947 von engagierten evangelischen Wissenschaftlern, in erster Linie von dem Nationalökonom und Kulturwissenschaftler Alfred Müller-Armack, in die Welt gesetzt.[67] Zu den Mitbegründern des Freiburger Kreises des Ordoliberalismus gehörten weitere Protestanten wie Wilhelm Röpke, der als einer der wichtigsten geistigen Väter der Sozialen Marktwirtschaft gilt, die Juristen Franz Böhm,[68] der in der liberal-protestantischen Tradition des badischen Bürgertums anzusiedeln ist, Hans Großmann-Doerth, Walter Eucken, Alexander Rüstow sowie der Vater des Wirtschaftswunders, Ludwig Erhard.

Im französischen Protestantismus sind die beiden Metaprinzipien vornehmlich von Claude Gruson, Paul Ricœur und anderen Mitgliedern des Arbeitskreises »Centre de Villemétrie« reflektiert worden. Mit Habermas klagten sie die schwer zu reformierenden Strukturen (»*structures lourdes*«) der modernen Gesellschaften (das »System« in der Habermas'schen Terminologie) an, die der individuellen Initiative und Verantwortung zu wenig Platz lassen und die Qualität der Beziehungen (die »Lebenswelt«) immer mehr bedrohen. Zu verweisen ist auch auf den evangelischen Theologen und Institutionenspezialisten Jacques Ellul, der vor den Gefahren für die Gesellschaften der geschlossenen und erstarrten Institutionen bzw. Systeme warnte.[69]

---

[67] Rüther 2002; Boden/Keller 1995; Rendtorff 1988.

[68] Roser 1998.

[69] Vgl. Rognon 2013.

Schlussfolgerungen

Die Bedeutung des Beitrags der Protestanten zur Moderne ist auch die Folge ihrer hohen »Metastabilität«. Darunter verstehe ich in Anlehnung an den Philosophen Gilbert Simondon die potentielle Energie, die nach der Vollendung der Ontogenese in jedem Gegenstand vorhanden bleibt.[70] Selbst in einem Kristall ist eine solche Energie zu finden. Unter bestimmten Umständen kann sie eine radikale Strukturveränderung bewirken. Die »Metastabilität« ist selbstverständlich in komplexeren Systemen größer, insbesondere in menschlichen Institutionen und Gemeinschaften. Sie ist in der Lage, die Identität eines gesellschaftlichen oder politischen Systems gründlich umzuformen, ohne das Ganze ins Chaos der Instabilität und der Anarchie zu stürzen. Die hohe potentielle Energie der Protestanten ist die Folge des protestantischen Negationsprinzips. Darunter verstand Paul Tillich ein »kritisches und gestaltendes Prinzip«, das jeder Verabsolutierung des Endlichen und Bedingten entschieden entgegentritt. Es bewirkt nicht nur eine Kritik an der Kirche als Macht- und Unterdrückungssystem, sondern auch an jeglichem menschlichen System, das zwar einen unbedingten absoluten Wert beansprucht, aber seiner Natur nach immer bloß etwas Bedingtes sein kann.[71]

Das protestantische Ethos hat die Moderne stark geprägt. In der Postmoderne wurde es hinterfragt und im Namen eines neuen Hedonismus bzw. des Ideals der Selbstverwirklichung teilweise in Frage gestellt. In unserer »Hypermoderne« (Lipovetsky) herrscht ein allherrschender Konsum. Selbst das eigene Leben muss konsumiert werden, während die Zukunft nicht mit Versprechungen, sondern mit Gefährdungen aller Art assoziiert wird.[72] Die Aufhe-

[70] Vgl. Simondon 1964; ders. 1989. Zur »Metastabilität« innerhalb des französischen Protestantismus siehe: Bizeul 1993, 221ff.

[71] Tillich 1931; ders. 1962.

[72] Vgl. Lipovetsky 2004.

bung des asketischen Geistes des Protestantismus und des Prinzips Verantwortung ist nicht ungefährlich für unsere hypermodernen Gesellschaften, wie die Krise des entfesselten spekulativen Kapitalismus vor kurzem gezeigt hat. Gernot Böhme stellt in einem Artikel der Frankfurter Rundschau vom 30.07.2002 fest:

> »Die protestantische Ethik entsprach in der kapitalistischen Entwicklung der Akkumulationsphase. Der entwickelte Kapitalismus, in dem wir leben, bringt sein eigentliches Wesen heraus, das von Autoren wie Veblen, Schumpeter, schließlich Bataille gesehen wurde: Der Kapitalismus lebt nicht von der Befriedigung von Bedürfnissen, sondern von der Verschwendung«.[73]

Angesichts dieser Entwicklung und deren Folgen für den sozialen Zusammenhalt und die Umwelt ist es verständlich, dass manche US-Kommunitarier wie Robert Bellah bzw. kulturkonservative Denker wie Daniel Bell das heute stark ramponierte asketische protestantische Ethos neu aktivieren wollen oder zumindest ihr Verschwinden bedauern.[74] Ob sich dieses reaktivieren lässt, ist allerdings mehr als fraglich.

Literatur

Abel, Olivier (1992): L'éthique protestante et l'esprit de la démocratie, in: Richard Figuier (Hg.), Dieux en sociétés. Le religieux et le politique, Paris, 116–122.

Barth, Karl (1946): Christengemeinde und Bürgergemeinde. Stuttgart.

Barth, Karl (1984): Die Barmer Theologische Erklärung, in: Gerhard Niemöller, Die erste Bekenntnissynode der Deutschen Evangelischen Kirche zu Barmen I. Geschichte, Kritik und Bedeutung der Synode und ihrer Theologischen Erklärung. Göttingen, 102–113.

Baur, Ferdinand Christian (1852): Die Epochen der christlichen Geschichtsschreibung, Tübingen.

---

[73] Böhme 2002.

[74] Vgl. Bellah u. a. 1996; Bell 1991.

Benedict, Philip (2002): Christ's Churches Purely Reformed, A Social History of Calvinism, New Haven & London.

Baubérot, Jean (1982): Conférence de M. Jean Baubérot, École pratique des hautes études, Section des sciences religieuses, Annuaire 95/91, 463–471.

Baubérot, Jean (1992): Réforme et esprit républicain, in: Simone Bernard-Griffiths/ Guy Demerson / Pierre Glaudes (Hg.), Images de la Réforme au XIXe siècle. Actes du colloque de Clermont-Ferrand (9-10 novembre 1990), Besançon, 17-34.

Bell, Daniel (1991): Die kulturellen Widersprüche des Kapitalismus, Frankfurt/Main.

Bellah, Robert u. a. ([2]1996): Habits of the Heart: Individualism and Commitment in American Life, Berkeley/Los Angeles.

Bizeul, Yves (1993): Gemeinschaft mit Eigenschaften? Die Identität der deutschen und französischen Gemeinschaften und ihre Sozialisationspraktiken – Ein Vergleich, Baden-Baden,

Bizeul, Yves (1999): Le droit naturel dans la tradition protestante, Revue d'Histoire et de Philosophie Religieuses 79, Heft 4, 445–461.

Bizeul, Yves (2000): Bayle – Vordenker des modernen Toleranzbegriffs, in: Hans Jürgen Wendel / Wolfgang Bernard / Yves Bizeul (Hgg.), Toleranz im Wandel, Rostock, 67–112.

Bizeul, Yves (2015): Pierre Bayles Kritik des Aberglaubens und Plädoyer für die Toleranz, in: Friedrich Vollhardt / Oliver Bach / Michael Multhammer (Hgg.), Toleranzdiskurse in der Frühen Neuzeit, Berlin/Boston, 177–216.

Black, Antony (1993): Der verborgene Ursprung der Theorie des Gesellschaftsvertrages, in: Paolo Prodi (Hg.), Glaube und Eid. Treueformeln, Glaubensbekenntnisse und Sozialdisziplinierung zwischen Mittelalter und Neuzeit, München, 31–48.

Boden, Günter / Keller, Manfred (Hg.) (1995): 20. Juli 1944 und protestantischer Widerstand: Herausforderung für die kirchliche Bildungsarbeit, Bochum.

Böhme, Gernot (2002): Fangball spielen mit dem ganzen Dasein? Ethik oder Ästhetik – eine Erinnerung an Sören Kierkegaard gegen den heutigen Zeitgeist, Frankfuter Rundschau vom 30. Juli.

Bouvignies, Isabelle (2004): Qu'est-ce qu'un pouvoir légitime pour Calvin? Rives nord-méditerranéennes 19, 41–73.

Brunotte, Ulrike (2000): Puritanismus und Pioniergeist. Die Faszination der Wildnis im frühen Neu-England, Berlin/New York.

Celta, Stephanus Junius Bruto (1580): Vindiciae contra tyrannos sive De principis in populum populique in principem legitima potestate, Frankreich.

Crèvecœur, J. Hector St. John de (1782/1981): Letters from an American Farmer, Harmondsworth.

Christin, Olivier (1997): La Paix de religion. L'autonomisation de la raison politique au XVIe siècle, Paris.

Dickinson, Harry T. (1987): The Rights of Man in Britain. From the Levellers to the Utopian Socialists, in: Günter Birtsch (Hg.), Grund- und Freiheitsrechte von der ständischen zur spätbürgerlichen Gesellschaft, Göttingen, 67–87.

Ellul, Jacques (1981): Les sources chrétiennes de la démocratie. Protestantisme et démocratie, in : Jean-Louis Seurin (Hg.) : La démocratie pluraliste, Paris 1981, 83–99.

Fuhrmann, Horst (1975): »Volkssouveränität" und »Herrschaftsvertrag« bei Manegold von Lautenbach, in: Sten Gagnér / Hans Schlosser / Wolfgang Wiegang (Hgg.), Festschrift für Hermann Krause, Köln/Wien, 21–42.

Gauchet, Marcel (1985): Le Désenchantement du monde. Une histoire politique de la religion, Paris.

Gauchet, Marcel (1998): La Religion dans la démocratie. Parcours de la laïcité, Paris.

Gauchet, Marcel (Hg.) (2004): Un Monde désenchanté? Paris.

Gogarten, Friedrich (1937): Der doppelte Sinn von Gut und Böse, Deutsche Theologie, Monatsschrift für die deutsche evangelische Kirche 4, 329–345.

Gregory, Brad S. (2012): The Unintended Reformation. How a Religious Revolution Secularized Society, Cambridge, Mass.

Greschat, Martin (2005): Protestantismus in Europa, Darmstadt.

Gough, John W. (1936/[2]1957): The Social Contract. A Critical Study of Its Development, Oxford.

Haechler, Jean (2000): Le Chevalier de Vivens. Un philosophe des Lumières en Guyenne, Bordeaux.

Hidalgo, Oliver (2006): Unbehagliche Moderne: Tocqueville und die Frage der Religion in der Politik, Frankfurt am Main/New York.

Hüglin, Thomas O. (1991): Sozietaler Föderalismus: die politische Theorie des Johannes Althusius, Berlin/New York.

Jahn, Wolfgang (1950): Die puritanische Revolution und die Leveller-Bewegung: eine geschichtssoziologische Studie über die Anfänge der Demokratie in England, in: Schmollers Jahrbuch für Gesetzgebung, Verwaltung und Volkswirtschaft, Bd. 70, Berlin, 681–723.

Jellinek, Georg (1964): Die Erklärung der Menschen- und Bürgerrechte [1895], in: Roman Schnur (Hg.), Zur Geschichte der Erklärung der Menschenrechte (Wege der Forschung XI), Darmstadt, 1–77.

Joas, Hans (2006): Max Weber and the Origin of Human Rights. A Study on Cultural Innovation. The Institute for International Integration Studies Discussion Paper Series 145, Heft 5.

Jüngel, Eberhard (2003): Ganz werden: Theologische Erörterungen V, Tübingen.

Kersting, Wolfgang (1996): Die politische Philosophie des Gesellschaftsvertrags, Darmstadt.

Kingdon, Robert M. (1964): Calvinism and Democracy: Some Political Implications of Debates on French Reformed Church Government, 1562-1572, The American Historical Review 69, Heft 2, 393–401.

Kingdon, Robert M. / Linder, Robert D. (1970): Calvin and Calvinism. Sources of Democracy? Boston.

Klippel, Diethelm (1995): La polémique entre Jellinek et Boutmy: une controverse scientifique ou un conflit de nationalismes? Revue française d'histoire des idées politiques 1, Heft 1, 79–94.

Koselleck, Reinhart (³1995): Vergangene Zukunft. Zur Semantik geschichtlicher Zeiten, Frankfurt/M.

Kriegel, Blandine (1998): Philosophie de la République, Paris.

Lacorne, Denis (1997): La Crise de l'identité américaine. Du melting-pot au multiculturalisme, Paris.

Lacorne, Denis (2007): De la religion en Amérique. Essai d'histoire politique, Paris.

Lessay, Franck (2002): Ethique protestante et éthos démocratique, Cités 12, 4, 63–80.

Lipovetsky, Gilles (2004): Les Temps hypermodernes – avec la participation de Sébastien Charles, Paris.

Locke, John (1689/1996): Ein Brief über Toleranz. Hamburg.

Marsch, Wolf-Dieter / Thieme, Karl (1961): Christen und Juden. Ihr Gegenüber vom Apostelkonzil bis heute, Mainz.

Montesquieu, Charles Louis de Secondat, baron de (1989): Œuvres complètes, Bd. 2, Paris.

Moulin, Léo (1960): Origines des techniques électorales, Le Contrat Social – Revue historique et critique des faits et des idées 4, 172–178.

Moulin, Léo (1964): Le Monde vivant des religieux, Paris.

Moulin, Léo (1972): L'Aventure européenne; introduction à une sociologie du développement économique de l'Occident, Brüggen.

Moulin, Léo (1975): Deux réflexions sur le religieux et le politique, Res Publica 17, 3, 367–394.

Moulin, Léo (1998): Les origines religieuses des techniques électorales et délibératives modernes, Politix 43, 11, 117–162.

Oestreich, Gerhard (1961): Die Idee der Menschenrechte in ihrer geschichtlichen Entwicklung, Wolfenbüttel.

Oestreich, Gerhard (1969): Die Idee des religiösen Bundes und die Lehre vom Staatsvertrag, in: ders.: Geist und Gestalt des frühmodernen Staates, Berlin, 157–178.

Oestreich, Gerhard (²1978): Geschichte der Menschenrechte und Grundfreiheiten im Umriß, Berlin.

Ott, Heinrich (1956): Der Gedanke der Souveränität Gottes in der Theologie Karl Barths, Theologische Zeitschrift 12, 409–424.

Ouédraogo, Jean Martin (2004): Georg Jellinek, Max Weber, le politique et la tâche de la sociologie des religions, Archives de Sciences sociales des Religions 127, Heft 3, 105–137.

Pease, Theodore (1916): The Leveller Movement. A Study in the History and Political Theory of the English Great Civil War, Washington (DC).

Rendtorff, Trutz (1988): Christliche Ethik und Soziale Marktwirtschaft, Zeitenwende 59, 129–137.

Robertson, D.B. (1951): The Religious Foundations of Leveller Democracy, New York.

Rognon, Frédéric (²2013): Jacques Ellul – Une pensée en dialogue, Genf.

Roser, Traugott (1998): Protestantismus und soziale Marktwirtschaft: eine Studie am Beispiel Franz Böhms, Münster.

Rüther, Daniela (2002): Der Widerstand des 20. Juli auf dem Weg in die »Soziale Marktwirtschaft«. Die wirtschaftspolitischen Vorstellungen der bürgerlichen Opposition gegen Hitler, Paderborn.

Saage, Richard (1998): Utopie und Revolution. Zu Gerrard Winstanleys »Das Gesetz der Freiheit«, in: UTOPIE kreativ, H. 94 (August), 71–82.

Schmidt, Heinrich Richard (1998): Bundestheologie, Gesellschafts- und Herrschaftsvertrag, in: ders. / André Holenstein / Andreas Würgler (Hg.), Gemeinde, Reformation und Widerstand. Festschrift für Peter Blickle, Tübingen, 309–325.

Schorn-Schütte, Luise (2005): Gottes Wort und Menschenherrschaft. Politisch-Theologische Sprachen in Europa der Frühen Neuzeit, München.

Schorn-Schütte, Luise (2007): Eigenlogik oder Verzahnung? Religion und Politik im lutherischen Protestantismus des 16. Jh.s., in: Robert von Friedeburg/dies. (Hg.), Politik und Religion. Eigenlogik oder Verzahnung? Europa im 16. Jahrhundert, München, 13–31.

Schröder, Jan (2006): Politische Aspekte des Naturrechts in der zweiten Hälfte des 17. Jahrhunderts: Die Begründung des staatlichen Rechtserzeugungsmonopols, in: Diethelm Klippel (Hg.), Naturrecht und Staat. Politische Funktionen des europäischen Naturrechts. Schriften des Historischen Kollegs Kolloquien 57, München, 19–34.

Simondon, Gilbert (1964): L'Individu et sa genèse physico-biologique. L'individuation à la lumière des notions de forme et d'information, Paris.

Simondon, Gilbert (1989): L'Individuation psychique et collective. A la lumière des notions de Forme, Information, Potentiel et Métastabilité, Paris.

Skinner, Quentin (1978): The Foundations of Modern Political Thought, Bd. 2. The Age of Reformation, Cambridge/London/New York/Melbourne.

Spinoza, Baruch de (1670/[2]1989): Tractatus theologico-politicus. Theologisch-politischer Traktat, in: Opera-Werke, Bd. 1. Darmstadt.

Stourzh, Gerald (1981): Grundrechte zwischen Common Law und Verfassung. Zur Entwicklung in England und den nordamerikanischen Kolonien im 17. Jahrhundert, in: Günter Birtsch (Hg.), Grund- und Freiheitsrechte im Wandel von Gesellschaft und Geschichte, Göttingen, 59–74.

Tillich, Paul (1931): Protestantisches Prinzip und proletarische Situation, Frankfurt/Main.

Tillich, Paul (1962): Der Protestantismus als Kritik und Gestaltung, Gesammelte Werke, Bd. 7, Stuttgart, 29–53.

Tocqueville, Alexis de (1987): Über die Demokratie in Amerika, Bd. 1+2, Zürich.

Trigano, Shmuel (1984): La Demeure oubliée. Genèse religieuse du politique, Paris.

Trigano, Shmuel (1992): Le modèle biblique, in: Richard Figuier (Hg.), Dieux en sociétés. Le religieux et le politique. Paris, 35–51.

Turchetti, Mario (2001): Tyrannie et Tyrannicide de l'Antiquité à nos jours, Paris.

Vahle, Hermann (1974): Boucher und Rossaeus. Zur politischen Theorie und Praxis der französischen Liga (1576-1595), Archiv für Kulturgeschichte 56, 313–349.

Vahle, Hermann (1975): Calvinismus und Demokratie im Spiegel der Forschung, Archiv für Reformationsgeschichte 66, 182–212.

Villers, Charles de (1804): Essai sur l'esprit et l'influence de la Réformation de Luther, Paris.

Voigt, Alfred (Hg.) (1965): Der Herrschaftsvertrag, Neuwied am Rhein.

Walzer, Michael (1965): The Revolution of the Saints. A Study in the Origins of Radical Politics, Cambridge.

Willaime, Jean-Paul (1995): Protestantisme et démocratie, in: Jean Baubérot (Hg.), Les protestants face aux défis du XXIe siècle. Actes du colloque du 50e anniversaire du journal Réforme, Genf, 27–33.

Willaime, Jean-Paul (1999): Les Eglises protestantes et la démocratie, Revue de Droit Canonique 49, Heft 1, 67–84.

Winstanley, Gerrard (1652/1988): Das Gesetz der Freiheit als ein Entwurf oder die Wiedereinsetzung wahrer Obrigkeit, in: ders.: Gleichheit im Reiche der Freiheit. Sozialphilosophische Pamphlete und Traktate, Frankfurt/M., 152–277.

Winters, Peter Jochen (^{3}1995): Johannes Althusius, in: Michael Stolleis (Hg.), Staatsdenker in der Frühen Neuzeit, München, 29–51

Wolf, Erik (1951): Theologie und Sozialordnung bei Calvin, Archiv für Reformationsgeschichte – Archive for Reformation History 42, 11–31.

Zwierlein, Cornel (2006): Discorso und Lex Dei. Die Entstehung neuer Denkrahmen im 16. Jahrhundert und die Wahrnehmung der französischen Religionskriege in Italien und Deutschland, Göttingen.

Ortrun Riha

Der Humanismus und die Medizin der Reformationszeit: Ein neues Selbstverständnis des Menschen

Die Frage, ob die Reformation von 1517 ein »Impulsgeber der Moderne« gewesen sei, ist aus mentalitäts- und kulturhistorischer Perspektive sicher zu bejahen, aber eben nur als eine unter vielen anderen Triebkräften. Die Gewichtung dieses zunächst einmal nur religionsgeschichtlichen (und im Gefolge sozialgeschichtlich und politisch relevanten) Ereignisses hängt im Übrigen stark davon ab, was man unter »Moderne« versteht, denn deren Definition wird in verschiedenen Fächern sehr unterschiedlich gesehen, wenn auch der Beginn – sei es wegen der Aufklärung, sei es wegen der Französischen Revolution – überwiegend im 18. Jahrhundert verortet wird. Das ist auch in der Medizingeschichte vertretbar: Sobald es einen modernen Staat gab, machte er sich die öffentliche Gesundheitsfürsorge in einer Weise zu eigen, die es vorher nicht gegeben hatte; Gesundheit wurde zur moralischen Pflicht, damit die Ressource Humankapital erhalten wurde und sich vermehrte.[1] Auch institutionengeschichtlich lässt sich in diesem Zusammenhang mit einem Paradigmenwechsel argumentieren: Das mittelalterliche Hospital mit seinem eher unscharfen (spirituell-)karitativen Anliegen hatte ausgedient; in die Zeit der Aufklärung fiel die »Geburt der Klinik«[2] und die neuen Einrichtungen bedienten ein wissen-

[1] Labisch 1992; Haag 2011.

[2] Foucault 2011. Foucault hatte praktisch ausschließlich die Bedingungen in Paris im Auge, aber Wien kann hier im gleichen Atemzug genannt werden: Pfeiffer 2012.

schaftliches Interesse am Krankengut. Durch das Zusammenspiel von nunmehr systematisch und mittels physikalischer Methoden erhobenen klinischen Befunden und den Ergebnissen der pathologisch-anatomischen Sektion der Verstorbenen gewannen die Ärzte erstmals eine konkrete Vorstellung von den organischen Veränderungen, die Krankheiten mit sich bringen. Wenn man aber das Kriterium wirklich neuer Therapien und Krankheitskonzepte betont, landet man hinsichtlich der medizinischen Moderne allerdings im 19. Jahrhundert:[3] Erst in dieser Zeit änderte sich das Körpermodell, die zirkulierenden Säfte wurden durch stationäre Zellen und lokalisierte Gewebeprozesse ersetzt,[4] der spekulative Krankheitsstoff wurde als Bakterium identifiziert,[5] in den pflanzlichen Drogen wurden die biochemischen Wirkstoffe isoliert und ihre Effekte auf experimenteller Basis therapeutisch genutzt.[6] In Anlehnung an den einflussreichen US-amerikanischen Wissenschaftsphilosophen Thomas S. Kuhn (1922–1996) kann man erst für diese Entwicklungen die populär gewordenen Termini »wissenschaftliches Paradigma« bzw. »Paradigmenwechsel« seriös benutzen.[7] Wir wollen im Folgenden deshalb lieber vorsichtig von der Epochenschwelle zwischen Mittelalter und *Neuzeit* sprechen, wie es auch die meisten medizinhistorischen Handbücher tun,[8] und nach Ursachen bzw. Kriterien suchen, die dafür sprechen, das Ende des medizinischen Mittelalters um 1500 anzusetzen.[9]

---

3 Tsouyopoulos 2008.

4 Heinz 2010; Eckart 2015.

5 Sarasin 2007; Gradmann 2010.

6 Müller-Jahncke/Friedrich/Meyer 2005.

7 Kuhn 2012.

8 Vorbildcharakter hatte in diesem Sinn zum einen das dreibändige Handbuch der Geschichte der Medizin (Neuburger/Pagel 1901–1903). Der erste Band umfasst Antike und Mittelalter, der zweite und dritte die »neuere Zeit«. An zweiter Stelle zu nennen ist Sudhoff 1922. Vgl. ansonsten Bickel 2007.

9 Nicht uninteressant in diesem Zusammenhang ist der Sammelband von Fuchs 2010. Zur Medizin sechs Beiträge auf S. 11–196.

Hunger und Seuchen: Veränderungen durch Krisen

Dass das Spätmittelalter eine Krisenzeit war, in deren Gefolge es zu einer ganzen Reihe von gesellschaftlichen Veränderungen, ja Verwerfungen kam, ist seit 50 Jahren beschrieben.[10] Auslöser waren schicksalhafte Faktoren, die in der Summe ein Klima kollektiver Ängste entstehen ließen, aus dem wiederum neue Bewältigungsstrategien erwuchsen.[11] Impulsgeber war also, wenn man so will, die »Natur«; die Menschen haben auf die Herausforderungen reagieren müssen und wurden zu neuen Lösungen gezwungen – der Mentalitätswandel in Richtung eines Abschieds vom Alten kam also nicht von allein, sondern erwuchs aus Not und Bedrängnis.

Erster entscheidender Anstoß war ein Klimawandel: Die »Kleine Eiszeit« löste die milde Witterung des Hochmittelalters ab und führte durch Wetterkapriolen und daraus resultierende Ernteausfälle zu landwirtschaftlichen Einbußen von bis dahin unbekanntem Ausmaß.[12] Zwischen 1316 und 1318 sollen Zehntausende verhungert sein, eine Heuschreckenplage vernichtete 1336/37 die Ernten und das Magdalenen-Hochwasser von 1342 – mit dem höchsten je in Deutschland gemessenen Pegelstand – dürfte durch die großflächige Abtragung der wertvollen Ackerkrume mehr Todesfälle verursacht haben als das bekannteste fatale Großereignis des 14. Jahrhunderts, der Pestzug von 1348. Nicht erst in dessen traumatisierendem Zusammenhang, sondern schon 1339 kam es zu größeren Judenpogromen als Ausdruck der allenthalben aufbrechenden sozialen Konflikte und des gesellschaftlichen Umbaus.[13]

Der »Schwarze Tod« war auch nicht die einzige neue Krankheit, die mit Therapieresistenz und hohen Opferzahlen Ärzte und Behörden herausforderte: Der vermehrte Roggenanbau in Verbin-

[10] Graus 1969.

[11] Delumeau 1989.

[12] Behringer 2005; Reith 2011, hier 71–80.

[13] Schneidmüller 2012.

dung mit feuchtem Wetter förderte die Ausbreitung des giftigen Mutterkorns im Brotgetreide und dadurch wiederum kam es zu einem seuchenartigen Auftreten des »Antoniusfeuers«.[14] Der Ergotismus führt wegen der massiven Verengung der Blutgefäße u.a. zu Durchblutungsstörungen von Herz, Gehirn, Nieren und Gliedmaßen mit allen negativen Konsequenzen, von denen der Tod durch Atem- oder Herzstillstand am schwerwiegendsten und die Verstümmelungen der Extremitäten am sozial relevantesten sind. Im 15. Jahrhundert sind rund 370 Spitäler des Antoniterordens in ganz Europa belegt, die sich speziell der Pflege dieser nicht mehr erwerbsfähigen Behinderten annahmen. Aus der Neuen Welt wurde um 1500 ein hochvirulenter Syphiliserreger eingeschleppt und die unbekannte lebensgefährliche Seuche löste den im Spätmittelalter weitgehend verschwundenen Aussatz in der Bewertung als maximal perhorreszierte Krankheit ab.[15] Für die Besonderheiten der neuen Krankheiten (Gefährlichkeit, schnelle Ausbreitung) waren etablierte Bewältigungsstrategien zunächst nicht verfügbar, sondern mussten neu entwickelt werden. Die kollektive Erfahrung einer Omnipräsenz des Todes mit ihren einschneidenden mentalitätsgeschichtlichen Auswirkungen und der Erkenntnis, dass Epidemien ein (gesundheits)politisches und kein individualmedizinisches Problem sind, hat nicht nur die gesellschaftlichen Strukturen, sondern auch den Status der Medizin verändert.[16] Insofern ist es verständlich, wenn in der erfolgreichsten medizinhistorischen Monografie der letzten Jahre die exakt eingrenzbare Seuchenkatastrophe von 1348 mit dem Ende des Mittelalters in Verbindung gebracht wird.[17]

Die offenkundige Hilflosigkeit von Medizin und Obrigkeit sowie die (krankheits- oder fluchtbedingt) mangelhafte Präsenz der Kir-

---

[14] Bauer 1973.

[15] Beilschmidt 2010.

[16] Kintzinger 2000.

[17] Bergdolt 2011.

che waren ein wesentliches Motiv für die Tendenzen zu einer Privatisierung der religiösen Praxis (*Devotio moderna*[18]) mit der Etablierung neuer »Pestheiliger«[19] (Hl. Rochus, Hl. Sebastian) bis hin zu exzessiven Formen der Frömmigkeit, die z.B. in den Geißlerzügen zum Ausdruck kamen und für die auch Bußprediger wie Girolamo Savonarola[20] (1452–1498) stehen. In diesem Kontext einer panischen Angst um das eigene Seelenheil und der Sensibilisierung für seelsorgerische Defizite in Krisensituationen ist nicht zuletzt auch die erste große »konfessionelle« Reformbewegung mit Jan Hus[21] (1372–1415) an der Spitze zu sehen, der in der Landessprache predigte, Kirchenlieder einführte und für Gewissensfreiheit plädierte. Bekanntlich reagierte die Kirche nervös und restriktiv auf solche Häresietendenzen. Als eine (sehr kontraproduktive) dieser Abwehrmaßnahmen ist die berüchtigte »Hexenbulle« *Summis desiderantes affectibus* (1484) von Papst Innozenz VIII. zu nennen, die in Verbindung mit dem *Hexenhammer* (*Malleus maleficarum*, 1486) Ketzer ausrotten wollte.[22] Im aufgeregten Klima kollektiver Verunsicherung gab es keinen Platz mehr für die typische mittelalterliche Ambiguitätstoleranz auch in Glaubensfragen.[23] Der auf Veranlassung von Johannes Calvin (1509–1564) verbrannte spanische Arzt Michael Servetus[24] (1509–1559) ist ein prominentes, wegen der in Europa erstmaligen Beschreibung des Kleinen Kreislaufs medizinhistorisch bedeutsames Opfer aus der Reformationszeit.

---

[18] Schmidt 2012.

[19] Müller 2015.

[20] Bernhardt 2016.

[21] Wagnerová/Blahak 2016.

[22] Klein 2013.

[23] Auge/Witthöft 2016.

[24] Birnstein 2013.

Innovation durch den Blick zurück: Renaissance und Humanismus

Insgesamt stellen sich die Jahre um 1500 und das anschließende 16. Jahrhundert als eine Zeit der Widersprüche dar, wie es in Umbruchphasen nicht anders zu erwarten ist, weil die Grenzen zwischen Alt und Neu nicht in allen Kontexten gleichzeitig aufbrechen. Das Neue tritt meistens nicht schlagartig, sondern langsam auf – je einschneidender die Veränderung, desto schleichender vollzieht sie sich. Nur im Rückblick und bei oberflächlichem Hinsehen gibt es idealtypische Brüche (die oft mit dem Genius eines »großen Einzelnen« in Verbindung gebracht werden). Bei einer wissenschaftshistorischen Analyse kommen dagegen sowohl die vorbereitenden Ideen als auch die Kontinuitäten unter der bewegten Oberfläche zutage. So soll bei allen im Folgenden noch anzusprechenden Innovationen nicht vergessen werden, dass das Grundkonzept der Alten Medizin, die Säftelehre (Humoralpathologie[25]), unverändert und unhinterfragt blieb, und zwar bis ins 19. Jahrhundert. Noch heute kann man Reste davon identifizieren, vor allem in komplementärmedizinischen Kontexten. Die damit verbundene Beliebtheit des Aderlassens, wodurch verdorbene und überschüssige Substanzen aus dem Körper entfernt werden sollten, blieb ebenfalls erhalten; daran änderte nicht einmal die Entdeckung des Blutkreislaufs durch William Harvey (1578–1657) etwas, im Gegenteil stiegen die entnommenen Blutmengen sogar deutlich an.[26] Magische Praktiken blieben Teil der Alltagskultur, gerade auch in der Medizin, und suggerierten angesichts der Allgegenwart des Todes den Menschen die Möglichkeit, Einfluss auf das Schicksal nehmen zu können. Die Alchemie, die in den Augen der Zeitgenossen mit der Zauberei durchaus verwandt war, erlebte überhaupt erst im 16. Jahrhundert ihren großen Aufschwung, nachdem das

---

[25] Houriez 2012; Derschka 2013. Zur Wirkungsgeschichte heute z.B. Broy 2016.

[26] Scharfbillig 1933; Krause 2004.

Corpus Hermeticum[27] wiederentdeckt worden war. Unter den Intellektuellen der Zeit machte dieses Ereignis fast mehr Furore als die Berechnungen von Nikolaus Kopernikus[28] (1473–1543) zugunsten eines heliozentrischen Weltbildes, was den Zeitgenossen ebenfalls als Wiederbelebung eines antiken Modells erschien, das schon Aristarch von Samos im 3. Jahrhundert und Seleukos von Seleukia im 2. Jahrhundert vor Christus vorgeschlagen hatten; Johannes Kepler (1571–1630) bekam dagegen hundert Jahre später erhebliche Schwierigkeiten mit der Orthodoxie.

Die Wiederbelebung der Antike war überhaupt das große Thema der Zeit um 1500. In Italien hatte die »Renaissance« in der Baukunst mit dem Protagonisten Filippo Brunelleschi (1377–1446) schon längst begonnen. Nördlich der Alpen fasste dagegen der neue Stil nicht so recht Fuß, aber auch dort entdeckte man die Antike neu. Nach dem Untergang Roms bzw. des weströmischen Reiches (476), wo die Gebildeten zweisprachig aufgewachsen waren, war im Abendland die Beherrschung des Griechischen – von kleinen Sprachinseln in Venedig und Unteritalien abgesehen – verschwunden. Nun aber wurde es Mode, sich diese Kompetenz wieder anzueignen, und damit eröffnete sich die Möglichkeit eines Zugriffs auf die Originalquellen, was nicht nur in der Philosophie, sondern auch und gerade in Medizin und Naturkunde als sensationell wahrgenommen wurde. Und ebenso sensationell war das neue Menschenbild, das mit dieser Wiederbelebung der Antike einherging. Die griechisch-römischen Schönheits- und Jugendideale traten seither in scharfen Kontrast zu den Bildern von Verfall und Tod (wie z.B. im Totentanz) und lassen Kunst und Literatur der Barockzeit merkwürdig widersprüchlich erscheinen. In der Philosophie wird nunmehr der Rationalismus und insbesondere Säkularismus der Antike unverkennbar: Schon der große Erasmus von Rotterdam argumentierte außerhalb traditioneller theologischer Deutungs-

[27] Corpus Hermeticum 2014.

[28] Unter Berücksichtigung der antiken Vorgeschichte s. Nussbaumer 2011.

muster[29] und auf dem Weg zur Aufklärung verlor die Philosophie dann endgültig ihren religiösen Rückbezug. Das neue Selbstbewusstsein des Menschen, das in der Bezeichnung »Humanismus« zum Tragen kommt und für die Kirche(n) eine enorme Herausforderung war,[30] wurzelt im Diktum des berühmten Sophisten Protagoras (um 490 – um 411 v. Chr.), das Platon (428/27–348/47 v. Chr.) im gleichnamigen Dialog zitiert und kommentiert:

> »Aller Dinge Maß ist der Mensch – der Seienden, dass sie sind, der Nicht-Seienden, dass sie nicht sind.«

Im naturwissenschaftlichen Bereich war die Vorstellung vom *homo mensura* der Anlass für einen neuen »Realismus«, der die eigene Anschauung über die Tradition und – ganz im Sinne des wiederentdeckten Hippokrates – die Empirie über die Theorie zu stellen begann.[31] Die Epochenschwelle in der Medizin ist also durch eine Art »Wiederentdeckung der Natur« gekennzeichnet.[32]

Tradition und Innovation: Die Epochenschwelle in der Medizin

Die Medizin war und ist kein homogenes Gebiet, sondern besteht aus sehr unterschiedlichen Fächern, von denen es sich bei einigen um theoretische Richtungen mit mehr oder weniger Praxisrelevanz handelt, während andere versuchen, die Herausforderungen des ärztlichen Alltags zu lösen und kranken Menschen zu helfen, ohne sich große Gedanken um Konzeptionen zu machen. Unter den Grundlagenwissenschaften sollen im Folgenden Botanik und Ana-

[29] Huizinga 2016.

[30] Unter anderem auch zum Verhältnis zur Religion s. Cancik/Groschopp/Wolf 2016.

[31] Der Humanismus hat auch noch auf weiteren Gebieten zu Veränderungen geführt, vgl. z.B. Hoffmann 2002.

[32] Riha 2016.

tomie vorgestellt werden; die praktische Seite repräsentiert die Chirurgie. Abschließend wird auf Philipp Theophrast Bombast, genannt Paracelsus (1493/94–1541), eingegangen, in dessen Biografie und Œuvre sich alte Traditionen und neue Ideen in aufschlussreicher Weise verbinden.

Die Botanik gehört heute zwar nicht mehr zur Medizin, doch sehr wohl im Mittelalter und in der Frühen Neuzeit, denn aus Kräuterbüchern konnten die Ärzte (und Apotheker) ihre grundlegenden Kenntnisse der Drogenkunde schöpfen.[33] Das berühmteste Werk war die *Materia medica* des Pedanios Dioskurides[34] aus dem 1. Jahrhundert n. Chr., in der das gesamte ältere Wissen zusammengefasst und durch eigene Beiträge des Verfassers erweitert wurde. Besprochen sind darin rund tausend überwiegend pflanzliche, aber auch einige tierische und mineralische Heilmittel zusammen mit ihren medizinischen Anwendungen. Bis die moderne Organische Chemie die alten Traditionen obsolet machte, wurde Dioskurides benutzt und war Vorbild für die (meisten) anderen Kräuterbücher aus dem Mittelalter[35] und der Frühen Neuzeit.[36]

Vor diesem gemeinsamen Hintergrund scheinen die Differenzen zwischen mittelalterlichen und neuzeitlichen Kräuterbüchern gar nicht so gravierend zu sein. Wenn man die Werke aber im Detail vergleicht, fallen doch Unterschiede auf, die bei den Abbildungen am offensichtlichsten sind. Der 512/13 entstandene berühmte *Wie-*

---

[33] Eine chronologische Zusammenstellung der wichtigsten Kräuterbücher vom 1. bis zum 15. Jahrhundert bei Schnell/Crossgrove 2003, 9-16, sowie daran anschließend speziell die mit dem ›Deutschen Macer‹ in Beziehung stehenden Texte, 17–50.

[34] Dioskurides (1906–1914). Die deutsche Übersetzung von Julius Berendes ist 1902 erschienen, zuletzt nachgedruckt Vaduz 2005, eine neuere stammt von Max Aufmesser (Hildesheim 2002). Grundlegend Riddle 1981; ders. 1985.

[35] Zusammenfassung des Wissensstandes bei Riddle 1986. Einen Überblick über die deutschsprachigen Kräuterbücher gab Bernhard Schnell 1990. Vgl. ferner Fischer 1929/2001 sowie Martin 2004.

[36] Besonders schöne Exemplare in: Müller/Dressendörfer 2011; Rohr 2013.

ner Dioskurides (Österreichische Nationalbibliothek, Cod.med.gr. 1) enthält großartige Illustrationen, die noch den »Naturalismus« der (Spät)Antike widerspiegeln.[37] Auch ohne Beschriftung kann man praktisch alle dargestellten Pflanzen zumindest der Gattung nach identifizieren. Nun gibt es auch im Mittelalter bebilderte Kräuterbücher, aber die in großer Zahl den Pflanzenkapiteln beigegebenen Illustrationen in hoch- und spätmittelalterlichen Manuskripten zeigen eine erhebliche Abstraktion: Ohne Text würde man kaum ein Kraut erkennen können und selbst mit Kommentar fällt das oft schwer.[38] Das gilt auch noch für die kolorierten Bilder zum Kräuterbuch des Arztes und Dichters Johannes Hartlieb (ca 1400–1468).[39] Der Stil ist durchaus sorgfältig, doch identifizieren kann man de facto keine Pflanze. Für heutige Benutzer ist dieser Befund durchaus irritierend, weil solche hübschen Vignetten zwar dekorativ, aber nicht (jedenfalls nicht für uns) informativ sind.[40] Das änderte sich radikal in den gedruckten Kräuterbüchern neuen Typs, die nach 1500 erschienen sind, also z.B. das *Contrafayt Kreüterbuch* (1532) von Otto Brunfels (1488–1534), das *New Kreuter-Buch* (1543) von Leonhart Fuchs[41] (1501–1566) oder das *Neu Kreutter Buch* von Hieronymus Bock (1498–1554), das ab 1546 ebenfalls mit Bildtafeln ausgestattet wurde. Allein schon das geänderte Medium – das ge-

[37] Einen Eindruck gibt http://de.wikipedia.org/wiki/Wiener_Dioskurides (17.3.2015), die berühmten Bilder sind aber auch an vielen anderen Stellen problemlos im Netz zu finden.

[38] Eine vergleichende Übersicht über illustrierte Handschriften aus verschiedenen Jahrhunderten unter http://de.wikipedia.org/wiki/Pseudo-Apuleius (17.3.2015) sowie unter http://bibliodyssey.blogspot.de/2007/01/pseudo-apuleius-herbarium.html (17.3.2015). Vgl. zu den dargestellten Pflanzen z.B. Birkhan 2012.

[39] Farbreproduktionen sind der Edition Hartlieb 2010 beigegeben, aber die bebilderte Heidelberger Handschrift Codex Palatinus germanicus 311 ist auch digitalisiert und online zugänglich: http://digi.ub.uni-heidelberg.de/diglit/cpg311 (17.3.2015).

[40] Schnell 2003a; ders. 2009.

[41] Vgl. Habrich 2001.

druckte Buch – scheint eine Standardisierung der Darstellung beschleunigt zu haben, aber ein neues Verständnis von »Realismus« zeigt sich darüber hinaus in den Bestrebungen nach naturgetreuer Kolorierung, zu der es definierte Farbvorgaben von den Autoren für die Maler gab.

Es war aber nicht nur die Optik der Gestaltung, durch die an die Antike angeknüpft wurde. Im Mittelalter hatte der Schwerpunkt ganz auf der medizinischen Anwendung der Drogen gelegen, während die bei Dioskurides systematisch gegebenen botanischen (Kurz)Beschreibungen sowie Hinweise auf Standorte, Sammeltermine, Lagerung, Verwechslungsmöglichkeiten, Fälschungen usw. gekürzt oder weggelassen wurden. Alle diese Informationen kehren nun zurück, zum einen auf der antik-traditionellen Basis durch Einsicht in die Originaltexte – eben die Anwendung der humanistischen Methode in der Medizin. Darüber hinaus werden die Angaben aber auch aktualisiert, d. h. der nordalpinen Region angepasst, und dazu kommen – das ist ebenfalls neu und als echter Paradigmenwechsel einzustufen – Versuche einer Klassifizierung sowie einer Klärung der Terminologie, während sich Dioskurides und die mittelalterlichen Rezipienten mit einer Auflistung von Synonymen begnügten.

Als Beispiel sei hier nur das vieldeutige Wort *spica* genannt, das im Mittelalter für fast jede duftende Pflanze stehen konnte.[42] Heute dürfte man vielleicht am ehesten an den Echten Speik (*Valeriana celtica*) denken,[43] aber damals kam auch und vor allem Lavendel infrage. Den ersten Ansatz einer Klärung durch die Unterscheidung von Lavendelarten unter gleichzeitiger Differenzierung zwischen *lavendula* und *spica* finden wir im oben erwähnten Kräuterbuch von Hieronymus Bock, wo *lavendula*, der Echte Lavendel (*Lavandula officinalis* bzw. *L. angustifolia*), und *spica*, der Speik-Lavendel (*Lavandula spica* bzw. *L. latifolia*), auf der Bildtafel zum

[42] Vgl. Mildenberger 1997, 1834; Richter 2004, 337.

[43] Marzell/Wissmann/Pfeifer 2000, Bd. 4, Sp. 986–989.

zugehörigen Kapitel 48 nebeneinander abgebildet sind.[44] An dieser Stelle ist die Tür zur Entwicklung eines eigenen Faches Botanik geöffnet worden: Die Forscher begannen, spezifisches Interesse an den Pflanzen als solchen zu entwickeln und nicht nur an deren Brauchbarkeit für die Medizin.

Das zweite medizinische Grundlagenfach, in dem im 16. Jahrhundert ein Neubeginn zu verzeichnen war, ist die Anatomie. Die Autorität schlechthin in diesem Bereich war für das Mittelalter Galen von Pergamon (ca 130–217).[45] Dessen eindrucksvolle und hochkomplexe Schriften zur Anatomie – die deskriptive Abhandlung *De anatomicis administrationibus* sowie das funktionell ausgerichtete Riesenwerk *De usu partium corporis humani*[46] – wurden allerdings erst in den ersten drei Jahrzehnten des 16. Jahrhunderts von humanistischen Gelehrten erschlossen;[47] vorher verhinderte die Sprachbarriere eine Rezeption im lateinischen Abendland. Alles, was die mittelalterlichen Mediziner kannten (und womit sie schon hochzufrieden waren), war eine verkürzte Fassung von *De usu partium*, die unter dem Titel *De iuvamentis membrorum* im 12. Jahrhundert aus dem Arabischen übersetzt worden war.[48] Es herrschte der Eindruck, dass alles, was über Anatomie zu wissen war, in diesem Werk stand, so dass eigene Untersuchungen sich erübrigten. Es waren also keine religiösen Vorbehalte,[49] die Leichenöffnungen im

[44] A.a.O. 2000, Bd. 2, Sp. 1210.

[45] Die Lebensdaten sind nicht ganz klar. Ich folge hier den beiden ausgewiesenen Galenkennern Nutton 2004, 226–227; Boudon-Millot 2007, LXXVII–LXXX.

[46] Galen 1821–1833, hier Bd. 2, 215–731, bzw. Bd. 3, 1–933, und Bd. 4, 1–366.

[47] Die *Anatomicae administrationes* wurden z.B. von Johann Winter aus Andernach (1505–1574) ins Lateinische übersetzt. Vgl. Cunningham 2003. Zur Rezeption der Galen-Anatomie besonders in Italien: Wittern-Sterzel 1998.

[48] Wittern-Sterzel 1995.

[49] Die Kirchenväter Tertullian (155–222) und Augustinus (354–430) – in »De civitate dei« – hatten sich zwar dezidiert gegen Anatomie geäußert, doch gab es auch z.B. ein positives Votum von Gregor von Nyssa (330–394) und ein ausdrückliches Verbot existierte zu keiner Zeit, im Gegenteil erlaubte

Weg standen; dem widerspricht auch der aus heutiger Sicht durchaus fragwürdige Umgang mit Leichen zur Gewinnung von Reliquien[50] oder zur Erleichterung des Rücktransports Gefallener aus dem Heiligen Land.[51] Es fehlte in der Medizin vielmehr schlicht das Interesse an diesem Weg der Wissenserweiterung, der unter den damaligen konservatorischen Bedingungen auch nicht sonderlich attraktiv war und als sinnlose Grausamkeit dem Verstorbenen gegenüber kritisiert wurde.[52] Noch in der Neuzeit waren anatomische Sektionen in Mitteleuropa eine Rarität, hauptsächlich aus Leichenmangel,[53] teilweise aber auch, weil die Sektionen eher die Sensationslust bedienten als das Wissen vermehrten. Da die Zergliederung ein *chirurgicus* erledigte,[54] während ein gelehrter Professor autoritative Texte vorlas und allenfalls ein *ostensor* mit einem Zeigestock auf die gerade besprochenen Strukturen deutete, profitierten Mediziner nicht mehr als von reiner Textlektüre. Praktische Fertigkeiten wurden ohnehin anhand von Tiersektionen er-

Papst Sixtus IV. (1471–1484) ausdrücklich die anatomische Sektion: Becker 2002, online unter: http://prosektur.de/ProGrafiken/Zur_Geschichte_der_anatomischen_Sektion.pdf (18.3.2015), 5 und 7.

50 Beissel 1890–1892.

51 Die Praxis des Mazerierens, also des Kochens der zerstückelten Leichen, um saubere Skelette zu erhalten, wurde 1299 von Papst Bonifaz VIII. verboten, s. Becker 2002, 7.

52 Eine prominente Stimme war der als *doctor christianissimus* bezeichnete Johannes Gerson (1363–1429): Becker 2002, 6.

53 Selbst im relativ anatomiefreundlichen Italien, wo bereits im 16. Jahrhundert an vielen Universitäten eine anatomische Leichenöffnung pro Jahr in den Statuten vorgeschrieben war, gab es administrative, personelle und sonstige Hindernisse, die eine Sektion für einen nicht unerheblichen Zeitraum verhindern konnten: French 1999, 34–67. Für die Moderne vgl. z.B. Lück 2007.

54 Die frühesten anatomischen Fachtexte sind kommentierte Instruktionen für solche Chirurgen, z.B. die berühmte ›Anothomia‹ (1326) von Mondino di Luzzi (de Liuzzi) (um 1270–1326), die das Procedere auf Textstellen aus ›De iuvamentis membrorum‹ abstimmt, und die Präparieranleitung von Guido da Vigevano (um 1280–um 1349) für den Gebrauch in Paris.

worben, die schon im 12. Jahrhundert an der Medizinschule von Salerno[55] nachgewiesen sind. Die mittelalterlichen Anatomen hatten eine feste und gleichzeitig textbasierte Vorstellung vom menschlichen Körper. Die ab der Mitte des 12. Jahrhunderts nachweisbaren »Fünfbilderserien« sind stark schematisierte Lehrzeichnungen von Organen und Strukturen, die mehr dem Memorieren der Fachtermini dienten als einer topografischen Detaildarstellung. Offenbar erfüllten sie aber diese Aufgabe gut, denn sie blieben bis ins 15. Jahrhundert unverändert.[56] Es hatte sich also ein gemeinsamer Denkstil herausgebildet, der gegenüber Modifikationen oder gar Neuerungen die typischen Beharrungstendenzen aufwies, die für ein Denkkollektiv kennzeichnend sind: Die Begrifflichkeit des bekannten polnischen Immunologen und Erkenntnistheoretikers Ludwik Fleck (1896–1961) lässt sich hier fruchtbar machen.[57]

Als beispielsweise Jacopo Berengario da Carpi (um 1470–um 1530) 1521 seine *Anatomie* und 1522 eine anatomische *Isagoge* verfasste, verstand er sich als einen bescheidenen Nachfolger Galens und orientierte sich am Vorbild des berühmten Mondino. Obwohl er an der menschlichen Schädelbasis kein »Wundernetz« (*Rete mirabile*)[58] finden konnte, wie es Galen beschrieben hatte, gab er sich damit zufrieden, dass eine solche Struktur bei Lamm und Rind an der Halsschlagader (*Arteria carotis interna*) nachweisbar ist. Auch Poren in der Herzscheidewand, die Galen postulieren musste, weil er nur eine zentrifugale Blutbewegung annahm und nicht mit einem Rückfluss zum Herzen rechnete, konnte Berengario nicht sehen. Seine Reaktion waren komplizierte Begründungsversuche dafür, dass diese Öffnungen so unglaublich schwer aufzufinden waren

---

55 Vgl. Kristeller 1945.

56 Vgl. hierzu Wittern-Sterzel 1999 sowie schon Sudhoff 1907, beide Titel mit den entsprechenden Abbildungen.

57 Fleck 1980, hier besonders 40–53.

58 Verzweigung einer Arterie in ein Geflecht aus feinsten Arteriolen, das nicht in das venöse System mündet, sondern sich wieder zu einer Arterie vereinigt.

– die Schlussfolgerung, dass es sie nicht gibt, ließ der Denkstil nicht zu. Die Erschließung der geistreichen anatomischen Originalschriften Galens bestätigte zu Beginn des 16. Jahrhunderts das Denkkollektiv in seinem Respekt vor der verehrten Autorität und führte zu einer neuen Galenbegeisterung, nicht nur in Italien, wo der hoch bezahlte Bologneser Professor Matteo Corti (1474–1544) der Wortführer der neuen Galenisten war, sondern auch in Paris, wo der Anatom Jacobus Sylvius (Jacques Dubois, 1478–1555) als ausgewiesener Altphilologe die ganze Gedankenfülle der Texte zu schätzen wusste.

Ausgerechnet während dieser Hochkonjunktur des Galenismus wurde der galenischen Anatomie den Todesstoß versetzt; dass das antike Wissen zu einer Zeit obsolet wurde, in der es gerade erst wiederentdeckt worden war und von der *scientific community* mit großer Hochachtung aufgenommen wurde, wird in der Medizingeschichte als »humanistisches Paradox« bezeichnet. Hauptakteur bei diesem Paradigmenwechsel war der Anatom Andreas Vesalius (Andreas Witinck, 1514–1564), der im Sinn der Humanisten gebildet war und in Paris bei Sylvius studiert hatte. 1537 soll er in Löwen seine erste öffentliche Sektion veranstaltet haben.[59] Seine Distanzierung von dem Denkkollektiv, in das er hineingewachsen war und dem er sich während seiner Lehrtätigkeit in Venedig und Padua und zumindest zu Beginn seines Wirkens in Bologna uneingeschränkt zugehörig fühlte, erfolgte schrittweise und selbst bei der klarsten Kritik tat Vesal alles, um Galen als brillanten Anatom zu »retten«, wenn auch auf dem Feld der Tieranatomie.

Der lange Abschied von der Tradition begann mit Skelettstudien; Vesal fiel beispielsweise auf, dass der Mensch kein sechsteiliges Brustbein besitzt, und anstatt seine Entdeckung nur mit Worten zu veröffentlichen, wie dies in seinem Denkkollektiv üblich war, setzte er auf die Überzeugungskraft der Bilder.[60] Schon 1538 publizierte

---

[59] O'Malley 1964.

[60] Hierzu grundlegend, wenn auch mit anderen Beispielen Boehm 2010.

Vesal sechs anatomische Tafeln, für die er den Grafiker Jan Stephan aus Calcar (1500–1546) gewinnen konnte. Der mit Vesals Namen verbundene Paradigmenwechsel in der Anatomie betraf also zunächst eine Änderung des wissensvermittelnden Mediums. Vesals monumentales Werk *De humani corporis fabrica* (1538–1542) markierte dann mit einem Paukenschlag einen *iconic turn*[61] und seitdem ist das Bild aus der Anatomie nicht mehr wegzudenken.[62] Der Medienwechsel war gepaart mit der Entwicklung einer neuen textunabhängigen Methode der Autopsie im wörtlichen Sinn des »selbst Hinschauens«, die die Voraussetzung für die zahlreichen Korrekturen der Anatomie Galens war. Vesal präparierte erstmals schichtweise und interessierte sich für das bisher unbeachtete Gebiet des Bewegungsapparats, nicht nur für den groben Brust- oder Bauchsitus,[63] und er verfolgte akribisch die Verläufe von Gefäßen und Nerven. Dieser neue Blick auf die Textur des Körpers kam nicht aus Vesals Denkkollektiv, sondern aus einem anderen zeitgenössischen Kontext – der Malerei. Die so genannte altniederländische Kunst dürfte Vesal schon in seiner flämischen Heimat kennengelernt haben und in Venedig bekam er weitere und vermutlich intensivere Eindrücke durch seine Bekanntschaft mit dem damaligen Starmaler Tizian (Tiziano Vecellio, zwischen 1488 und 1490 – 1576). Die an den antiken Realismus anknüpfende Renaissancekunst[64] sollte nunmehr auch den Darstellungs- und anschließend den Denkstil der Anatomie prägen. Erfunden jedoch hat ihn nicht Vesal, sondern kein Geringerer als Leonardo da Vinci (1452–1519), der bereits vor 1500 anatomische Studien betrieb, um Klarheit über

[61] Vgl. dazu z.B. Maar 2004 (mit historischen Beispielen, aber aus anderen Kontexten). Bildtafeln aus der ›Fabrica‹ z.B. unter http://quod.lib.umich.edu/w/wantz/vesd1.htm (18.3.2015).

[62] Wittern-Sterzel 2005, 34–49.

[63] Vesal 1959.

[64] Programmatisch hierzu z.B. der Traktat ›Da pintura antiga‹ von Francisco da Hollanda (1517–1584), der von Alice S. Wohl ins Englische übersetzt wurde (University Park/Pa. 2013). Übersicht bei Koch 2013.

Körperproportionen, Bewegungsabläufe usw. zu gewinnen, und dem rund 30 eigene anatomische Sektionen zugeschrieben werden.[65] Vesal gebührt das Verdienst, zwei Denkstile zusammengebracht und für die Wissenschaft nutzbar gemacht zu haben. Dass für die zeitgenössischen Kollegen das alles zu viel an Innovation war und sie ihn mit harscher Kritik überschütteten,[66] verwundert nicht. Man gewinnt auch fast den Eindruck, dass der als melancholisch und verschlossen geltende Vesal selbst nicht übermäßig glücklich mit dem Traditionsbruch und dem damit verbundenen Ausschluss aus seinem Denkkollektiv war und 1544 nicht ungern eine gut bezahlte Stelle in der praktischen Medizin als kaiserlicher bzw. königlicher Leibarzt annahm.

Nachdem wir nun Paradigmenwechsel in zwei theoretischen Bereichen der Medizin um 1500 konstatieren konnten, wollen wir untersuchen, ob ähnliche qualitative Neuerungen auch auf praktischem Gebiet zu verzeichnen sind. Dass Dioskurides auch in den Jahrhunderten nach 1500 benutzt wurde, wurde bereits gesagt, deshalb können die Erwartungen hinsichtlich therapeutischer Durchbrüche nicht sehr hoch sein. Der gelehrt-theologische Diskurs, ob die »Wahrheit« von Texten in der Volkssprache überhaupt auszudrücken sei, hat das ganze Mittelalter hindurch Bibelübersetzungen verhindert, und so reflektierte auch der Regensburger Domherr Konrad von Megenberg[67] (1309–1374), von dem die erste auf Deutsch verfasste Wissensenzyklopädie stammt (*Buch der Natur*, 1349–1350), in seiner Vorrede über Sprachbarrieren – durchaus standesgemäß, aber schon mit einem Augenzwinkern. In der praktischen Medizin spielte die Volkssprache schon seit dem 13. Jahrhundert eine bedeutende Rolle.[68] Auch gelehrte *physici* folgten dem Trend zur Volkssprache. Als Beispiel sei nur der herausragen-

[65] Neueste Ergebnisse: Nova/Laurenza 2011; Le Nen 2010.

[66] Wittern-Sterzel 2004; dies. 2006; dies. 2007.

[67] Feistner 2011; Koopmann 2016.

[68] Schnell 2003b.

de Ulmer Stadtarzt Heinrich Steinhöwel (Steinhäuel, 1411/12–1479) genannt, der unter den Frühhumanisten besonders populär war: Seine Übersetzung der Fabeln Äsops (1476/77) und von Petrarcas *Griseldis* (1461/62) waren Bestseller auf dem Inkunabelmarkt und sein *Büchlein der Ordnung der Pestilenz* (1446) war die erste gedruckte Pestschrift;[69] von einem medizinischen Paradigmenwechsel kann allerdings bei Steinhöwel keine Rede sein. Er profitierte lediglich vom neuen Medium des Buchdrucks und exemplifiziert die damit einhergehende Neubewertung der Volkssprache, die im 15. Jahrhundert in Literatur und Wissenschaft als selbstverständlich anerkannt wurde.[70]

Was die Zeit um 1500 angeht, so gehörte beispielsweise der gebildete Frankfurter Stadtarzt Eucharius Rösslin (1470–1526) zu den prominenten Ärzten seiner Zeit. Von ihm stammt das erste Hebammenlehrbuch in deutscher Sprache, *Der Swangern Frauwen vnd hebammen Rosegarten* (Straßburg 1513). Auch dieses Werk repräsentiert zweifelsohne den gelehrten Humanismus in der Medizin. Es beruht auf überwiegend antiken Vorlagen,[71] vor allem auf Soran von Ephesus (um 100 n. Chr.). Diese Arbeitstechnik lässt sich bis zu den Illustrationen verfolgen, wo Rösslin auf die abstrakten Kindslagenbilder zurückgriff, die seit dem frühen Mittelalter im Kontext der um 500 entstandenen *Gynaecia* des Soran-Bearbeiters Muscio (oder Mustio) überliefert und in der Folgezeit kaum verändert wurden. Typisch ist auch Rösslins Betonung der Prävention, die den Versuch einer Wiederbelebung des antiken Genres der Diätetik erkennen lässt. Ein Paradigmenwechsel in der Geburtshilfe lässt sich aber trotz einzelner neuer Details nicht konstatieren, auch nicht auf soziologischer Ebene: Das Vordringen der (männlichen) Ärzte auf dieses Gebiet und die damit verbundene »Medikalisierung«

[69] Dicke 1995.

[70] Mit dem Schwerpunkt auf Kräuterbüchern diskutiert diesen Wandel Habermann 2001. Vgl. schon Widmann 1964.

[71] Green 2009, 167–192.

sind erst ins 18. Jahrhundert zu datieren.[72]

Was nun die Wundheilkunst angeht, so ist allgemein bekannt, dass die moderne Chirurgie Anästhesie und A(nti)sepsis voraussetzt – und da wären wir bei der späten Epochenschwelle im 19. Jahrhundert. Eine Durchsicht mittelalterlicher und neuzeitlicher Handbücher zeigt denn auch mehr Kontinuität als Wandel. Sollte der Deutschordensritter Heinrich von Pfalzpaint (um 1400–1465/67) tatsächlich in seiner *Wundarznei* von einer selbst durchgeführten Nasenrekonstruktion mittels gestielter Fernplastik berichtet haben,[73] so muss man zugestehen, dass die sensationelle Innovation offenbar ohne Nachhall blieb. Trotz des neuen Verwundungstyps hatten nicht einmal die bei Hans von Gersdorf (um 1455–1529) erstmals erwähnten Verletzungen durch Büchsenkugeln geänderte Behandlungsstrategien zur Folge,[74] was insofern leicht erklärbar ist, als der Verfasser im Wesentlichen die *Chirurgia magna* (1363) Guy de Chauliacs (um 1298–1368) ausgewertet bzw. übersetzt hat.

Die Neuerungen im Bereich der Chirurgie lagen um 1500 eher darin, sich von nicht umsetzbaren Wundergeschichten zu verabschieden, an denen man sich im Mittelalter noch ergötzte. Beim Gersdorfer werden beispielsweise die sagenhaften Schlafschwämme[75] definitiv verbannt und auch die unglaubwürdige Darmnaht – sei es mit Ameisen oder über eine Schiene – findet keine Erwähnung mehr. Hauptsächlich aber ist es die Präsentationsform, die auf einen neuen »Realismus« in der Medizin hinweist: Hans von Gersdorf hat sein *Feldbuch der Wundarznei* mit einer großen Zahl

---

[72] Insofern ist folgender Titel etwas übertrieben: Wendy Arons: When midwifery became the male physician's province. The sixteenth century handbook The rose garden for pregnant women and widwives. Jefferson 1994.

[73] Ich persönlich glaube nicht daran, vgl. Riha 2004; dies. 2006. Immerhin hält aber ein erfahrener Chirurg die Geschichte für glaubwürdig: Weißer 1994.

[74] Gersdorff 1517, Bl. 34.

[75] Wörtlich genommen bei Keil 1989.

von Holzschnitten versehen, die nur ausnahmsweise der Dekoration dienen, sondern den Text verdeutlichen und sogar um Informationen ergänzen.[76] Ambroise Paré[77] (1510–1590), der ebenfalls als Feldarzt Erfahrungen sammelte und später eine sehr erfolgreiche Praxis führte , hat sich großspurig als Erneuerer der Wundbehandlung inszeniert, weil er auf das Ausbrennen von Wunden verzichtete. Entsprechende Warnungen findet man jedoch schon bei italienischen Chirurgen des 12. Jahrhunderts. Seine tatsächliche Erfindung war die Unterbindung von Blutgefäßen, aber bewährt hat sie sich aus technischen Gründen nicht und setzte sich nicht durch.[78] Paré hat ferner zahlreiche raffinierte, bewegliche Prothesen entwickelt, doch mit solchen feinmechanischen Meisterwerken stand er – wie das berühmte Beispiel Götz von Berlichingens (um 1480–1562) zeigt – nicht allein. In der Summe bleibt also der Befund, dass im praktischen Bereich der Medizin um 1500 die Kontinuitäten überwiegen. Es sind zwar Innovationen als unverkennbare Elemente der Neuzeit zu identifizieren, aber der Begriff Paradigmenwechsel scheint mir dafür doch etwas hoch gegriffen zu sein.

Nun darf man angesichts der steigenden Empirie in der Medizin nicht so weit gehen, global dem Mittelalter die Spekulation und der Neuzeit das Erfahrungswissen zuzuordnen, das würde die Fähigkeit zur Problembewältigung im Mittelalter unterschätzen und die bis etwa 1830 dominierenden naturphilosophischen Grundlagen der Medizin ausblenden. Ein kurzer abschließender Blick auf einen berühmten Arzt und Theologen der Übergangszeit um 1500 soll diese Relativierung verdeutlichen: Paracelsus galt nicht zuletzt aufgrund seiner Selbstdarstellung lange als großer Innovator,[79] aber weder hat er – dies haben wir bereits erläutert – erstmals die deut-

[76] Ausführliche Detailanalyse bei Panse 2012.

[77] Berriot-Salvadore 2003; dies. 2012; Delacomptée 2007.

[78] Alexis Carrel (1873–1944) erhielt 1912 den Nobelpreis für die Entwicklung einer brauchbaren Technik der Gefäßnaht.

[79] Inzwischen steht dahinter ein Fragezeichen: Internationale Paracelsus-Gesellschaft 2009/2011.

sche Sprache in wissenschaftlichen Texten benutzt, wie er glauben zu machen versucht, noch hat er die typisch mittelalterlichen Merkmale der Medizin (Mikrokosmos-Makrokosmos-Analogien, Säftelehre, religiöse Rückbindung, magisches Denken, Signaturenlehre) infrage gestellt. Vielfach argumentiert er weit mehr theologisch als medizinisch.[80] Was er *examen naturae* nennt, ist eine intuitive und arbiträre Interpretation der Lebenswelt; das hat Rudolf Steiner (1861–1925), den Begründer der Anthroposophie, beeindruckt und angeregt und macht Paracelsus bis heute bei Esoterikern beliebt,[81] aber dass er sich damit oft von der Tradition löste und eigenwillige Aspekte einbrachte, macht dieses Vorgehen nicht empirisch.[82] Paracelsus hat auch die Alchemie weder erfunden noch als erster nach der Antike wiederbelebt noch experimentell vorangebracht;[83] er hat lediglich alchemistische Begriffe und Konzepte auf die Medizin zu übertragen versucht. Erst seine Nachfolger haben diese Vorstellungen als Iatrochemie bzw. Chymiatrie konkretisiert und zu einem »Denkstil« gemacht.[84] Man kann sogar so weit gehen zu sagen, dass Paracelsus paradigmatisch für den bemerkenswerten Aufschwung der Geheimwissenschaften[85] an der Schwelle zur Neuzeit steht, was das vordergründige Streben nach Erfahrungswissen und »Realismus« durchaus konterkariert. Gewisse Parallelen sind auch bei dem Zeitgenossen Agrippa von Nettesheim[86] (1486–1535) mit dessen Suche nach einer (esoterischen) Universalwissenschaft zu finden, was noch in der Barockzeit inten-

[80] Fellmeth/Kotheder 1993; Hartmann 2014; Spunda 2016.

[81] Vgl. schon den Buchtitel: Der andere Arzt. Paracelsus: Das Buch Paragranum, hg. und übersetzt von Gunhild Pörksen, Frankfurt/M., 2015.

[82] Vgl. hierzu die neueste Publikation der Internationalen Paracelsus-Gesellschaft 2014.

[83] Priesner 2011; Schütt 2000; Frietsch 2013.

[84] Vgl. z.B. Wagner 2011; Meller/Reichenberger/Wunderlich 2016; Schramm/Lorber/Lazardzig 2017.

[85] Doucet 1980.

[86] Nettesheim 2013.

siv diskutiert wurde, wie z.B. Athanasius Kircher[87] (1602–1680) verdeutlicht. Nicht einmal für die Reformation konnte sich Paracelsus erwärmen und blieb trotz seiner Sympathien für die aufständischen Salzburger Bauern und des daraus entstehenden Konflikts mit dem Bischof zeitlebens katholisch.[88]

Fazit

Das Phänomen Reformation fügt sich in den historischen Kontext wissenschafts- und mentalitätsgeschichtlich nahtlos ein: Es gab Motive und Ansätze eines Wandels vorher, es wirkten traditionelle Vorstellungen weiter (das erklärt, warum Manches bei Luther steht, was heute »nicht modern« und noch dazu politisch nicht korrekt erscheint) und es ist in vielen Punkten ein radikaler Neubeginn zu verzeichnen, der wiederum nicht konfliktfrei akzeptiert wurde. Der Weg in die Moderne war in jeder Hinsicht lang und steinig.

Literatur

Auge, Oliver / Witthöft, Christiane (Hgg.) (2016): Ambiguität im Mittelalter. Formen zeitgenössischer Reflexion und interdisziplinärer Rezeption, Berlin/Boston (Trends in Medieval Philology 30).

Bauer, Veit Harold (1973): Das Antonius-Feuer in Kunst und Medizin, Berlin/Heidelberg (Sitzungsberichte der Heidelberger Akademie der Wissenschaften, math.-nat. Kl.).

Becker, Kurt W. (2002): Anmerkungen zur Geschichte der anatomischen Sektion, Saarbrücken.

Behringer, Wolfgang (Hg.) (2005): Kulturelle Konsequenzen der »kleinen Eiszeit«, Göttingen.

Beilschmidt, Jörg (2010): Die Geschichte der Syphilis, München.

---

87 Leinkauf 2009.

88 Benzenhöfer 2002.

Beissel, Stephan (1890-1892): Die Verehrung der Heiligen und ihrer Reliquien in Deutschland im Mittelalter. 2 Bde. Freiburg, reprografischer Nachdruck Darmstadt 1991.

Benzenhöfer, Udo (²2002): Paracelsus, Reinbek (rororo Monographien 50595).

Bergdolt, Klaus (2011): Der schwarze Tod in Europa. Die große Pest und das Ende des Mittelalters, Neuaufl. München.

Bernhardt, Oliver (2016): Gestalt und Geschichte Savonarolas in der deutschsprachigen Literatur. Von der Frühen Neuzeit bis zur Gegenwart, Würzburg.

Berriot-Salvadore, Evelyne (Hg.) (2003): Ambroise Paré (1510–1590). Pratique et écriture de la science à la Renaissance, Paris.

Berriot-Salvadore, Evelyne (Hg.) (2012): Ambroise Paré. Une vive mémoire, Paris.

Bickel, Marcel (2007): Die Lehrbücher und Gesamtdarstellungen der Geschichte der Medizin 1696–2000. Ein Beitrag zur medizinischen Historiographie, Basel.

Birkhan, Helmut (2012): Pflanzen im Mittelalter. Eine Kulturgeschichte, Wien/Köln/Weimar.

Birnstein, Uwe (2013): Toleranz und Scheiterhaufen. Das Leben des Michael Servet. Göttingen.

Boehm, Gottfried (2010): Wie Bilder Sinn erzeugen. Die Macht des Zeigens, Berlin/Köln.

Boudon-Millot, Véronique (2007): Galien. Introduction générale; Sur l'ordre de ses propres livres; Sur ses propres livres; Que l'excellent médecin est aussi philosophe, Paris.

Broy, Joachim (2016): Die Konstitution. Humorale Diagnostik und Therapie, Kulmbach.

Cancik, Hubert / Groschopp, Horst / Wolf, Frieder Otto (Hgg.), Humanismus: Grundbegriffe, Berlin.

Corpus Hermeticum (2014): Der Weg des Menschen. Aus dem Altgriech. v. Beate Krzyzan, Birnbach.

Cunningham, Andrew (2003): The anatomical renaissance. The resurrection of the anatomical projects of the ancients, Aldershot u. a.

Delacomptée, Jean-Michel (2007): Ambroise Paré. La main savante, Paris.

Delumeau, Jean (1989): Angst im Abendland. Die Geschichte kollektiver Ängste im Europa des 14.–18. Jahrhunderts, Reinbek (Rowohlts Enzyklopädie 503).

Derschka, Harald (2013): Die Viersäftelehre als Persönlichkeitstheorie. Zur Weiterentwicklung eines antiken Konzepts im 12. Jahrhundert, Ostfildern.

Dicke, Gerd (1995): Art. Steinhöwel, Heinrich. Die Deutsche Literatur des Mittelalters. Verfasserlexikon. Bd. 9. Berlin/New York, Sp. 258-278.

Dioskurides, Pedanios (1906–1914): Pedanii Dioscuridis Anazarbei de materia medica libri quinque, hg. von Max Wellmann, 3 Bde. Berlin, Nachdruck 1958.

Doucet, Friedrich W. (1980): Geschichte der Geheimwissenschaften. Magie, Alchemie, Okkultismus, München.

Eckart, Wolfgang U. (2015): Rudolf Virchow und Gustav Adolph Spiess, Cellular-Pathologie versus Humoral- und Solidarpathologie, Berlin.

Feistner, Edith (Hg.) (2011): Konrad von Megenberg (1309–1374). Ein spätmittelalterlicher »Enzyklopädist« im europäischen Kontext, Wiesbaden.

Fellmeth, Ulrich / Kotheder, Andreas (Hg.) (1993): Paracelsus, Theophrast von Hohenheim. Naturforscher, Arzt, Theologe, Stuttgart.

Fischer, Hermann (1929): Mittelalterliche Pflanzenkunde, München, 2. Nachdruck Hildesheim u. a. 2001.

Fleck, Ludwik (1980): Entstehung und Entwicklung einer wissenschaftlichen Tatsache. Einführung in die Lehre vom Denkstil und Denkkollektiv, hg. von Lothar Schäfer / Thomas Schnelle, Frankfurt am Main.

French, Roger Kenneth (1999): Dissection and vivisection in the European renaissance, Aldershot.

Frietsch, Ute (2013): Häresie und Wissenschaft. Eine Genealogie der paracelsischen Alchemie, Paderborn.

Fuchs, Franz (Hg.) (2010): Medizin, Jurisprudenz und Humanismus in Nürnberg um 1500, Wiesbaden (Pirckheimer-Jahrbuch 24).

Foucault, Michael ([9]2011): Die Geburt der Klinik. Eine Archäologie des ärztlichen Blicks, Frankfurt am Main.

Galen (1821–1833): Claudii Galeni opera omnia – Klaudiu Galenu hapanta, hg. von Karl Gottlob Kühn, 20 Bde., Leipzig, Nachdruck Hildesheim 1965 (Medicorum Graecorum opera quae exstant 1–20).

Gersdorf, Hans von (1517): Feldbuch der Wundarznei, Straßburg.

Gradmann, Christoph ([2]2010): Krankheit im Labor. Robert Koch und die medizinische Bakteriologie, Göttingen.

Graus, František (1969): Das Spätmittelalter als Krisenzeit. Ein Literaturbericht als Zwischenbilanz, Prag.

Green, Monica H. (2009): The sources of Eucharius Rösslin's Rosegarden for pregnant women and widwives (1513), Medical History 53, 167–192.

Haag, Rüdiger (2011): Johann Peter Frank (1745–1821) und seine Bedeutung für die öffentliche Gesundheit, Hamburg.

Habermann, Mechthild (2001): Deutsche Fachtexte der frühen Neuzeit. Naturkundlich-medizinische Wissensvermittlung im Spannungsfeld von Latein und Volkssprache, Berlin (Studia linguistica Germanica 61).

Habrich, Christa (2001): Leonhart Fuchs zum 500. Geburtstag. Philologe, Mediziner, Botaniker. Ein Universalgelehrter an der Universität Ingolstadt. Begleitbuch zur Ausstellung 13.7.–7.10.2001, Ingolstadt.

Hartlieb, Johannes (2010): Kräuterbuch, hg. v. Gerold Hayer / Bernhard Schnell, Wiesbaden (Wissensliteratur im Mittelalter 47).

Hartmann, Franz (2014): Grundriss der Lehren des Theophrastus Paracelsus von Hohenheim. Vom religionswissenschaftlichen Standpunkt betrachtet, Graz.

Heinz, David (2010): Die Zellularpathologie nach Virchow. In: Ingo Wirth (Hg.), Neue Beiträge zur Virchow-Forschung. Hildesheim, 273–295.

Hoffmann, Klaus (2002): Überlegungen zum Homo-mensura-Satz des Protagoras, in: Stephan Kirste (Hg.), Die Sophistik. Entstehung, Gestalt und Folgeprobleme des Gegensatzes von Naturrecht und positivem Recht, Stuttgart, 17–31.

Houriez, Sophie (2012): Die Humoralpathologie im Umfeld der Medizin und Heilkunst, München.

Huizinga, Johan (2016): Erasmus und Luther. Europäischer Humanismus und Reformation. Revidierte Aufl. übersetzt und hg. v. Hartmut Sommer, Kevelaer.

Internationale Paracelsus-Gesellschaft (Hg.) (2009/2011): Paracelsus – ein Innovator? Überlegungen zur wissenschafts- und theologiegeschichtlichen Stellung Hohenheims, 2 Bde., Salzburg (Salzburger Beiträge zur Paracelsusforschung 42 und 43).

Internationale Paracelsus-Gesellschaft (Hg.) (2014): Studien zur Sprache, zum Werk und zu den wissenschaftlichen Positionen des Paracelsus, Salzburg.

Keil, Gundolf (1989): Spongia somnifera. Mittelalterliche Meilensteine auf dem Weg zur Voll- und Lokalnarkose, Anaesthesist 38, 643–648.

Kintzinger, Martin (2000): Status medicorum. Mediziner in der städtischen Gesellschaft des 14. bis 16. Jahrhunderts, in: Peter Johanek (Hg.), Städtisches Gesundheits- und Fürsorgewesen vor 1800, Köln u. a., 63–92.

Klein, Verena (2013): Die heilige Inquisition: Hexenbulle und Hexenhammer, München.

Koch, Nadia (2013): Paradeigma. Die antike Kunstschriftstellerei als Grundlage der frühneuzeitlichen Kunsttheorie, Wiesbaden.

Koopmann, Christiane (2016): Konrad von Megenberg (1309–1374) – Weltbild und naturwissenschaftlicher Wortschatz im ›Buch der Natur‹, Göppingen (Göppinger Arbeiten zur Germanistik 785).

Krause, Daniela (2004): Aderlass und Schröpfe. Instrumente aus der Sammlung des Karl-Sudhoff-Instituts, Aachen.

Kristeller, Paul Oskar (1945): The school of Salerno. Its development and its contribution to the history of learning, Bulletin of the History of Medicine 17, 138–194.

Kuhn, Thomas S. (⁴2012): The structure of scientific revolutions, Chicago.

Labisch, Alfons (1992): Homo hygienicus. Gesundheit und Medizin in der Neuzeit, Frankfurt am Main/New York.

Leinkauf, Thomas (²2009): Mundus combinatus. Studien zur Struktur der barocken Universalwissenschaft am Beispiel Athanasius Kirchers SJ (1602–1680), Berlin.

Le Nen, Dominique (2010): Léonard de Vinci. Un anatomiste visionnaire, Paris.

Lück, Heiner (2007): Rechtliche Probleme der Leichenbeschaffung in Kursachsen während des 18. Jahrhunderts, in: Rüdiger Schultka / Josef N. Neumann / Susanne Weidemann (Hgg.), Anatomie und Anatomische Sammlungen im 18. Jahrhundert, Berlin (Wissenschaftsgeschichte 1), 451–467.

Maar, Christa (Hg.) (2004): Iconic turn. Die neue Macht der Bilder, Köln.

Martin, Michael (2004): Das Anholter-Moyländer Kräuterbuch und die Pflanzenkunde im Mittelalter, in: Mirjam Gutschow / Ron Manheim (Hg.), Pflanzenkunde im Mittelalter. Das Kräuterbuch von 1470 der Wasserburgen Anholt und Moyland, Bedburg-Hau, 15–26.

Marzell, Heinrich / Wissmann, Wilhelm / Pfeifer, Wolfgang (2000): Wörterbuch der deutschen Pflanzennamen, Bd. 2 (Leipzig 1972), Bd. 4 aus dem Nachlass hg. von Heinz Paul (Stuttgart/Wiesbaden 1979), Lizenzausgabe, Köln.

Meller, Harald / Reichenberger, Alfred / Wunderlich, Christian-Heinrich (Hgg.) (2016): Alchemie und Wissenschaft des 16. Jahrhunderts. Fallstudien aus Wittenberg und vergleichbare Befunde. Internationale Tagung vom 3. bis 4. Juli 2015 in Halle (Saale), Halle.

Mildenberger, Jörg (1997): Anton Trutmanns ›Arzneibuch‹. Teil II: Wörterbuch, Würzburg (Würzburger medizinhistorische Forschungen 56).

Müller, Irmgard / Dressendörfer, Werner (Hgg.) (2011): Gart der Gesundheit. Botanik im Buchdruck von den Anfängen bis 1800, Wiesbaden.

Müller, Konrad M. (2015): Die Pest – Pestheilige, Pestkapellen, Pestsäulen. Von himmlischer Hilfe in irdischer Not, Wallerstein.

Müller-Jahncke, Wolf-Dieter / Friedrich, Christoph / Meyer, Ulrich (^{2}2005): Arzneimittelgeschichte, Stuttgart.

Nettesheim, Agrippa von (2013): De occulta philosophia sive de magia. Lugdunum 1531. Agrippa von Nettesheim: Ungewißheit und Eitelkeit aller Künste und Wissenschaften, hg. von Karl-Maria Guth. Berlin.

Neuburger, Max / Pagel, Julius L. (Hgg.) (1901–1903): Handbuch der Geschichte der Medizin, begründet von Theodor Puschmann, Jena. Reprograf. Nachdruck Hildesheim/New York 1971.

Nova, Alessandro / Laurenza, Domenico (Hgg.) (2011): Leonardo da Vinci's anatomical world, Venedig.

Nussbaumer, Harry (2011): Revolution am Himmel. Wie die kopernikanische Wende die Astronomie veränderte, Zürich.

Nutton, Vivian (2004): Ancient Medicine, London/New York.

O'Malley, Charles Donald (1964): Andreas Vesalius of Brussels, 1514–1564. Berkeley u. a.

Panse, Melanie (2012): Hans von Gersdorffs Feldbuch der Wundarznei. Produktion, Präsentation und Rezeption von Wissen, Wiesbaden.

Paracelsus (2015): Der andere Arzt. Das Buch Paragranum. Eingeleitet und übersetzt von Gunhild Pörksen, Frankfurt/M.

Pfeiffer, Paul (2012): Das Wiener Allgemeine Krankenhaus von 1784. Vor dem Hintergrund der Geschichte des Hospitalwesens und der theresianisch-josephinischen Gesundheits- und Fürsorgepolitik im 18. Jahrhundert, Berlin.

Priesner, Claus (2011): Geschichte der Alchemie, München.

Reith, Reinhold (2011): Umweltgeschichte der Frühen Neuzeit, München.

Richter, Claudia (2004): Phytopharmaka und Pharmazeutika in Heinrichs von Pfalzpaint ›Wündärznei‹ (1460). Untersuchungen zur traumatologischen Pharmakobotanik des Mittelalters, Würzburg. (Würzburger medizinhistorische Forschungen 84).

Riddle, John M. (1981): Dioscurides, in: Catalogus translationum et commentariorum. Medieval and Renaissance Latin translations and commentaries, Bd. 4. Washington, 1–143.

Riddle, John M. (1985): Dioscurides on pharmacy and medicine, Austin (History of Science Series 3).

Riddle, John M. (1986): Art. Dioscurides im Mittelalter, in: Lexikon des Mittelalters 3, Stuttgart/Weimar, Sp. 1095–1097.

Riha, Ortrun (2004): Lüge, Selbstbetrug und die Realität des Möglichen. Die Erfindung (in) der mittelalterlichen Medizin, Das Mittelalter 9, Heft 2, 123–138.

Riha, Ortrun (2006): Probatum est. Zum Verhältnis von Theorie und Praxis in der mittelalterlichen Chirurgie, Medizinhistorisches Journal 41, 137–155.

Riha, Ortrun (2016): Tradition, Neubeginn und das »Humanistische Paradox«. Die Epochenschwelle um 1500 in der Medizin, in: Thomas Kühtreiber / Gabriele Schichta (Hgg.), Kontinuitäten, Umbrüche, Zäsuren. Die Konstruktion von Epochen in Mittelalter und früher Neuzeit in interdisziplinärer Sichtung, Heidelberg (Interdisziplinäre Beiträge zu Mittelalter und früher Neuzeit 6), 93–109.

Rohr, W. Günther (2013): Der Koblenzer Gart der Gesundheit. Heilkundliches Schrifttum am frühneuzeitlichen Rhein, in: Michaela Bauks / Michael Meyer (Hgg.), Zur Kulturgeschichte der Botanik, Trier, 201–218.

Sarasin, Philipp (2007): Bakteriologie und Moderne. Studien zur Biopolitik des Unsichtbaren, Frankfurt am Main.

Scharfbillig, Christian (1933): Der Aderlass. Seine Geschichte, Theorien, Indikationen u. Technik, Stuttgart.

Schmidt, Arndt (2012): Devotio moderna. Das Phänomen der neuen Frömmigkeit im Spätmittelalter, München.

Schneidmüller, Bernd (2012): Katastrophenerinnerung. Große Pest und Judenpogrome 1348–1352, in: Pim den Boer u. a. (Hgg.), Europäische Erinnerungsorte. 2. Bd. München, 393–401.

Schnell, Bernhard (1990): Von den wurzen. Text- und überlieferungsgeschichtliche Studien zur pharmakographischen deutschen Literatur des Mittelalters, Medizinische Habilitationsschrift Würzburg.

Schnell, Bernhard (2003a): Pflanzen in Bild und Text. Zum Naturverständnis in den deutschsprachigen illustrierten Kräuterbüchern des Spätmittelalters, in: Peter Dilg (Hg.), Natur im Mittelalter. Konzeptionen – Erfahrungen – Wirkungen, Berlin, 442–461.

Schnell, Bernhard (2003b): Die deutsche Medizinliteratur im 13. Jahrhundert. Ein erster Überblick, in: Christa Bertelsmeier-Kierst / Christopher Young / Bettina Bildhauer (Hgg.), Eine Epoche im Umbruch. Volkssprachliche Literalität 1200–1300. Cambridger Symposium 2001, Tübingen, 249–265.

Schnell, Bernhard (2009): Die Pflanzenabbildungen in den deutschsprachigen Handschriften des Mittelalters. Ein Werkstattbericht, in: Christoph Friedrich (Hg.), Pharmazie in Geschichte und Gegenwart, Stuttgart, 395–423.

Schnell, Bernhard / Crossgrove, William (2003): Der deutsche ›Macer‹, Vulgatfassung. Mit einem Abdruck des Macer Floridus ›De viribus herbarum‹, Tübingen (Texte und Textgeschichte 50).

Schramm, Helmar / Lorber, Michael / Lazardzig, Jan (Hgg.) (2017): Spuren der Avantgarde: Theatrum alchemicum. Frühe Neuzeit und Moderne im Kulturvergleich, Berlin.

Schütt, Hans-Werner (2000): Auf der Suche nach dem Stein der Weisen. Die Geschichte der Alchemie, München.

Spunda, Franz (2016): Das Weltbild des Paracelsus. Frankfurt/M.

Sudhoff, Karl (1907): Tradition und Naturbeobachtung in den Illustrationen medizinischer Handschriften und Frühdrucke vornehmlich des 15. Jahrhunderts, Leipzig.

Sudhoff, Karl (1922): Kurzes Handbuch der Geschichte der Medizin, Bearbeitung der 3. und 4. Auflage von Julius L. Pagel: Einführung in die Geschichte der Medizin (1898), Berlin. Reprint Holzminden 1997.

Tsouyopoulos, Nelly (2008): Asklepios und die Philosophen. Paradigmawechsel in der Medizin des 19. Jahrhunderts, Stuttgart-Bad Cannstatt (Medizin und Philosophie 2).

Vesal, Andreas (1959): Vesalius' first public anatomy at Bologna, 1540. An eyewitness report by Baldasar Heseler, together with his notes on Matthaeus Curtius' lectures on anatomia Mundini, hg., eingeführt, übersetzt und mit Anmerkungen versehen von Ruben Eriksson, Uppsala (Lychnos-bibliotek 18).

Wagner, Lioba (2011): Alchemie und Naturwissenschaft. Über die Entstehung neuer Ideen an der Reibungsfläche zweier Weltbilder, Würzburg.

Wagnerová, Marina / Blahak, Boris (Hgg.) (2016): Hussitismus und Grenze. Jan Hus, seine Zeit und Bezüge aus interdisziplinärer Perspektive. Zum 600. Todestag von Jan Hus, Hamburg.

Weißer, Christoph (1994): Die Nasenersatzplastik nach Heinrich von Pfalzpaint. Ein Beitrag zur Geschichte der plastischen Chirurgie im Spätmittelalter mit Edition des Textes, in: Josef Domes u. a. (Hgg.), Licht der Natur. Medizin in Fachliteratur und Dichtung, Göppingen, 485–506.

Widmann, Hans (1964): Buchdruck und Sprache, Mainz.

Wittern-Sterzel, Renate (1995): Die Anfänge der Anatomie im Abendland. In: Thomas Schnalke (Hg.), Natur im Bild. Anatomie und Botanik in der Sammlung des Nürnberger Arztes Christoph Jacob Trew. Katalog, Erlangen, 21–51.

Wittern-Sterzel, Renate (1998): Die Antike in Mittelalter und Renaissance – das Beispiel Anatomie, Nachrichtenblatt der Deutschen Gesellschaft für Geschichte der Medizin, Naturwissenschaft und Technik e.V. 48, Heft 3, 146–159.

Wittern-Sterzel, Renate (1999): Kontinuität und Wandel in der Medizin des 14. bis 16. Jahrhunderts am Beispiel der Anatomie, in: Walter Haug (Hg.), Mittelalter und frühe Neuzeit. Übergänge, Umbrüche und Neuansätze, Tübingen, 550–571.

Wittern-Sterzel, Renate (2004): Die Gegner Andreas Vesals. Ein Beitrag zur Streitkultur des 16. Jahrhunderts, in: Florian Steger / Kay Peter Jankrift (Hgg.), Gesundheit – Krankheit. Kulturtransfer medizinischen Wissens von der Spätantike bis in die Frühe Neuzeit, Köln u. a., 167–199.

Wittern-Sterzel, Renate (2005): Die Präsentation des anatomischen Wissens im Buch des 16. Jahrhunderts, Archiv für Geschichte des Buchwesens 59, 34–49.

Wittern-Sterzel, Renate (2006): Wissenschaftlicher Streit oder Glaubenskrieg? Die Auseinandersetzung über die »richtige« Anatomie im 16. Jahrhundert, in: Klaus Manger (Hg.), Vorträge der Geisteswissenschaftlichen Klasse 2000–2004. Erfurt (Sitzungsberichte der Geisteswissenschaftlichen Klasse der Akademie Gemeinnütziger Wissenschaften Erfurt 5/2006), 85–105.

Wittern-Sterzel, Renate (2007): Formen wissenschaftlicher Polemik am Beispiel der Rezeption von Vesals Fabrica, in: Jürgen Kiefer (Hg.), Parerga – Beiträge zur Wissenschaftsgeschichte. In memoriam Horst Rudolf Abe, Erfurt, 51–63.

Helmut Fleinghaus

Musik durch die Reformation – ein Beitrag zur Freiheit der Kunst

A. Geistliche Musik vor der Reformation

Die Frage nach dem Einfluss der Reformation auf die Entwicklung der geistlichen Musik klingt immer ein wenig nach der Überlegung, wie diese Musik sich womöglich gestaltet hätte, wenn es jenen Einfluss nicht gegeben hätte. Denn evangelische kirchliche Tonkunst hat ein Pendant: die katholische Kirchenmusik.

> »Fangen wir an, darüber nachzudenken, wieviel tausend Einzelheiten nötig waren, unsere Situation jetzt und hier zustande zu bringen, und wieviel tausend Einzelheiten, die nicht eingetreten sind, dies hätten verhindern können, dann gewinnt das gewisseste, was wir kennen, nämlich unsere Situation jetzt und hier, einen abenteuerlichen Grad an Unwahrscheinlichkeit.«[1]

Umso gelassener lässt sich darstellen, welche Gründe dazu beigetragen haben mögen, dass die heutige Musik der Protestanten so ist, wie sie ist: vielgestaltig, bunt und ein wenig unberechenbar.

Die Veränderungen, die sich nach 1500 in der geistlichen Musik unter dem Einfluss der Reformatoren eingestellt haben, lassen sich nicht würdigen, ohne dass ein Blick auf die Musik der Kirche vor der Reformation geworfen wird. Die Musikanschauung der Kirchenväter gründet sich auf Deutungen der Musik, die Platon, Pythagoras und biblische Autoren formuliert haben und die gleichberechtigt nebeneinander stehen.[2]

---

[1] Demandt 1986, 14.

[2] Laubenthal/Sachs 1989, 130; vgl. Hortschansky 1989, 94.

Es geht dabei stets darum, welche Arten von Musik als den Formen der Verehrung Gottes, insbesondere dem Gottesdienst, angemessen angesehen werden. Diskutiert wird dazu nicht nur der Zweck und das Wesen der Musik, sondern auch ihre praktische Seite: ihre technische Beschaffenheit, z. B. Tonsatz und Besetzung, und ihre Ausführung. Dabei stellt sich heraus, dass die Frage nach der angemessen Musik keine musikalische, sondern eine ethische ist, denn der Ursprung der Musik wird als göttlich angesehen und ihre Struktur als Abbild der göttlichen Weltordnung. Daher muss ihrem Missbrauch vorgebeugt werden. Die Lehre von der »moralitas artis musicae«, zu der die Kirchenväter die antike Ethoslehre der Musik umgeformt haben, lebt in der Renaissance wieder auf.[3] Es gibt kaum einen Autor, der sich der Anschauung, Musik sei göttlicher Herkunft, so dezidiert anschließt wie Luther.

In der apostolischen Zeit gab es grundsätzlich zwei gesungene musikalische Elemente im Gottesdienst: Psalm und Hymnengesang, also Formen aus Israel und dem hellenistisch beeinflussten Raum.[4] Die Christen selbst fügten dem zunächst nichts Neues oder Eigenes hinzu. Auch Augustinus in seinem Werk *De Musica libri sex* von 389 n. Chr. beschreibt seine Musikauffassung ganz im Sinne der Spätantike und behandelt christliche Einflüsse wie Randerscheinungen.[5]

Für Augustinus ist das Singen, die wortlose »iubilatio«, der überschwängliche Ausdruck des Lobes Gottes durch die Musik: »[...] verbis explicare non posse, quod canitur corde [...]« schreibt er, und »Quid est iubilare? Gaudium verbis non posse explicare, et tamen voce testari, quod intus conceptum est et verbis explicari non potest: hoc est iubilare.«[6] Das Ideal des praktischen Gesangs ist für Augustinus der einstimmige Gesang: »una voce dicentes«,

[3] Vgl. dazu Bubmann 1999; vgl. ebenso Laubenthal/Sachs 1989, 130.

[4] Brunner 1954, 318.

[5] Riethmüller 1989, 310.

[6] Augustinus Enarrationes in Psalmos, Basel 1497, XXXII, ML 36, 283 und XCIV, ML 37, 1213

wie er Psalm 44 kommentiert.[7] Im Hochmittelalter war dann der Gregorianische Choral das Rückgrat der Kirchenmusik geworden[8], eine der christlichen Kirche eigene Musikform, die jüdische, arabische und hellenistische Elemente in sich aufgenommen hatte. Er wurde einstimmig gesungen oder zur Grundlage mehrstimmiger Kompositionen gemacht.

Die *Constitutio Docta SS. Patrum* Johannes XXII. von 1324/25 ist die erste nachweisbare offizielle Äußerung eines Papstes zur Kirchenmusik. Mehrere Male, im 16., 18. und 20. Jahrhundert, wurde sie herangezogen, um als Grundlage katholisch-kirchlicher Stellungnahmen zur Musikanschauung zu dienen[9], und immer wieder ging es in Synoden und Konzilien um die ethische Auffassung der Kirchenmusik. Die Sorge Johannes' XXII. galt dem Gregorianischen Gesang, dessen Rolle im Gottesdienst nicht durch die sinnliche Wirkung mehrstimmiger Kompositionen in Frage gestellt werden sollte. Deren Klang und Rhythmik machte diese den weltlichen Werken der Zeit ähnlich, und damit war ihre Nähe zur liturgischen Aufgabe der Musik zweifelhaft.

Auch in den Klöstern misstraute man dem Gesang, wenn er nicht nur unisono ausgeführt wurde, und ebenso den ihn begleitenden Instrumenten:

> »Man muss wohl zumindest im 15. Jahrhundert in allen Orden mit gewissen Vorbehalten gegen die mensurale Mehrstimmigkeit rechnen, erschien sie den Brüdern doch nicht selten als Ausdruck weltlicher Verderbtheit, der die Prälaten und geistigen Träger einer kirchlichen Mehrstimmigkeit verfallen waren. Als der Kartäuser Heinrich Eger von Kalkar aus dem Barbara-Kloster in Köln um 1380 sein *Cantuagium* für die Mitbrüder des Ordens verfasste, bemühte er sich um die Vermittlung von allgemeinen musikalischen Kenntnissen, durch die das Lob Gottes und seiner Heiligen gemehrt werden könne. Mehrstimmige Musik (discantus) und Instrumental-

7 Patrologia Latina XXXVI, Sp. 493; vgl. Werner 1989, 91.

8 Haberl 1972, 407.

9 Fellerer 1972a, 380.

> musik mochte er nicht behandeln, da er ein »religiosus« sei und der »lascivia« keinen Vorschub leisten wolle [...] Zwar könne man die Kirchengesänge mit Orgel oder anderen Instrumenten begleiten, das aber nicht zu ausgiebig, sondern allein zum Lobe Gottes [...]«.[10]

Das Ansehen der Instrumente litt darunter, dass sie bei Hochzeiten, auf den Jahrmärkten, an den Höfen zum Tanz und überhaupt im weltlichen Bereich zur Unterhaltung gespielt wurden. Dies ließ sie als minderwertig und verachtenswert erscheinen. Gleichwohl wurden sie zur Unterstützung des Gesangs auch im Gottesdienst herangezogen.[11] Dass im Mittelalter so oft betont wird, wie abfällig es zu beurteilen sei, dass Instrumente in der Kirche benutzt würden, und dass so beharrlich vor der Teilnahme von Mönchen an Tanzveranstaltungen gewarnt wird, lässt auf lebhaftes Interesse an diesen verpönten Phänomenen schließen.[12]

Dass die Komponisten von Musikwerken bis ins 13. Jahrhundert anonym blieben, spiegelt die Demut des Menschen vor Gott; nicht der Künstler und nicht das Kunstwerk, sondern die Verehrung und das Lob des Schöpfers des Kosmos, der auch den Menschen und die Musik geschaffen hat, wurden als das Wesentliche des christlichen Kultus angesehen. Dahinter traten der Komponist und sein Werk zurück. Erst im Laufe der Jahrhunderte und mit zunehmender Komplexität der Musik bildete sich allmählich ein Selbstbewusstsein des Künstlers, insbesondere des Komponisten heraus.[13]

Der unbedingte Vorrang der Gottesverehrung erklärt die beschriebenen Merkmale mittelalterlicher Musikauffassung und die mitunter ängstlich und angestrengt wirkende Ablehnung eines Eigenlebens der Musik: die Abneigung gegen Mehrstimmigkeit, schwungvollen Rhythmus, Instrumentalbegleitung des Gesangs und ganz im Allgemeinen die sinnenfreudigen Elemente der Musik

[10] Hortschansky 1989, 76, Hervorhebung von Hortschansky.

[11] Droysen 1972, 350.

[12] Hortschansky 1989, 76.

[13] Brunner 1954, 316, vgl. 327.

und demgegenüber die Bevorzugung der Einstimmigkeit der Gregorianik. Die Freude in Gott stand im Vordergrund, die Freude an der Musik galt es zu bändigen.

Kompositorisch war jede Form gregorianischen Gesangs Grundlage der mehrstimmigen Werke des vorreformatorischen Chorgesangs. Als *cantus prius factus* ist er in unzähligen Vokal- und auch Instrumentalstücken die Basis des Tonsatzes, sei es, dass Hymnuszeilen, Psalmodiemodelle, sei es, dass andere gregorianische Vorlagen verwendet wurden. Fast immer ist eine gregorianische Ursprungsmelodie in langen Notenwerten vorhanden, umgeben von zwei bis fünf freien kontrapunktisch hinzugefügten Stimmen.

In der Messe der vorreformatorischen Zeit wurde normalerweise in lateinischer Sprache gesungen. Messlieder, wie Luther sie dichtete und mit Melodien versah, die das liturgische Geschehen hätten erläutern oder lateinische Gesänge hätten ersetzen können, waren nicht in Gebrauch.[14] Zu Weihnachten und Ostern jedoch gab es im deutschen Sprachgebiet die Praxis, dass die Gemeinde einstimmig auf Deutsch strophische Liedübertragungen von Sequenzen, Hymnen oder Cantica sang. Diese wurden vom Chor auch lateinisch und mehrstimmig vorgetragen und erklangen im Wechsel mit den Gemeindestrophen. Es kann also hier bereits von einer *Alternatim-Praxis* gesprochen werden. Auch zwischen Magnificat-Verse oder in Ordinarium-Kompositionen wurden De-tempore-Lieder eingeschoben, entweder einstimmig gesungen oder im mehrstimmigen Sätzen. Deren cantus firmus war nicht mehr eine lateinische gregorianische Vorlage, sondern eine nationalsprachige Liedweise. Weitere Gelegenheiten, bei denen volkssprachige Lieder vorkommen konnten, waren feierliche Gottesdienste im Allgemeinen, Predigtgottesdienste – in diesen vor und nach der Predigt –, Bittgänge, Pilgerfahrten, Stundengebete und Andachten.[15] Ein erster Höhepunkt des Einsatzes vulgärsprachlicher Gesänge, besonders des gereimten

[14] Haberl 1972, 408.

[15] Blume/Finscher 1965, 64; s. auch Härting 1972, 454.

Strophenliedes, ist nach längerer Entwicklung im 14. Jahrhundert zu verzeichnen.[16] Als lateinische und volkssprachige Formen des Gesangs kamen im vorreformatorischen Gottesdienst um 1500 Psalm, Antiphon, Hymnus, Sequenz und Kirchenlied vor.[17] Wo keine Cappella, also kein Chor zur Verfügung stand, der mehrstimmig hätte singen können, mag es einen responsorialen Wechsel zwischen dem Gesang der Gemeinde und dem gregorianischen Gesang der Geistlichen gegeben haben.

> »Von einem katholischen Kirchenlied als gemeinsamen Gesang der gottesdienstlichen Gemeinde und unter bekenntnismäßiger Festlegung kann erst seit der Reformationszeit gesprochen werden.«[18]

Die Cappella war ein Chor aus Männer- und Knabenstimmen, den sich nicht jede Kirche leisten konnte. Die Kathedralen richteten nach römischem Vorbild eine *schola cantorum* ein, um durch Schulung des jugendlichen Nachwuchses die Singfähigkeit der Cappella sicher zu stellen. Je anspruchs- und kunstvoller die Musikausübung in einem Gotteshaus war, desto geringer war die Beteiligung der einfachen Gemeinde an ihr.[19] An den Kloster- und Stiftskirchen wurde das Volk von der aktiv musikalischen Mitwirkung am Gottesdienst ausgeschlossen und stattdessen durch die Gesamtheit der Mönche vertreten. In den Stadt- und Pfarrkirchen waren die Ausführenden des Gesangs die Priester und auch ein Chor aus Schülern. Zu den Aufgaben des Schulmeisters gehörte es, einen solchen für den Gottesdienst zusammenzustellen.[20] An den Hofkirchen wurde Musik wie an den Kathedralen gepflegt, nur dass das Repertoire der Cappella des Hofes auch weltliche Werke umfasste.[21]

[16] Härting 1972, 453.

[17] Suppan 1972, 357f.

[18] Härting, 1972, 453.

[19] Mahling 1972, 410f.; 413; vgl. Haberl 1972, 408.

[20] Mahling 1972, 411f.

[21] A.a.O., 412.

Die singende Gemeinde wurde nur in geringem Maße an den Gottesdiensten beteiligt[22], und »ungeklärt ist, in welchem Umfang die deutschen Lieder von den Laien, von der mittelalterlichen Gemeinde, von Klerikern für Kleriker oder von Klerikern (und ihren Helfern) für die versammelten Laien gesungen worden sind.«[23] Die Synode von Schwerin 1492 sowie die Konzilien von Basel 1435 und 1503 z. B. waren darauf bedacht, den Anteil der volkssprachlichen Elemente des Gottesdienstes nicht zu groß werden zu lassen, insbesondere dann, wenn für die gewünschten Textinhalte auch lateinische Gesänge zur Verfügung standen. Wahrscheinlich wurde der Gesang in der Volkssprache zu großen Teilen von den Geistlichen sowie von schola und Chor bestritten, je weiter die Zeit fortschritt, umso mehr, auch wenn gesichert ist, dass es den vulgärsprachlichen Liedgesang des Volks im Gottesdienst gab.[24] Wenn auch der Gemeindegesang im Allgemeinen quantitativ gering war, so gab es doch Anlässe, zu denen sein Anteil höher ausfiel, z. B. bei Heiligenfesten oder bei Prozessionen. Meist stellten die Gesänge Umformungen von Antiphonen, Sequenzen und Hymnen dar, z. B. als Leisen, Hymnen- und Antiphonenlieder, als Cantio und als Ruf. Als Beispiele seien »Sancte Maria ste vns bej / so wir sullen sterben« oder »Mittel vnseres leben czeit / Sey wir mit tod vmbfangen« genannt (dieses zweite Lied wurde 1263 bezeugt) und auch »In gottes namen varen wir« (das seit dem 13. Jh. als Prozessionslied, Schlachten- und Pilgergesang in Gebrauch war).[25] Einflüsse auf die Texte der Kirchenlieder vor der Reformation kamen aus dem Humanismus, dem Meistersang, versifizierter Theologie und Mariologie.[26]

22 Suppan 1972, 357f.

23 Härting 1972, 454.

24 Ebd.; Suppan 1972, 358; Haberl 1972, 408.

25 Suppan 1972, 357f.; Härting 1972, 453.

26 Härting 1972, 454.

Trotz aller Widerstände aus theologischen und moralischen Gründen gab es die Mitwirkung von Instrumenten in der gottesdienstlichen Musik. Die liturgische Instrumentalmusik des frühen 15. Jahrhunderts ist insofern unbekannt, als es von ihr kaum Noten gibt, denn die Musiker waren meist Berufsmusiker, die mündlich und praktisch gemäß überlieferter Tradition ausgebildet wurden und nicht selten Analphabeten waren. Ein wenig pauschalisierend sei folgende Kategorisierung erlaubt: Während die Vokalisten der Kirchenmusik eher aus dem kirchlichen Bereich kamen, waren die Instrumentalisten, auch wenn sie im Gottesdienst spielten, primär dem weltlichen zuzuordnen. Hier standen in sozialer Hinsicht – nicht in musikalisch-technischer – auch hohe musikalische Bildung und niedere einander gegenüber. Die Instrumente, die bei Krönungen, Hochzeiten, Prozessionen, Banketten und Bällen zu hören waren, konnten potentiell auch im Gottesdienst erklingen, teils die Vokalmusik colla parte mitspielend, teils im Wechsel mit ihr, also alternatim.[27]

Eine Sonderrolle kommt dabei der Orgelmusik zu, die in vorreformatorischer Zeit im Wesentlichen in drei Formen komponiert wurde: als freies Präludieren (also ohne Bindung an einen cantus firmus), als Intavolierung (also als Umschrift eines ursprünglich für Vokalensemble gedachten Werks, wobei dessen Stimmen den Möglichkeiten des Tasteninstruments entsprechend verändert wurden, etwa durch Verzierungen wie Triller, Läufe und Akkordbrechungen, Konjekturen, die für die menschliche Stimme schwerer auszuführen waren als für das Instrument) und als Cantus-firmus-Bearbeitungen (also als Kompositionen über vorgegebene Melodien, zu denen ein oder mehrere Kontrapunkte geschrieben wurden). Chorsätze, ganz gleich, ob weltlich oder geistlich, konnten jederzeit zur Vorlage für Übertragungen für Instrumente werden, nicht nur für die Orgel, sondern auch für Lauteninstrumente, das Virginal, das Clavichord und das Cembalo.

[27] Finscher/Leopold 1990, 565; vgl. Mahling 1972, 412f.; vgl. Droysen 1972, 351.

Früheste Quellen der Orgelmusik sind Conrad Paumanns *Fundamentum Organisandi* (ca. 1440 begonnen, veröffentlichte Fassung Nürnberg 1452), das Buxheimer Orgelbuch (um 1460), die Tabulatur des Adam Ileborgh (Stendal 1448), Kompositionen Paul Hofhaimers (1459 im Salzburger Land entstanden und veröffentlicht 1537 in Salzburg) und Hans Buchners *Fundamentum organisandi* (1520); von außerhalb des deutschen Sprachraums sind keine Quellen aus dem 15. Jahrhundert erhalten. In dieser Zeit fand die Entwicklung der drei- bis vierstimmigen Orgelmusik aus der zweistimmigen statt.[28]

Die eigentliche Gottesdienstliche Orgelmusik sind die Cantus-firmus-Bearbeitungen, aber auch die beiden anderen Arten dürften im liturgischen Rahmen vorgekommen sein, vor allem das freie Präludieren, mit dem Anfang und Ende des Gottesdienstes musikalisch unterlegt wurden. Die Orgel übernahm manchmal die Rolle eines der Chöre, z. B. bei Responsorien und Antiphonen. Auch Hymnenstrophen oder Teile des Messordinariums – etwa ein vollständiges Kyrie oder Gloria – konnten der Orgel zugewiesen werden, die dadurch den Gesang ersetzte, z. B. durch Intavolierungen entsprechender Chorkompositionen.[29]

Der Beginn eines vorreformatorischen Gottesdienstes am ersten Weihnachtstag konnte, ausgeführt in Alternatimpraxis, etwa so aussehen:

- Orgelpräludium ohne Cantus-firmus-Bindung (zum Einzug der Geistlichen)
- Salutatio als lateinischer Responsorialgesang zwischen Liturg und Gemeinde
- gelesener Eröffnungsvers
- Eingangspsalm als lateinischer Responsorialgesang zwischen schola und cappella, unisono

[28] Tagliavini 1972, 465f.; vgl. Blume/Finscher 1965, 67.

[29] Ebd.

- Gloria als lateinischer mehrstimmiger Chorsatz
  auf der Basis eines cantus firmus aus der Gregorianik
  unter Einsatz von die Stimmen mitspielenden Instrumenten
  (z. B. Flöten, Gamben, Pommer)
- Lesung I
- Gemeindelied, nationalsprachig, unisono, ohne Instrumente
- Lesung II
- Orgel solo mit einer Intavolierung eines mehrstimmigen
  Chorsatzes
  …

B. Der Beitrag der Reformation zur Musik

Die Reformation gibt der Entwicklung der Musik der Kirche einen überaus energischen Schub; durch die Bestrebungen der Reformatoren kommt es zu einer Blüte der Kirchenmusik, die es ohne sie nicht gegeben hätte. Daher ist die Musik der Reformation auch Musik durch die Reformation.

Reformatorischer und humanistischer Einfluss auf die Musik sind nicht zu trennen, denn die Liebe zum Wort ist beiden gemeinsam. Die Beachtung des Wortrhythmus' durch die Melodie der Lieder, deren Gliederung in Anlehnung an den verbalen Satzbau, aber auch die Ausdeutung der Worte des Textes durch die Melodieführung von Liedern oder durch satztechnische Raffinesse und Nachmalen des Inhalts durch Töne im mehrstimmigen Satz entsprechen humanistischen Vorstellungen. Luthers Begeisterung für die Musik Josquins beruht nicht nur auf deren Klangschönheit, sondern auch auf diesen Qualitäten.[30] Entsprechend der Aufmerksamkeit, die der Humanismus dem Individuum zu widmen begann, wuchs mit der Entwicklung des humanistischen Denkens auch das Selbstbewusstsein und die öffentliche Beachtung der Komponisten, und

[30] Fellerer 1972b, 416.

der Aspekt des Primats der Gottgefälligkeit des geschriebenen Werks begann ein wenig zu verblassen. Stattdessen rückten Vorstellungen von Ruhm und Nachruhm ins Blickfeld.[31]

Die Reformierten bringen durch die Vertonung des Psalters ihren entscheidenden Beitrag zur Kirchenmusik. Zwingli jedoch, seinem eigenen musikalischen Können und seiner Musikliebe zum Trotz, hielt die Musik für eher weltlich-tugendfern und verbannte sie aus dem Gottesdienst und aus der Kirche ins Haus, obwohl er als Komponist, Liederkomponist und -dichter einiges zu bieten hatte.[32]

Calvin verstand Musik, die vokale wie die instrumentale, wie Luther: als Geschenk Gottes, jedoch konnte sich auch Calvin, ähnlich Zwingli, nicht gänzlich des Verdachts erwehren, dass diese Gabe des Schöpfers dem Missbrauch durch den Menschen preisgegeben sei. Wo sie nur der Sinnenlust und der Eitelkeit der Komponisten wie der Ausführenden gewidmet ist, ist sie unwillkommen und für die Verwendung im christlichen Kultus ungeeignet. Wenn sie zum Lob Gottes eingesetzt wird und der Mensch mit ihrer Hilfe ihm für sein Walten dankt, begrüßt Calvin sie.[33] Darin, dass bei ihm vor allem die Instrumente und der mehrstimmige Gesang unter moralischem Verdacht stehen, ist er wie Zwingli ein Erbe der vorreformatorischen Musikauffassung. Die Vokalmusik führt nach Calvin zum besseren Verstehen des gesungenen Textes und dadurch zum Lob Gottes; das rationale Element geht dem emotionalen voraus und spricht auf diese Weise den Willen des Menschen an. Damit greift Calvin auf die platonische Konzeption der ethischen Wirkung von Musik zurück. Insbesondere der Psalmengesang ist nach Ansicht Calvins geeignet, diese Wirkung zu entfalten, vor allem, wenn die-

---

[31] Hortschansky 1989, 113.

[32] Jenny 1968, Sp. 1521f.; einen brauchbaren Überblick über die Rolle Zwinglis in der Musik bietet das Internet-Lexikon der Reformierten Kirche im Kanton Zürich im Artikel Musik – bei Zwingli: http://www.zh.ref.ch/a-z/zwingli/lexikon-m/musik (benutzt am 24. 11. 2016); vgl. Föllmi 2007, Sp. 1603f.

[33] Blankenburg 1952, Sp. 658f.; vgl. Higman 2000, Sp. 1717–1720.

ser ernst und gemäßigt erscheint und in der Volkssprache ausgeführt wird. Um die musikalische Rhythmik und die Textrhythmik in Übereinstimmung zu bringen, sollen die Psalmen in Reimen nachgedichtet werden. Über diese formale Übereinstimmung gehen Calvins Vorstellungen jedoch nicht hinaus, so dass die inhaltliche Ausdeutung von Worten durch die Melodie für ihn keine Rolle spielt und Tonmalerei damit ebenfalls nicht.[34]

Für den Chor sieht Calvin im Gottesdienst keine Verwendung, und etwas Anderes als der Psalmengesang soll in der Kirche nicht vorkommen: kein priesterlicher Gesang, keine Responsorien – die faktisch mitunter aber doch vorkamen –, keine Instrumentalmusik, und das bedeutet zugleich: keine Orgelmusik. So spiegeln es Calvins Genfer Gottesdienstordnungen von 1542, 1545 und 1561. Vielmehr soll – so 1537 seine Empfehlung an den Rat der Stadt Genf – der Gesang der Schulkinder das Vorbild des Gemeindegesangs sein; die Erwachsenen sollen die Psalmlieder von den Kindern lernen. Ganz praktisch denkt Calvin daran, dass der Klang der hohen Kinderstimmen besser zu hören ist als der tiefere der Erwachsenen, die nach und nach in das von den Kindern Vorgesungene einfallen sollen. In den Schulen veranlasste Calvin flankierend die Einführung von vier Wochenstunden Musikunterricht.[35]

Psalmlieder lernte Calvin bei seinem Straßburger Aufenthalt 1538 – 1541 durch Matthias Greitter und Wolfgang Dachstein kennen. Auch die 49 Psalmen Clément Marots und Théodores de Bèze, die bis 1544 auf Französisch in gereimter Strophenform vorlagen und zur Grundlage des Hugenottenpsalters wurden, waren ihm bekannt, nur dass Calvin die dazu üblicherweise verwendeten französischen Volksliedmelodien zu unfeierlich waren. Möglicherweise stammen die anonym 1539 in Straßburg erschienenen und von Marot beeinflussten *Aulcuns Pseaumes et Cantiques mys en chant*, eine Sammlung, die auch Melodien bietet, von Calvin. Musikalisch

[34] Blankenburg 1952, Sp. 659–662.

[35] Blankenburg 1952, Sp. 662–664.

wurde Calvin von Guillaume Franc und Loys Bourgeois unterstützt; einige Melodien sind auch von Pierre Davantès.[36] 1562 lagen schließlich alle Psalmen, in gereimtem Französisch in Strophenform und mit Melodien ausgestattet, vor.

Charakteristisch ist die Melodiebildung der *Aulcuns Pseaumes*, die für die Melodik des Genfer Psalters maßgeblich wurde: Die einzelnen Melodiezeilen beginnen und enden mit einer längeren Note, während die Binnentöne in der Regel aus Notenwerten bestehen, die halb so lang wie die Ecktöne der Zeilen sind. Prominentestes Beispiel einer solchen Melodie ist diejenige, die heute vor allem aus dem Lied *O Mensch, bewein' dein' Sünde groß* bekannt ist. Sie stammt in ihrer Urform aus mehreren deutschen Straßburger Gesangbüchern auf den Text *Es sind doch selig alle, die* und wurde in den Aulcun Pseaumes für Psalm 36 benutzt. Ihr Schöpfer ist Matthias Greitter, wie als erster Johannes Zwick im ersten Züricher Gesangbuch von 1536 bezeugt. Die Melodien können im Binnenbereich längere Notenwerte aufweisen und ebenso deutliche Atemcäsuren zwischen den Zeilen; jene wie diese haben dann die Dauer der Anfangs- und Endtöne der Zeilen. Diese Form des Psalmengesangs wurde zu einem der Hauptmerkmale der Bewegung der Reformierten in der Schweiz und in Frankreich.[37]

Loys Bourgeois und 1565 auch Claude Goudimel sowie Claude Le Jeune und Clément Jannequin schufen vierstimmige Sätze zu den Melodien des Psalters, die vor allem im häuslichen Singen zum Standard wurden. Nach dem Vorbild Marots und Calvins dichtete Ambrosius Lobwasser 1573 seine deutsche Version des gereimten Psalters, die später durch die Dichtungen Matthias Jorissens von 1798 verdrängt wurde.[38] Texte und Musik des Genfer Psalters in ihren verschiedenen Versionen wurden im Laufe der Zeit von den re-

---

[36] Blankenburg 1952, Sp. 663f.; vgl. Marti 2005; s. auch Weber 2005, 28–32; vgl. Pidoux, 1962; ders., 1993.

[37] Blankenburg 1952, Sp. 663f.

[38] Ebd. sowie Marti 2005 und Bruinsma 1952, Sp. 667.

formierten Gemeinden weltweit aufgenommen und werden bis heute in unterschiedlichsten Ausprägungen gepflegt.[39]

Der Ironie der Geschichte verdankt die Kirchenmusik noch ein weiteres wesentliches Element, das die Reformierten beigesteuert haben. Bilderstürmend wandten sie sich auch gegen die Instrumente im Gottesdienst, sogar gegen Glocken und ganz besonders gegen die Orgel. Im Züricher Großmünster wurde sie, ohne dass Zwingli eingeschritten wäre, 1527 abgerissen. Im Straßburger Münster baute man sie sehr früh schon ab, jedoch erhielt die Kathedrale bereits 1540 wieder eine Orgel.[40]

Drei reformierte Synoden, die Ende des 16. Jahrhunderts in den Niederlanden tagten, wirkten darauf hin, nicht länger Orgelmusik im Gottesdienst zu dulden: die Provinzialsynode von Dordrecht 1574, die Synode von Edam im selben Jahr und die Nationale Synode 1578. Auf dieser letzten wurde beschlossen, die Orgeln zu beseitigen.[41] Es nimmt nicht Wunder, dass die weltlichen Autoritäten Protest erhoben, denn Orgeln waren auch damals außerordentlich teuer und zudem oft genug Prestigeobjekte. Kaum ein Spender wird sich ohne Widerrede mit dem Verschwinden des von ihm finanzierten oder zumindest mitbezahlten Instruments abgefunden haben.[42] Die Magistrate regten an, dass die Orgeln außerhalb der Gottesdienste und Andachten, z. B. am Abend gespielt werden sollten, zur Unterhaltung der Bürger.[43] Aus dieser Idee entwickelten sich Abendmusiken, die ersten Kirchenkonzerte. Das Beispiel machte Schule, und bald gab es regelmäßige Abendmusiken mit Orgel-, später auch mit Chor- und Orchestermusik in St. Jacobi in Hamburg, in St. Nikolai in Kopenhagen und in St. Marien in Lü-

[39] Bruinsma, 1952, Sp. 668–674.

[40] Blume/Finscher 1965, 64; Weismann 1956, 69 .

[41] Wirth 1911, 203; vgl. Karstädt 1962, 11.

[42] Karstädt 1962, 11.

[43] Wirth 1911, 205.

beck, und weitere Städte folgten.[44] Das Kirchenkonzert, wie wir es kennen, verdankt seine Entstehung dem ursprünglichen Misstrauen der niederländischen Reformierten gegenüber der Orgelmusik im Gottesdienst. Durch die Reformation entstand eine bis dahin unbekannte Form der Musikausübung. Bis zur Wiedereinführung des Orgelspiels in den Gottesdiensten der reformierten Kirche in den Niederlanden dauerte es eine Weile; in Nymegen erklang die Orgel von 1662 an wieder im Gottesdienst, in Amsterdam ab 1680.[45]

Luther, humanistisch gebildet, Instrumentalist, Dichter, Melodist und Komponist, ist derjenige der Reformatoren, der mit seiner Begeisterung für Musik einen Dammbruch auslöste. Seine Musikanschauung schlägt sich in einer unübersehbaren Vielzahl von Äußerungen nieder, die über sein ganzes Werk verstreut seine Liebe zu allem, was klingt, und seine unbedingt positive Haltung zur Musik widerspiegeln. Seine Skizze *Peri tes mousikes*[46] von 1530 enthält fast alle Aspekte, die Luther im Hinblick auf Musik wichtig waren:

Mousiken erao	Ich liebe die Musik,
Eciam damnantes non placent Schwermerii.	denn es gefallen mir die Schwärmer nicht, die sie verdammen.
Quia	Weil sie
1. Dei donum non hominum est,	1. ein Geschenk Gottes und nicht der Menschen ist,
2. Quia facit letos animos,	2. Weil sie die Seelen fröhlich macht,
3. Quia fugat diabolum,	3. Weil sie den Teufel verjagt,
4. Quia innocens gaudium facit.	4. Weil sie unschuldige Freude macht.

---

44 Karstädt 1962, 11.

45 Wirth 1911, 205.

46 Luther, WA 30 II, 695f. – das Maß an Unsinn, das hinsichtlich dieser Fundstelle in der Literatur verbreitet wird, ist erstaunlich.

Interim pereunt	Dabei vergehen
irae,	Zorn,
libidines,	Begierden,
Superbia.	Hochmut.
Primum locum do Musicae post Theologiam.	Ich gebe der Musik den ersten Rang nach der Theologie.
Hoc patet exemplo David et omnium prophetarum,	Dazu dienen David und alle Propheten als Beispiel,
qui[a] omnia sua metris et cantibus mandaverunt.	weil sie, was sie zu sagen haben, in Metren und Gesängen überliefert haben.
5. Quia pacis tempore regnat.	5. Weil sie in der Zeit des Friedens herrscht.
Durate ergo et erit melius arti huic post nos.	Seid also beständig, und es wird bei den Menschen nach uns besser um die Kunst der Musik stehen,
Quia pacis sunt.	weil sie im Frieden leben werden.
Duces Bavariae laudo in hoc, quia Musicam colunt.	Ich lobe die Fürsten Bayerns, weil sie die Musik pflegen.
Apud nos Saxones arma et Bombardae praedicantur.	Bei uns Sachsen werden die Waffen und Bombarden gepredigt.

Luther nennt hier als die vier wesentlichen Eigenschaften der Musik,

- dass sie göttlichen Ursprungs ist (womit er sich im Einklang mit den Humanisten findet, die diesen Ursprung sowohl in den antiken Schriften als auch in der Bibel bestätigt finden, wobei Augustinus für Luther ein wichtiger Gewährsmann ist),
- dass sie unschuldig ist, nicht menschlichen Ursprungs und dass sie den Teufel verjagt (wodurch sie dagegen gefeit ist, von Mensch oder Teufel missbraucht zu werden),
- dass sie eine friedliche Kunst ist und im Frieden herrscht (wofür Bayern und Sachsen als positives und negatives Beispiel heran-

gezogen werden; damit sieht Luther Musikausübung als ein Symptom friedlicher Zustände und, sofern solche gegeben sind, als eine der dominierenden Erscheinungen der Kunst, vielleicht sogar des menschlichen Lebens überhaupt an)

- und dass sie Freude verbreitet und Zorn, Begierden und Hochmut vertreibt (dass sie also psychologisch und therapeutisch von großer Wirksamkeit ist).

Es sei darauf hingewiesen, dass hier psychologisch und ethisch argumentiert wird, dass also primär bei Luthers Bewertung der Musik von genuin musikalischen Merkmalen gar nicht die Rede ist.

Als theologische Begründung seiner positiven Sichtweise führt er die Geschichte Davids und die Bücher der Propheten an, und zwar nicht wegen des Inhalts – der für ihn, vor allem hinsichtlich der Figur Davids, seines Harfenspiels und seiner Dichtungen, auch eine Rolle gespielt hat –, sondern wegen der Form der Texte: weil sie in Metren und als Gesänge überliefert sind. Was für Texte solch theologisch hohen Ranges taugt, kann nicht minderwertig sein. Und so kommt der Musik nach der Theologie der zweithöchste Rang unter allen Wissenschaften oder Künsten zu. Dass dieses »oder« eine gewisse Unschärfe signalisiert, mag an Luthers humanistischer Erziehung liegen. Seit Alters ist schon zu Luthers Zeiten die philosophisch-weltanschauliche Betrachtungsweise der Musik eine anerkannte Wissenschaft. Luther aber redet hier nicht nur von Wissenschaft – *optima scientia* –, sondern auch von musikalischer Praxis – *optima ars*[47] –, die traditionell als eher minderwertig galt – es sei nur an die niedrige Bewertung der Instrumentalmusik erinnert, deren weltliche Verwendung ihrem Ansehen so sehr schadete. Umso erstaunlicher und revolutionärer ist Luthers Bewertung der Musik insgesamt als der Theologie unmittelbar nachgeordneter Kunst und Wissenschaft.

---

47 Zur Unterscheidung von *optima scientia* und *optima ars*: WA TR (Tischreden) 2 Nr. 2545 a und b, 518; vgl. WA TR 2362 im selben Band, 434: »Canere optima ars est et exercitium.«

Genauso unerwartet und neu ist, dass Luther keinerlei Ausnahmen von seiner Betrachtung der Musik macht. Alle Musik ist gemeint, und nirgends findet man bei Luther eine Einschränkung dieser Haltung. Und damit ist eine Sensation perfekt: Es gibt für die lutherischen Protestanten keine Einschränkungen des Einsatzes von Musik im geistlichen Kontext mehr. Es wäre zu wenig zu sagen, dass nun erlaubt sei, was Freude mache. Nein: Musik kann gar nicht anders, als Freude zu machen und den Teufel zu vertreiben. Secundum non datur.

Indem Luther die Dämme einriss, die aus den vorreformatorischen Bedenken gegen Instrumente im Gottesdienst, gegen Mehrstimmigkeit, gegen Tanzrhythmen, gegen schnelle Tempi und überhaupt gegen alles Sinnenfrohe bestanden, befreite er die Musik der lutherischen Kirche vom Ballast der eineinhalb Jahrtausende, in denen man ihr mit steten Vorbehalten gegenübergetreten war und sich schlecht fühlen musste, wenn man zu viel Freude an der Musik hatte.

»Für allen Freuden auf Erden
Kann niemand keine feiner werden,
Denn die ich geb mit meim Singen
Und mit manchem süßen Klingen.
Hie kann nicht sein ein böser Mut,
Wo da singen Gesellen gut,
Hie bleibt kein Zorn, Zank, Haß noch Neid,
weichen muß alles Herzeleid,
Geiz, Sorg und was sonst hart anleit,
Fährt hin mit aller Traurigkeit.
Auch ist ein jeder des wohl frei,
Daß solche Freud kein Sünde sei,
Sondern auch Gott viel bas gefällt
Denn alle Freud der ganzen Welt.
Dem Teufel sie sein Werk zerstört
Und verhindert viel böser Mord.
Das zeigt David, des Königs, Tat,
Der dem Saul oft gewehret hat
Mit gutem süßem Harfenspiel.

> Daß er nicht in großen Mord fiel.
> Zum göttlichen Wort und Wahrheit
> Macht sie das Herz still und bereit.
> Solches hat Elisäus bekannt,
> Da er den Geist durchs Harfen fand.«

So Luther in der *Vorrede auf alle gute Gesangbücher*.[48] Und Luthers bekannte Vorliebe für das Vokale äußert sich in dem Satz »Nam canticum et cantus ex abundantia gaudentis cordis oritur [...].«[49]

Wie Luther dem zu seiner Zeit traditionell und offiziell verordneten schlechten Gewissen gegenüberstand, das durch Freude an der Musik ausgelöst wurde – und es wäre naiv anzunehmen, dass es dieses heute je nach intellektueller und emotionaler Verfasstheit der Urteilenden nicht immer noch gäbe –, mag die folgende Anekdote verdeutlichen. Sie steht in Johannes Aurifabers *Colloqvia, Oder / Christliche / nuetzliche Tischreden Doctoris Martini Lutheri*[50]:

> »Da man die Passion sang / da hoeret D. Mart. Luther fleissig zu / vnd sprach: Musica ist eine schoene liebliche Gabe Gottes / Sie hat mich offt also erweckt vnd beweget / dass ich lust zu predigen gewonnen hab. Aber S. Augustinus hat ihm ein solch Gewissen genommen / wenn er an der Musica gefallen gehabt / vnd lustig dauon ist worden / so hat er gemeinet / es sey vnrecht / vnd er hab Suende daran gethan. Es ist ein feiner frommer Man gewesen / Wenn er jetziger zeit lebte / so wuerde ers mit vns halten. [...] Die lieben Vaeter haben auch ire mengel gehabt.«

---

48 WA 35, 483f.

49 WA 3, 253.

50 Hg. von Urban Gaubisch, Eisleben 1566, 327; inhaltlich übereinstimmend mit Luther, WA TR 4, Nr. 4441, 313; die Fassung der WA lautet: »Canebatur passio, quam attentissime observabat dicens: Musica optimum Dei donum. Saepius ita me incitavit et aenit, das ich lust zu predigen gewonne habe. Sed S. Augustinus illius conscientiae fuit, quod ex delectatione musices sibi peccatum finxisset. Es ist ein feiner man gewesen. Si hoc saeculo viveret, nobiscum sentiret. [...] Die heiligen veter haben auch ihre vitia gehabt.«

Luther hat, vor dem Hintergrund seiner Musikanschauung, in vielerlei Hinsicht als Praktiker gewirkt.[51] »Die nothen machen den text lebendig«[52], sagt Luther und formuliert so mit anderen Worten die Verbindung von Singen und Sagen; und an einer weiteren Stelle: »Es mus beyde text und notten, accent, weyse und geperde aus rechter mutter sprach und stymme komen, sonst ists alles eyn nachomen, wie die Affen thun [...]«.[53] Es sollen also Wort- und Musikakzente, ganz im humanistischen Sinne, rhythmisch zusammenpassen und die Musik die Form der Sprache aufgreifen. Das Ideal der Wortvertonung findet sich für Luther in den Werken Josquins des Préz, »[...] des alles composition frolich, willig, milde heraus fleust, ist nitt zwungen vnd gnedigt per regulas, sicut des fincken gesang.«[54] Die positive Bewertung des freien Umgangs mit Kompositionsregeln bei Josquin entspricht Luthers unbeschwerter Einstellung gegenüber den tradierten Vorbehalten gegen die sinnlichen Komponenten der Musik. Luther selbst war in der Lage zu komponieren, wenn auch nur eineinhalb zudem nicht ganz gesicherte Werke aus seiner Feder bekannt sind: der kurze Tenor-Lied-Satz *Non moriar, sed vivam* über Psalm 118, 17 sowie ein knapper vierstimmiger Satz über den ersten Psalmton, bezogen auf Psalm 64.[55]

Außer zur Komposition äußert sich Luther auch

- zum Musikunterricht in den Schulen (dem er große praktische Bedeutung beimisst[56]),
- zur von ihm als zentral angesehenen Rolle des deutschsprachigen gereimten Strophenliedes im Gottesdienst (wovon seine zahlrei-

[51] Dazu s. Blankenburg 1960, Sp. 1340–1344; vgl. Stalmann 2004, Sp. 643–651.

[52] WA TR 2, Nr. 2545b, 518.

[53] WA 18, 123.

[54] WA TR 2, Nr. 1258, 11f.; »gnedigt« ist als »genötigt« zu verstehen.

[55] Siehe WA 35, 537.544; vgl. Anmerkungen unter WA TR 1 Nr. 968, 490; dazu Hans Joachim Moser, Die angeblich lutherischen Tonsätze, in: WA 35, 533–547.

[56] WA TR 1, Anmerkungen unter Nr. 968, 490

chen Lieddichtungen und die von ihm dazu geschaffenen Melodien zeugen – charakteristisch ist für Luther die Übernahme älterer Vorlagen in Text und Musik wie z. B. bei *Nun komm, der Heiden Heiland* oder *Wir glauben all an einen Gott* und die Rhythmisierung sowohl übernommener als auch von ihm neu geschaffener Lieder, die bisweilen einen markanten kurzen Auftakt zu Beginn der Zeilen haben, wie z. B. *Vom Himmel hoch* oder *Ein feste Burg*, und die fast ausschließlich syllabische Textverteilung mit kalkulierter Silbenzahl aufweisen, die es gestattete, Wort- und Musikakzente aufeinander abzustimmen; Luther schlug die Einbeziehung des Liedes in den Gottesdienst erstmals in der *Formula missae* von 1523 vor; von großer Bedeutung für ihn war die Zusammenarbeit mit dem mit ihm befreundeten Torgauer Schlosskantor Johann Walter, der ihn in allen musikalischen Fragen beriet, auch in solchen der Melodiebildung und des Einsatzes des Chors im Gottesdienst),[57]

- zur liturgischen Gestalt des Gottesdienstes und zu seinen Gesängen in der Schrift *Von ordenung gottis dienst ynn der gemeyne* und der *Formula missae et communionis*, beide von 1523, und der *Deutschen Messe* von 1526 (wobei er hier ältere Vorlagen nutzte und sie lediglich von ihm unnötig erscheinenden Auswüchsen reinigte und in den Messablauf Lieder als notwendigen Bestandteil einfügte, die im Laufe der Zeit teils auch an die Stelle älterer Traditionen traten wie z. B. in Gestalt der Ersetzung des gregorianisch gesungenen *Credo* durch ein Glaubenslied),
- zur Neugestaltung von Lektionstönen samt den zugehörigen Tonarten (die Rezitationen waren mit der deutschen Sprache in Übereinstimmung zu bringen, die in fast jedem Teil der lutherischen Gottesdienstordnungen eingesetzt wurde)
- und zur Einbeziehung von Instrumenten einschließlich der Orgel in das gottesdienstliche Geschehen sowie zur Alternatimpraxis.

Lateinisch gesungene Kunstmusik war auch in der evangelischen Kirche anfangs gang und gäbe, schon weil es gar nicht genug mehr-

[57] Zu Luthers Liedschaffen s. Markus Jenny, Luthers Gesangbuch, in Leben und Werk Martin Luthers von 1526 bis 1546, ed. Helmar Junghans, Göttingen u. Berlin 2 Bde. 1983, Bd. 1, S. 303 – 321

stimmige Kompositionen für den Bedarf gab.[58] 1525 löste der Nachfolger Friedrichs des Weisen, Kurfürst Johann, seine Hofkapelle auf. Von nun an waren die Bürger seines Staates, die Patrizier, die Träger der Musik in der Stadt und der Kirche. Luthers Freund Johann Walter begann in Torgau, eine städtische Kantorei aus Schulknaben und Sängern aus der Bürgerschaft zusammenzustellen. Seit 1534 unterrichtete Walter an der Lateinschule die Fächer Musik, Latein und Religion. Seine Position in Schule und Kirche nutzte er, eine leistungsfähige Kantorei aufzubauen. In Walter, der sich »der Cantorey zu Torgaw Cantor« nannte, betritt eine neue Gestalt die Bühne der Musikgeschichte: der akademisch gebildete Chorerzieher und Komponist.[59]

Er beriet Luther hinsichtlich der Musik im Gottesdienst, und es entstand die evangelische Alternatimpraxis, die im lutherischen Bereich angewandt wurde und als eine Weiterentwicklung der schon in vorreformatorischer Zeit bestehenden angesehen werden kann. Die Gottesdienstmusik wurde von verschiedenen Musikern und Ensembles in bunter Mischung ausgeführt, die sich vor allem um das Lied im Gottesdienst zentrierte. So waren die folgenden musikalischen Elemente möglich und üblich:

- einstimmiger liturgischer Gesang,
- Gemeindestrophen (einstimmig, unbegleitet),
- Chorstrophen (mehrstimmige Choral- bzw. Liedbearbeitungen mit Instrumenten oder ohne sie, die Gemeinde hörte zu),
- mehrstimmige Chorsätze über Ordinarium- oder Propriumtexte (mit Instrumenten oder ohne sie, die Gemeinde hörte zu),
- mehrstimmige Instrumentalmusik ohne Worte, also ohne Chor (die Gemeinde hörte zu),
- Orgelstrophen (Lied- bzw. Choralbearbeitungen, die Gemeinde hörte zu),
- Orgelvorspiele zu Gesängen (z. B. Liedern und Responsorien),

[58] Blume/Finscher 1965, 68–75; Blankenburg 1961, 685.

[59] Hortschansky 1989, 120.

- Orgelvor- und Nachspiele zu Beginn und zum Schluss der Gottesdienste,
- Orgelspiel während der Communio.

Der Chor sang a cappella oder begleitet von Gamben, Fideln, Lauten, Blockflöten, Krummhörnern, Pommern, Dulcianen, Zinken, Trompeten, Posaunen und weiteren Instrumenten. Diese konnten miteinander vermischt erklingen, oder chorisch, also z. B. als mehrstimmiges Gambenensemble oder als Blockflötenensemble, das ohne Chor musizierte, das aber auch die Stimmen des Chores mitspielte, wenn dies gewünscht war. Auch die Hervorhebung eines etwa im mehrstimmigen Satz verwendeten cantus firmus konnten Instrumente leisten. Angenommen, es wäre ein mehrstimmiger Chorsatz mit einem cantus firmus im Tenor mit ihn umgebenden drei cantus-firmus-freien Stimmen auszuführen gewesen, so hätte der Kantor diese Komposition z. B. mit vierstimmigem Vokalchor, Streichinstrumenten, die den Sopran, den Alt und den Bass mitspielten, und mit einer Posaune zur Hervorhebung des cantus firmus im Tenor besetzen können.

Chorsätze, gleich, ob weltliche oder geistliche, wurden prinzipiell als mögliche Vorlagen für die Übertragung auf Tasten- oder akkordfähige Zupfinstrumente gesehen. Die Spieler von Laute, Clavichord, Cembalo, Virginal und Orgel waren stets dankbare Abnehmer.[60]

> »Braucht der Organist also einen Mitteilteil zum Agnus Dei, eine oder zwei Strophen zu einem Lied oder Hymnus, ein paar Magnificat-Versetten zum reinen Orgelspiel, so ›intavoliert‹ er sich etwas aus dem vorhandenen Bestand an mehrstimmigen Kompositionen, verändert dabei das Stück, soweit das orgeltechnisch notwendig ist, bringt auch Spielmanieren, Koloraturen, Läufe und Verzierungen (d. h. er ›koloriert‹ gleichzeitig das Stück), läßt aber die kompositorische Substanz unangetastet. Eine spezielle Orgelliteratur gibt es in dieser Zeit nicht, weil kein Bedarf besteht …«.[61]

[60] Blume/Finscher 1965, 67.

[61] Ebd.

Die Orgel konnte Chorsätze als Intavolierungen solistisch zu Gehör bringen, und ebenso war das Mitspielen der Chorstimmen durch die Orgel denkbar und die Mitwirkung der Orgel im Instrumentalensemble. Die Begleitung des Gemeindegesangs durch die Orgel wurde erst im 17. Jahrhundert usus, so dass die Gemeinde sich zu Luthers Zeiten ohne Instrumentalbegleitung nicht verwaist fühlte. Als Musiker willkommen war, wer anwesend war.[62]

Die Ausführung eines Liedes mit mehreren Strophen konnte also z. B. so gestaltet werden:

Strophe 1	mehrstimmiger Chorsatz a cappella, also ohne Instrumente, mit fugierter Stimmführung, so dass die Liedmelodie ständig in einer der Stimmen zu hören ist; die Gemeinde hört zu.
Strophe 2	Gemeindestrophe, unbegleitet
Strophe 3	mehrstimmiger Satz, indentisch mit dem Chorsatz aus Strophe 1, aber nun von Instrumenten gespielt; die Gemeinde hört zu
Strophe 4	Gemeindestrophe, unbegleitet
Strophe 5	Orgel solo mit einer Bearbeitung der Choralmelodie oder einer Intavolierung eines Chorsatzes über diese
Strophe 6	mehrstimmiger Chorsatz auf der Grundlage des Liedes, sämtliche anwesenden Instrumentalisten, auch der Organist, spielen mit.

Dies führte zu großer musikalischer Buntheit und Frische und gestattete zudem den Komponisten nicht nur, kompositorischem Reiz nachzuspüren, sondern auch ein Eingehen auf die Inhalte der Lieder, die sie vertonten. In einem mehrstimmigen polyphonen Chorsatz ist die Ausgestaltung von Einzelwörtern gut möglich.

Der Orgel sei eine gesonderte Betrachtung gewidmet: Sie war anfangs auch bei den Protestanten, auch bei Luther, ein umstrittenes Instrument. Luther bewunderte aber organistisches Können und hieß sie unter der Bedingung willkommen, dass auf ihr in der

[62] Blume/Finscher 1965, 63–66; Weismann 1956, 69.

Kirche keine »Buhllieder« erklingen sollten.[63] Wer dies für übertriebene Vorsicht hält, der denke nur an die Orgelvariationen über die Liebeslieder *Unter der Linden grüne* und *Ei, du feiner Reiter* von Jan Pieterszoon Sweelinck und Samuel Scheidt, der eine reformiert, der andere lutherisch. Den Protestanten galt die Orgel anfänglich als ein zu weltliches und zu papistisches Instrument.[64] Und so führten zur Zeit der Reformation sowohl die Katholiken als auch die Protestanten einen Kampf gegen weltliche und auch gegen zu lange Orgelstücke in der Kirche.

> »Da der Organist sich in der Regel sein Repertoire selbst aus den gedruckten Vokalmusiksammlungen zusammenschrieb, wird er oftmals nicht im Besitz eines gerade erforderlichen oder passenden Satzes gewesen sein und sich dann mit nichtkirchlichen Stücken beholfen haben; dies um so eher, als er, da es ein gedrucktes Repertoire speziell für ihn noch nicht geben konnte, der kirchlichen Kontrolle weitgehend entrückt und auf sich gestellt war und als sozial noch relativ niedrig gestellter Musiker, der auch im weltlichen Bereich aufspielte und so seine Einkünfte verbesserte, nicht entfernt die gleiche innige Bindung an seine Kirche hatte wie die Mitglieder der Vokalkantorei.«[65]

Dadurch, dass die Gemeinde im lutherischen Gottesdienst prinzipiell an der Musik beteiligt wurde und dies auch im Laufe eines Gottesdienstes viel häufiger als vor der Reformation, verfolgte Luther sein Ziel, die Gemeinde zu aktivieren und ihr das Wort der Bibel und sein Verständnis näher zu bringen. Vergegenwärtigt man sich zusätzlich, dass Musik zu hören oder gar zu machen, wie man es nun als Chorsänger konnte, wenn man fit genug war, in jenen CD-, radio- und fernseh-, walkman-, i-Phone- sowie internetlosen Zeiten etwas Außergewöhnliches und Luxuriöses war, so mag man eine annähernde Vorstellung davon erhalten, welche Wirkung von einer solchen Kirchenmusik ausgegangen sein muss. Luther hat

[63] Blume/Finscher 1965, 64.

[64] Ebd.

[65] Blume/Finscher 1965, 65f.

den Gläubigen damit eine Welt eröffnet, und dies, ohne dass sie ein schlechtes Gewissen hätten haben müssen.

C. Geistliche Musik nach der Reformation

In dem Aufruhr, in den die Reformatoren, allen voran Luther, die katholische Kirche versetzten, wurde der Musik von offizieller Seite zunächst wenig Beachtung geschenkt. Einzelne katholische Theologen wie Georg Witzel, Michael Vehe, Kaspar Querhamer, Christoph Schweher, Johann Leisentritt oder Rutger Edinger reagierten mit Liederdichtungen und Melodieschöpfungen und gaben Liedersammlungen heraus. Erst im 17. Jahrhundert versuchte sich die katholische Kirche in größerem Maßstab auch in ihrer Sicht der Kirchenmusik von der protestantischen Bewegung abzugrenzen.[66] Auch im katholischen Liedschaffen und damit auch in der mehrstimmigen Musik machte sich der humanistische Einfluss in Deklamation und Rhythmik sowie im Ausdruck der Worte durch die Musik bemerkbar.[67]

Gegen Ende des Tridentinums erst wandte man sich offiziell der Musik zu[68]: Die Musik dürfe nicht lasziv oder unrein sein und sich nicht im sinnlichen Reiz erschöpfen, solle aber leicht und ohne Schwierigkeiten in die Herzen dringen, also nicht zu komplex sein. Der Textinhalt und die Textrhythmik würden der Musik die melodischen und harmonischen Figuren vorgeben sollen, und diese solle den Text in Tönen nachzeichnen. Profanes sei verboten, stattdessen sei durch die Musik, die allein aus geistlichen Liedern zum Lobe Gottes zu schöpfen habe, die Sehnsucht nach himmlischer Harmonie und die Betrachtung des Glücks der Heiligen zu spiegeln. Grundlage dazu sei der gregorianische Gesang. Es wurde

[66] Härting 1972, 455–461; Fellerer 1976a, 1.

[67] Fellerer 1972, 416.

[68] Fellerer 1976b, 7–9

sogar diskutiert, ob mehrstimmige Musik in der Kirche überhaupt noch zugelassen werden könne. Entsprechend den Beschlüssen des Tridentinums wurde die Gregorianik im humanistischen Sinne metrisiert und nach Möglichkeit in lange und kurze Notenwerte eingeteilt, was zu einem ständigen Dreiermetrum und zur Auflösung von Melismen in Einzeltöne verleitete; bis zum Ende des 16. Jh. entstanden bereits mehrere Ausgaben gregorianischer Gesänge im Sinne dieser Reform, veranstaltet z. B. von Palestrina u. a., denen Anfang des 17. Jh. weitere folgten, z. B. 1612 eine Edition von Felice Anerio und Francesco Suriano, die »Editio Medicaea«. Erst im 19. Jahrhundert kam es zu einer Wiederentdeckung der ursprünglichen Gregorianik.

Schon Johannes XXII. hatte in der *Constitutio Docta* von 1324/25 kritisiert, dass die Mehrstimmigkeit durch ihre sinnliche Wirkung, ihren Klang und die rhythmische Bewegung den ihr zu Grunde liegenden gregorianischen cantus firmus und damit den Textinhalt verschleiere und liturgiefern sei[69], und das Konzil von Trient artikulierte diese Haltung zunächst aufs Neue. Erst ein Brief Kaiser Ferdinands I. vom 23. August 1563 und der Widerstand der spanischen Konzilsteilnehmer[70] ließen den Versuch fehlschlagen, die mehrstimmige Musik aus dem Gottesdienst zu verbannen. Dies ließ die Komponisten aufatmen und führte in einer Art katholizismusinterner musikalischer Reformation zu der Opulenz der katholischen Kirchenmusik, wie sie in Form der venezianischen Mehrchörigkeit am Ende des 16. Jahrhunderts auftritt.

Der Druck, der innerhalb der katholischen Kirche auf Grund der Reformation herrschte, führte auf diese Weise zunächst zu Überlegungen, wie man auch durch die Musik der Kirche zu einer inneren Erneuerung kommen könne, um der die Gläubigen faszinierenden Wirkung des Protestantismus etwas entgegenzusetzen. Das Resultat war eine Reform der katholischen Kirchenmusik gegen erhebli-

[69] Fellerer 1972a, 379.

[70] Hortschansky 1989, 120.

che Widerstände aus den Kreisen konservativer Theologen. Auch hier entstand Musik durch Reformation, wenn auch indirekt und ohne dass dies ein erklärtes Ziel gewesen wäre.

Kompositionstechnisch liefen die Beschlüsse der 22. und 24. Sitzung des Tridentinums, 1562 und 1563 gefasst – mit knapper Mehrheit und ganz am Ende des Konzils – zunächst darauf hinaus, dass die künftige mehrstimmige Kirchenmusik eine ausgewogene Balance von Harmonik und Kontrapunkt, also von Horizontalem und Vertikalem im Tonsatz zu realisieren habe.[71] Als beispielhaft wurde sehr oft die Musik Palestrinas hingestellt. Das Pochen auf Textverständlichkeit förderte auf Dauer jedoch eine Homophonisierung der Musik.[72]

Die Vorstellungen des Tridentinums wirkten sich noch lange Zeit aus. Zahlreiche untergeordnete Konzilien richteten ihre Beschlüsse nach den Vorgaben aus Trient, so z. B. in Cambrai 1565, Salzburg 1569, Mecheln 1570, Gnesen 1578, Krakau 1579 u. v. a.[73]

> »Am 21. 2. 1643 hat die Ritenkongregation im Dekret 823 bestimmt, daß die Veränderungen der biblischen Texte und die Einlagen unpassender Gesänge beim Amt sowie eine zu lange Ausdehnung der Gesänge zu unterbleiben haben. Papst Alexander VII. bestimmte in seiner Constitutio Piae sollicitudinis vom 23. 4. 1657, daß während der Aussetzung des Sanctissimum nur Texte aus Brevier, Missale, Bibel und aus den Kirchenvätern gesungen werden dürfen.«[74]

Im 17. Jahrhundert wurden die musikalischen Sitten in der Praxis weiter gelockert, so dass die Grenzen zwischen liturgisch gedachter und weltlicher Musik undeutlicher wurden. Nur im altehrwürdigen fließenden *stile antico* der polyphonen Zeit vor 1600 wurde das liturgische Erbe bewahrt, und wer diesen alten Stil nachkomponierte, der stellte sich in die Tradition der Kirchenmusik und demonstrierte das Bewusstsein der Würde der Väter. Dies galt für

---

[71] Fellerer 1976b, 7.

[72] A.a.O., 9.

[73] Ebd.

[74] Haberl 1972, 408.

katholische wie evangelische Musiker gleichermaßen.[75] Vor allem nach dem Ende des Dreißigjährigen Krieges zeigt sich Sinnenfreude in der Musik beider Konfessionen; die Musik am Hof, in der Oper und in der Kirche ist nur noch am Text zu unterscheiden. Deshalb greift Papst Benedikt XIV. in seiner Enzyklika *Annus qui* von 1749 auf die Forderungen des Tridentinums zurück und betont die Würde des Gottesdienstes in der Ehrfurcht vor der Majestät Gottes.[76] Er fordert die Verwendung vollständiger liturgischer Texte in der Musik und verurteilt Kürzungen, ruft nach Textverständlichkeit und lehnt musikalische Virtuosität als vordergründig ab. Zur Erweckung von Andacht sei auch Instrumentalmusik zulässig, jedoch nicht die Hinzuziehung von Pauken, Hörnern, Trompeten, Flöten, Psalterien, Lauten und vergleichbaren Instrumenten. Zulässig erscheinen ihm dagegen Orgel, Streicher und Oboen. Bei Requiemmessen und Exequien verbietet er Instrumente vollständig. Benedikt unterscheidet kirchlichen und theatralischen Stil, und es braucht nicht eigens erwähnt zu werden, welche der genannten Elemente er welchem von beiden zuordnet.[77]

Und so setzt sich in der katholischen Kirche die Auseinandersetzung, um die es schon im Mittelalter gegangen war, weiter fort; die um das Primat des Wortes, das der Musikanschauung ständig durch die Musik bedroht zu sein scheint. Päpstliche Stellungnahmen zur Kirchenmusik folgen 1824, 1828 und 1842 vor dem Hintergrund des Eindringens romantischer und opernhafter Elemente in die Kirchenmusik; Stellungnahmen von Bischofskonferenzen gibt es aus Reims 1849, Rouen 1850, Toledo 1850, Ravenna 1855, Prag 1860, Köln 1860, Utrecht 1865; 1884 erscheint das *Regolamento per la Musica Sacra* der Ritenkongregation.[78] Am 22. 11. 1903 kommt das Motuproprio *Inter pastoralis officii sollicitudines* Pius X. her-

---

[75] Fellerer 1976a, 1.

[76] Fellerer 1976c, 149.151.

[77] A.a.O., 150.

[78] Haberl 1976, 283.

aus. Dort ist von der dienenden Aufgabe der Kirchenmusik im Gottesdienst die Rede. Ihr Zweck sei die Verherrlichung Gottes und die Erbauung der Gläubigen. Gefordert werden der Ausschluss alles Weltlichen aus der Komposition, Verzicht auf Kompliziertheit, Allgemeinverständlichkeit, Pflege der überlieferten Kirchenmusik. Die höchste Vollendung dieser Vorgaben sieht das Motuproprio im gregorianischen Choral verwirklicht. In der Rangfolge an zweiter Stelle stehe die *altklassische Vokalpolyphonie*, jener *stile antico*. Damit steht das Motuproprio im Einklang mit der romantischen Vergangenheitssehnsucht und Geschichtsbegeisterung, die von 1800 an auf katholischer Seit die Wiederentdeckung Palestrinas, Gabrielis, Orlandos, auf evangelischer die Bachs, Buxtehudes, Schütz' und so vieler anderer zur Folge hatten. Sofern die liturgischen Anforderungen erfüllt werden, ist dem Motuproprio aber auch neue Musik willkommen. Die Forderung nach einfachen Kompositionen für Chor, die von Gemeindechören bewältigt werden können, wird erhoben. Volkssprachige Texte gelten als erlaubt, wenn an erster Stelle die lateinischen liturgischen Texte unverändert und vollständig verwendet werden. Die Orgel und andere Instrumente werden unter den genannten Bedingungen für den Gottesdienst akzeptiert.[79]

Die bisher jüngste Weiterentwicklung stellt dar, was im Zweiten Vatikanischen Konzil zur Musik gesagt wurde; veröffentlicht wurden die Beschlüsse am 4. 12. 1963. Auch hier drängte man auf Bewahrung der tradierten Kirchenmusik, insbesondere der Gregorianik, die als wesentliches musikalisches Erbe der katholischen Kirche anzusehen sei. Als neuer Gedanke kommt hinzu, dass Geistliche intensiv musikalisch geschult werden sollten, um als liturgische Sänger der Pflege jener Kunst gerecht werden zu können. Die Ausführung liturgischer Gesänge solle jenen und nach Möglichkeit dem Chor überlassen werden, jedoch nicht der Gemeinde – dies löste Diskussionen über die Rolle einer aktiven Gemeinde im Got-

---

[79] Haberl 1976, 284–286.

tesdienst aus.[80] Es wurden Mahnungen ausgesprochen, lateinische Texte in der gesungenen Liturgie zu bevorzugen, damit ein weltweit gemeinsames Gebet möglich sei, jedoch wird die Volkssprache nicht völlig abgelehnt. Orgelmusik ist ausdrücklich erwünscht, ebenso neue Kompositionen für die Kirche, insbesondere neue Lieder, womit auch popularmusikalisch beeinflusste Melodien gemeint gewesen sein dürften, denn die Musik anderer Völker wird ausdrücklich positiv erwähnt. Die Pflege religiösen Volksgesangs wurde ausdrücklich empfohlen. Die Neue Musik – hier ging es sicherlich um neuere E-Musik, die gerade in den sechziger Jahren des vorigen Jahrhunderts sehr schroffe Formen annahm – dürfe allerdings die kleineren Gemeindechöre nicht überfordern. Gewünscht wurde also Gebrauchsmusik, die in der Praxis gut umsetzbar war. Zur Durchsetzung dieser Vorstellungen des Zweiten Vatikanums wurde von ihm die Einrichtung liturgischer Kommissionen in jedem Bistum gefordert.[81]

Es zeigt sich, dass sich die katholische Kirche niemals hat entschließen können, der Musik autonome Strukturen zu gönnen. Die Sorge um die Bewahrung des Textes und der Tradition und die Sorge, das Primat von Theologie und Text und die Zuwendung zu Gott könnten angetastet werden, waren und sind wohl auch noch zu groß, als dass die Freiheit der Kunst als etwas auch für den Gottesdienst Positives hätte in den Blick geraten können. Es wird nicht genuin musikalisch argumentiert, sondern damit, was sein dürfe und was nicht, um den Vorrang des Nichtmusikalischen zu sichern. Stets geht es um ethische Vorstellungen, aus denen als sekundäre die musikalischen abgeleitet werden. Auf diese Weise sind Spannungen zwischen Theologen und Musikern in den Prinzipien der katholischen Musikanschauung vorprogrammiert, denn es schreiben Nichtmusiker den Musikern die Machart der Musik vor.

---

[80] Overath 1976, 377.381f..384 (Art. 28–30, 112, 114, 115).

[81] Overath 1976, 375f., 380, 382f., 384f., 386f. (Art. 36, 44–46, 54, 101, 116, 118–120).

Demgegenüber hat Luthers Musikauffassung die Musik in Freiheit gesetzt. Da Luther sie uneingeschränkt als positives Element der Kirche und des menschlichen Daseins ansieht, kann es gar keine Spannungen geben. Wo sollte die Musik dem Glauben oder dem Wort schaden können? In Luthers Verständnis besteht diese Möglichkeit nicht. Die Frage danach wäre aus seiner Sicht sinnlos.

Gleichwohl gehören Auseinandersetzungen zwischen Theologen und Musikern über das, was für den Gottesdienst geeignete Musik ist, auch in der lutherischen Kirche zur Grundausrüstung kirchlichen Daseins. Jedoch fehlt ihnen im lutherischen Verständnis die theoretische Grundlage – es kann diese Streitereien nicht geben, da ein logischer Grund fehlt. Verständlich ist es aber durchaus, dass solche Spannungen entstehen, und die Ursachen sind auf Musiker und Theologen gleichmäßig verteilt. Gerangel darum, wer das Sagen hat, vor allem, wenn zwei so selbstständig arbeitende Kräfte wie Gemeindepfarrer und Gemeindemusiker aufeinandertreffen, ist nicht verwunderlich. Jedoch verweigert sich Luthers Denken solchen Zwistigkeiten, und damit gehören sie ins Psychologische und, wenn es schlimm kommt, ins Arbeitsrechtliche; auf beiden Schauplätzen werden sie in der Regel auch ausgetragen. Aber auf dem Gebiet der Musik selbst müssen sie aus der Sicht Luthers eingehen wie Pflanzen ohne Wasser.

Es wäre sehr interessant, Luther zu fragen, wie er es bewerten würde, wenn ein Kantor oder eine Kantorin auf die Idee käme, während der communio eine Kapelle einen Militärmarsch spielen zu lassen, denn es fiele einem schwer, dies als *Dei donum* und für die Kirche geeignet zu empfinden. Vermutlich müsste Luther dann auf die Verbindung zwischen der Musik und dem Text, den sie transportiert, eingehen und zugeben, dass nicht alle Musik von dem Text wieder zu trennen ist, mit dem sie einmal verbunden worden ist. Allerdings wäre er wohl nicht in der Lage zu erklären, warum es in diesem Fall doch möglich wäre, dass Gottes Gabe missbraucht würde.

Seit der Reformation hat es in der evangelischen Kirche musikalische Entwicklungen gegeben, zu denen es wahrscheinlich ohne die Reformation nicht gekommen wäre. Und wenn doch, so wären ihnen möglicherweise große Hindernisse in den Weg gelegt worden.

Zu nennen sind hier die Emanzipation der Instrumentalmusik, die von den Komponisten leidenschaftlich betriebene Ausdeutung der Worte durch die Musik und die stete Einbeziehung erneuernder Elemente in die Musik der Kirche.

So konnte sich die Instrumentalmusik in ihr nach und nach entfalten. Zunächst noch in einem engen Zusammenhang mit der Vokalmusik und damit in erkennbarem Kontakt zum Wort, aber später dann auch unabhängiger, wie z. B. in den Präludien und Fugen der barocken Meister oder den einleitenden Instrumental-Sinfonien, mit denen Kantaten Buxtehudes oder Bachs und vieler anderer begonnen werden. Felix Mendelssohn Bartholdys Oratorium *Lobgesang* op. 52, ein symphonisches geistliches Werk von gut einstündiger Dauer, ist in den ersten zwei Dritteln bewusst wortlos gehalten, bevor dann die von Solisten und Chor gesungenen geistlichen Texte die Musik zum Sprechen bringen.

Es ist heute kein Diskussionsgegenstand mehr, dass in evangelischen Kirchenkonzerten nicht nur geistliche und nicht nur wortgebundene Musik erklingt. Und wenn bei der Austeilung des Abendmahls Organist oder Organistin langsame Sätze aus den sechs bachschen Orgelsonaten BWV 525 – 530 spielen, dann ist dies nichts, was Anlass zu Kritik wäre. Diese Stücke sind als didaktische Kunstwerke, allenfalls im Nebeneffekt – wenn überhaupt – als geistliche gedacht. Und wenn man ihre Verwendung im Gottesdienst als unangebracht ansehen wollte, dann auf Grund dieses Sachverhalts. Erneut wäre dies jedoch keine musikalische Debatte, sondern eine ethische, die sich nicht auf die künstlerische Struktur dieser Werke bezöge. Und in Luthers Sinne wäre sie auf keinen Fall, weder in der einen noch in der anderen Hinsicht.

Die Ausdeutung der Worte durch die Musik, aus der Liebe des Humanismus zum Wort entstanden, begann mit der Verbindung von Einzelwort und musikalischer Figur. Es folgten Vorstellungen davon, wie der grammatische und rhetorische Aufbau einer verbalen Rede mit Musikwerken parallelisiert werden konnte. Die Romantik entwickelte die Idee der Tonmalerei und schließlich den Gedanken, dass musikalische Gebilde Ideen und geistige Vorgänge symbolisieren könnten, wie es die tonsymbolischen Leitmotive in Wagners Musikdramen tun. Bach gestaltet im *Weihnachtsoratorium* BWV 248 im Rezitativ Nr. 49 (»Warum wollt ihr erschrecken?«) die Furcht des Herodes durch tremolierende Tonrepetitionen und die jenem entgegensetzte Freude der Christen über das Erscheinen des Heilands durch *corta*-Figuren, in diesem Fall die Abfolge von zwei kurzen Tönen nach einem Auftakt und einer jenen beiden folgenden doppelt so langen Note. So spricht hier die Musik inhaltlich die Worte nach und macht sie sinnfällig.

Bis heute haben die Komponisten in unendlicher Fülle Möglichkeiten gefunden, Worte und Gedanken in Töne, Harmonien, Bewegungen, Klänge zu fassen, manchmal sehr plakativ wie Haydn bei der Darstellung der Erschaffung des Lichts in seinem Oratorium *Die Schöpfung*, in dem in die Pianissimo-Dunkelheit der entstehenden Welt die plötzliche C-Dur-Explosion der Sonne im Fortissimo bricht. Manchmal bleibt die Textnachzeichnung auch sehr zurückhaltend und kaum wahrnehmbar wie in Strawinskys Vaterunser-Vertonung und richtet sich mehr auf gedankliche Grundlagen eines Textes als auf die vordergründige Verdoppelung der verbalen Botschaft. Als Tonsymbole können Klänge, melodische Elemente, Rhythmen auftreten wie z. B. die harmonisch problematischen absteigenden verminderten Quinten in Felix Mendelssohn Bartholdys Oratorium *Elias* op. 70, die sich mit den einleitenden Worten des Propheten verbinden, ein Ausdruck des Leidens des dahinsiechenden Volkes in der Trockenheit der Wüste, seiner einsamen Gottesferne und seiner Frage nach dem Warum seiner Qual.

Geistliche und weltliche Musik konnten in ihrem sinnlichen Erscheinungsbild von spätestens etwa 1600 an kaum noch voneinander unterschieden werden. Nur der Text machte die Differenz aus, jedoch nutzten die Komponisten dieselben musikalischen Mittel, wenn es z. B. darum ging, Freude in Gott und an seiner Güte oder seiner Schöpfung auszudrücken, oder wenn es galt, weltlichen Jubel darzustellen. Rezitative aus Monteverdis Opern unterscheiden sich nicht von denen aus geistlichen Werken der Zeit. Händels Musik ist es, wenn man den Text nicht kennt oder nicht versteht, auf der Grundlage des sinnlich wahrnehmbaren Erscheinungsbildes nicht anzuhören, ob sie der geistlichen oder der weltlichen Sphäre zuzuordnen ist. Giacomo Puccini verwendete das *Agnus Dei* seiner *Messa di Gloria* für ein Duett seiner Oper *Manon Lescaut*. Johann Sebastian Bach verwendete seine Musik für Chor, Streicher, Cembalo, Flöten, Oboen, Trompeten und Pauken, die die Kantate *Preise dein Glücke, gesegnetes Sachsen* BWV 215 als Geburtstagshuldigung für König August einleitet, für das zu annähernd 100 % mit dieser identische Stück, mit dem das *Weihnachtsoratorium* BWV 248 beginnt. Nur der Text ist anders: »Jauchzet, frohlocket, auf, preiset die Tage, rühmet, was heute der Höchste getan!« Es ist verständlich, dass Benedikt XIV. im Jahre 1749, da solche Bedenklichkeiten keineswegs auf die evangelische Kirchenmusik beschränkt waren, nach einer Trennung von kirchlichem und theatralischem Stil ruft[82], aber die Freude an der sinnlichen Wirkung der Musik und der intellektuelle Reiz des Gestaltbaren waren stärker. Und im evangelischen Bereich waren moralische Skrupel in dieser Hinsicht nicht sonderlich notwendig.

Die Lust der Musiker, auch natürlich der Komponisten, am Experimentieren, aber auch der mit den Jahrhunderten immer mehr steigende und auf den Komponisten lastende Druck, etwas Individuelles und gänzlich Neues zu produzieren, fanden in der evangelischen Kirche kaum theologischen Widerstand vor. Es nimmt nicht Wunder, dass eine Kirche, deren Musik auf Luthers uneingeschränkte Liebe zu ihr bauen kann, auch der Entfaltung von musikalisch Neuem gegenüber aufgeschlossen ist. Heinrich Schütz, Jo-

[82] Fellerer 1976c, 150.

hann Sebastian Bach, Johannes Brahms, Frank Martin und viele andere sind Innovatoren der Musik, die Wesentlichstes zur Kirchenmusik beigesteuert haben, und die Kirche hat ihnen die Möglichkeit zur Aufführung ihrer Werke nicht versagt. Die Martinskirche in Kassel ist seit Jahrzehnten dafür bekannt, dass dort Neue Musik ausgiebig gepflegt wird. Dass auch die Popularmusik seit etwa 1960 Einzug in die evangelische Kirche gehalten hat, ist nur eine folgerichtige Weiterführung dieser Offenheit.

Diese Erscheinungen – emanzipierte Instrumentalmusik, Wortausdeutung durch Musik und Neue Musik – sind nicht beschränkt auf die evangelische oder gar nur die lutherische Kirche. Auch in der katholischen gibt es sie. Der Unterschied liegt darin, dass diese auf Grund ihres theologischen Verständnisses der Musik und der darauf basierenden Musikanschauung die Musik nicht guten Gewissens in die Freiheit der Kunst entlassen konnte und kann. In der evangelischen Kirche, insbesondere durch die Offenheit des lutherischen Denkens, werden der Musik kaum Grenzen gesetzt. Sie ist theologisch bei Weitem nicht so stark belastet durch die Frage nach dem »Was ist erlaubt?« Diese Frage wird zwar immer wieder gestellt und gestellt werden, jedoch fehlt ihr in der lutherischen Kirche die Strenge Jahrtausende alter Restriktion und Begrenzung und auch der weltanschauliche Zwang einer Bedenken tragenden Theologie.

Jedoch: Hätte sich die Musik anders entwickelt, wenn Luther nicht gewesen wäre? Hätten wir nicht vielleicht dieselben musikalischen Phänomene zu beschreiben und würden sie nur anders bewerten? Wer weiß das?

> »Die Geschichtswissenschaft muß spekulieren, wenn sie sich um Verständnis bemüht; sie tut es, sobald sie Urteile fällt; sie kann es, indem sie Gründe findet; und sie darf es, weil jede Tatsache über sich hinausweist.«[83]

[83] Demandt 1986, 15.

Literatur

Sammelwerke

GEK Friedrich Blume, Geschichte der Evangelischen Kirchenmusik, hg. unter Mitarbeit von Ludwig Finscher, Georg Feder, Adam Adrio und Walter Blankenburg, Kassel, Basel, Paris, London, New York 1965.

GkK Karl Gustav Fellerer (Hg.), Geschichte der katholischen Kirchenmusik, Kassel, Basel, Tours, London, 2 Bände.
Band 1: Von den Anfängen bis zum Tridentinum, 1972.
Band 2: Vom Tridentinum bis zur Gegenwart, 1976.

HEK Leiturgia. Handbuch des evangelischen Gottesdienstes, hg. von Karl Ferdinand Müller / Walter Blankenburg, Kassel 1954ff., Band 1-5.

MGG1 Die Musik in Geschichte und Gegenwart, 1. Aufl., hg. von Friedrich Blume, Kassel/Basel (später auch London, New York), 1949-1986, Band 1-17.

MGG2 Die Musik in Geschichte und Gegenwart, 2. Aufl., hg. von Ludwig Finscher, Kassel, Stuttgart (auch Basel, London, New York, Prag, Weimar), 1994-2008.

NHMw Neues Handbuch der Musikwissenschaft, hg. von Carl Dahlhaus / (Hermann Danuser), Laaber, Band 1-13.

Einzelbeiträge

Augustinus (1497): Enarrationes in Psalmos, Basel, XXXII, ML 36, 283 und XCIV, ML 37, 1213.

Blankenburg, Walter (1952): Art. Calvin, in: MGG1 Bd. 2, Sp. 653–666.

Blankenburg, Walter (1960): Art. Luther, in: MGG1, Bd. 8, Sp. 1334–1346.

Blankenburg, Walter (1961): Der mehrstimmige Gesang und die konzertierende Musik im evangelischen Gottesdienst, in: HEK, Bd. IV, 661–718.

Blume, Friedrich / Finscher, Ludwig (1965): Das Zeitalter der Reformation, in: GEK, 1–75.

Bruinsma, Henry A. (1952): Art. Calvinistische Musik, in: MGG1, Bd. 2, Sp. 666–674,

Brunner, Peter (1954): Zur Lehre vom Gottesdienst der im Namen Jesu versammelten Gemeinde, in: HEK, Bd. 1: Geschichte und Lehre des evangelischen Gottesdienstes, 83–364.

Bubmann, Peter (1999): Techno als Rhythmus der Freiheit? Zur Unterscheidung der Klang-Geister, Musik & Kirche, 150–159.

Demandt, Alexander ([2]1986): Ungeschriebene Geschichte. Ein Traktat über die Frage: Was wäre geschehen, wenn ...?, Göttingen.

Droysen, Dagmar (1972): Musikinstrumente im mittelalterlichen Gottesdienst, in: GkK, Bd. 1, 350–352.

Fellerer, Karl Gustav (1972a): Die Constitutio Docta SS. Patrum Johannes XXII., in: GkK, Bd. 1, 379–380.

Fellerer, Karl Gustav (1972b): Die Musik als gottesdienstlicher Ausdruck, in: GkK, Bd. 1, 416–417.

Fellerer, Karl Gustav (1976a): Zwischen Tridentinum und Vaticanum II, in: GkK, Bd. 2, 1–4.

Fellerer, Karl Gustav (1976b): Das Konzil von Trient und die Kirchenmusik, in: GkK, Bd. 2, 7–9.

Fellerer, Karl Gustav (1976c): Die Enzyklika »Annus qui« des Papstes Benedikt XIV., in: GkK, Bd. 2, 149–152.

Finscher, Ludwig / Leopold, Silke (1990): Volkssprachige Gattungen und Instrumentalmusik, in: NHMw, Bd. 3,2, Die Musik des 15. und 16. Jahrhunderts, Laaber, 437–606.

Föllmi, Beat A. (2007): Artikel Zwingli, in: MGG2, Personenteil Bd. 17, Sp. 1602–1605.

Haberl, Ferdinand (1972): Gottesdienstgestalt und Kirchenmusik im Spätmittelalter, in: GkK, Bd. 1, 406–408.

Haberl, Ferndinand (1976): Das Motuproprio des Papstes Pius X., in: GkK, Bd. 2, 283–286.

Härting, Michael (1972): Die kirchlichen Gesänge in der Volkssprache, in: GkK, Bd. 1, Kassel, Basel, Tours, London, 453–463.

Higman, Francis (2000): Art. Calvin, in: MGG2, Personenteil Bd. 3, Sp. 1713–1720.

Hortschansky, Klaus (1989): Musikleben, in: Die Musik des 15. und 16. Jahrhunderts, NHMw, Bd. 3, 23–128.

Jenny, Markus (1968): Artikel Zwingli, in: MGG1, Bd. 14, Sp. 1519–1522.

Jenny, Markus (1983): Luthers Gesangbuch, in: Helmar Junghans (Hg.), Leben und Werk Martin Luthers von 1526 bis 1546, Göttingen Berlin, Bd. 1, 303–321.

Karstädt, Georg (1962): Die »extraordinairen« Abendmusiken Dietrich Buxtehudes. Untersuchungen zur Aufführungspraxis in der Marienkirche zu Lübeck, Neue Reihe der Veröffentlichungen der Stadtbibliothek Lübeck. Bd. 5, hg. von Peter Karstädt, Lübeck.

Laubenthal, Annegrit / Sachs, Klaus-Jürgen (1989): Theorie und Praxis, in: Die Musik des 15. und 16. Jahrhunderts, NHMw, Bd. 3, 129–192.

Luther, Martin (1883–2009): D. Martin Luthers Werke, Weimarer Gesamtausgabe (WA).

Mahling, Christoph-Hellmut (1972): Die Ausführenden der Kirchenmusik im Mittelalter, in: GkK, Bd. 1, 409–415.

Marti, Andreas (^{2}2005): Der Genfer Psalter – Daten und Namen, in: Peter Ernst Bernoulli / Frieder Furler (Hgg.), Der Genfer Psalter. Eine Entdeckungsreise, Zürich, 15–18.

Overath, Johannes (1976): Die liturgisch-musikalischen Neuerungen des II. Vatikanischen Konzils, in: GkK, Bd. 2, 370–394.

Pidoux, Pierre (1962): Le Psautier huguenot du XVIe siècle, 2 Bde. Basel.

Pidoux, Pierre (1993): Mélodies des Psaumes de Genève. Franc, Bourgeois, Davantès. Leur contribution à la création des mélodies du Psautier de Genève, Matériaux rassemblés et analysés par Pierre Pidoux, Genf (Selbstverlag).

Riethmüller, Albrecht (1989): Musik zwischen Hellenismus und Spätantike, in: Albrecht Riethmüller / Frieder Zaminer (Hgg.), Die Musik des Altertums, NHMw, Bd. 1, Laaber, 207–325.

Stalmann, Joachim (2004): Art. Luther, in: MGG2, Personenteil Bd. 11, Sp. 643–654.

Suppan, Wolfgang (1972): Das geistliche Lied in der Landessprache, in: GkK, Bd. 1, 353–359.

Tagliavini, Luigi Ferdinando (1972): Orgel und Orgelmusik, in: GkK, Bd. 1, 464–469.

Weber, Édith (^{3}2005): Die Melodisten des Genfer Psalters: Franc, Bourgeois, Davantès, in: Peter Ernst Bernoulli / Frieder Furler (Hgg.), Der Genfer Psalter. Eine Entdeckungsreise, Zürich 25–35.

Weismann, Eberhard (1956): Der Predigtgottesdienst und die verwandten Formen, in: HEK, Bd. III: Gestalt und Formen des evangelischen Gottesdienstes, Abschn. II, Der Predigtgottesdienst und der tägliche Gottesdienst, 1–96.

Werner, Eric (1989): Die Musik im alten Israel, in: Die Musik des Altertums, NHMw, Bd. 1, Laaber, 76–112.

Wirth, Herman F. (1911): Der Untergang des Niederländischen Volksliedes, Gouda.

Ursula Kocher

Reformation und Literatur – die reformatorische *ars legendi* und die Befreiung des Menschen aus Unmündigkeit

Das Verhältnis zwischen Literatur und Reformation ist ein überaus enges, die Bedeutung der Reformation für die Literatur ist enorm. Dennoch gibt es bisher keine Darstellung, in der dieses Wechselverhältnis umfassend behandelt würde. Passend zum Auftakt des Lutherjahres im Herbst 2016 erschien als einzige Veröffentlichung, die sich auch literarischen Inhalten widmet, eine Studie von Norbert Mecklenburg mit dem Titel *Der Prophet der Deutschen. Martin Luther im Spiegel der Literatur*. Wie der Untertitel schon sagt, beleuchtet Mecklenburg jedoch in erster Linie die Darstellung der Person Luthers in literarischen Texten vom 16. Jahrhundert bis zu Stefan Heyms *Ahasver* von 1981, den Norbert Mecklenburg einen »Luther-Roman« nennt. Die Bedeutung der Reformation für die Literatur der Frühen Neuzeit im deutschsprachigen Gebiet betrachtet Mecklenburg praktisch nicht.[1]

Einen möglichen Grund dafür, warum Untersuchungen zur Wechselwirkung zwischen reformatorischen Zielen und literari-

---

[1] Mecklenburg 2016. Mecklenburg bestätigt allerdings indirekt, wie wichtig es ist, sich mit dem Zusammenhang von Reformation und Literatur zu beschäftigen: »Im 16. Jahrhundert spielte die Literatur mit dem ganzen breiten Spektrum ihrer damaligen ›operativen‹ Formen und Genres eine zentrale Rolle in der öffentlichen Auseinandersetzung um die Reformation, die selber ein – im weiteren Sinne – literarisches Phänomen war.« S. 2. Auch das Luther-Lexikon hat kein Stichwort »Literatur«, sondern ›lediglich‹ »Luther in der Literatur«. Leppin/Schneider-Ludorff 2015.

scher Arbeit so spärlich sind, liefert Mecklenburg in Rückgriff auf eine ebenso wirkmächtige wie inzwischen veraltete Literaturgeschichte.

Obwohl Luther und die Reformation einen der wichtigsten unter den historischen Bedingungszusammenhängen der neueren deutschen Literatur- und Geistesgeschichte bilden, ist die *Literatur* der Reformationszeit lange ein wenig geringschätzig angesehen worden. Man glaubte zwischen Mystik und Barock eine ›lutherische Pause‹ feststellen zu können. Erst die Konzepte und Methoden moderner, sozial- und kommunikationsgeschichtlich orientierter Literaturwissenschaft haben dann eine differenziertere Beschreibung und Einschätzung der Literatur des 16. Jahrhunderts ermöglicht. Mit dem Begriff ›Reformationsliteratur‹ versucht man dabei diejenigen Erscheinungen zu erfassen, »in denen ›Reformation‹ und ›Literatur‹ eine einander bedingende Synthese von Gedanklichem und Formalem eingegangen sind«.[2]

Dass Norbert Mecklenburg die Kommunikationsgeschichte in den Vordergrund stellt, hängt damit zusammen, dass er – wie viele andere – die Literatur der Reformationszeit in erster Linie als eine des Gebrauchs sieht, was ihr einen ästhetischen Anspruch weitgehend abspricht.[3] Abgesehen davon, dass sich das Ziel der Über-

[2] Mecklenburg 2016, 14f., zitiert wird Hans-Gert Roloffs Reallexikonartikel (Roloff 1977, 365). Roloff bemerkt selbst gleich zu Beginn des Artikels, dass viele der Texte in der Phase der Reformation »ohne literarische Intention« seien (ebd.). Entsprechend wurde das Stichwort in der Neuauflage 2007 fallen gelassen. Die hier angesprochene Literaturgeschichte ist diejenige von Wolfgang Stammler (1950).

[3] »Mag die Reformationsliteratur auch keinen eigenen, epochalen Literaturstil ausgebildet haben, so hat sie dennoch ein durchgängiges Merkmal: ihren Gebrauchscharakter. Mit einer Ausschließlichkeit, für die es in anderen Epochen keine Parallele gibt, trat die Dichtkunst aus ästhetischer Selbstgenügsamkeit heraus. Sie war Bekenntnis-, Propaganda-, Zweckdichtung. Ihre Eigenart bestimmt sich aus ihrer Funktion in einem spezifischen Literatursystem. Dieses war vor allem dadurch geprägt, dass das Wort zur Waffe wurde und Literatur zur Mobilisierung der öffentlichen Meinung diente.« (Mecklenburg 2016, 15.)

zeugung und die Kunst der Darstellung nicht ausschließen müssen und dass Pragmatisierung nicht gegen literarische Qualität spricht, liegt er mit dieser Einschätzung nur teilweise richtig. Andernfalls hätten auch andere Phasen oder Bereiche der Literaturgeschichte ähnlich wenig zur Kenntnis genommen werden dürfen, denn die meisten literarischen Epochen weisen Texte mit Tendenz zur Pragmatisierung auf.

Vielmehr ist festzustellen, dass es vor allem institutionelle Gründe sind, die eine Erforschung des benannten Gebietes behindern. Die Germanistik teilt seit ihrer Begründung im 19. Jahrhundert den literaturgeschichtlichen Teil des Faches in zwei Abteilungen ein: die mittelalterliche Literaturwissenschaft und die neuere Literaturwissenschaft. Verlierer bei dieser Einteilung sind die zwei Jahrhunderte, die weder ganz zum Mittelalter noch uneingeschränkt zur Frühen Neuzeit zu rechnen sind – das 15. und das 16. Jahrhundert. Diese Zeit benötigt allerdings ein enormes Spezialwissen in ganz unterschiedlichen Bereichen und Sprachen (lateinische Texte, Orientierung am Italienischen und Französischen usw.), sodass der Kreis derjenigen, die sich gewinnbringend mit dem Gegenstand beschäftigen können, klein ist. Hinzu kommt, dass durch die späte Erforschung der beiden genannten Jahrhunderte eine Vielzahl an bisher nicht behandelten Texten zutage getreten ist und laufend noch ›entdeckt‹ wird, was zusammenhängende Darstellungen beim derzeitigen Forschungsstand zumindest nicht fördert. Mit einem sozialgeschichtlichen Zugriff hat all das nur bedingt zu tun. Inzwischen ist die hohe Qualität der Texte des 15. und 16. Jahrhunderts erkannt worden – es gibt nur nicht sehr viele, die sich mit ihnen beschäftigen können und wollen.

Im Folgenden versuche ich zu skizzieren, welche Eckpunkte eine Untersuchung dieses Zeitabschnitts mindestens abzustecken hätte.

1. *Ars bene legendi* – Lesen als Herausforderung und Aufgabe

Überlegungen, wie das Verstehen von Texten funktioniert und gewährleistet werden kann, waren stets elementar wichtig für jegliche wissenschaftliche Beschäftigung. Vor ihrem Niedergang im 18. Jahrhundert war dies die Aufgabe der Rhetorik, die wiederum Kernbestandteil der schulischen Ausbildung seit der Antike war.

Einer der obersten Grundsätze der Rhetorik besteht darin, in allen Schritten der Textproduktion und des Vortrags das *aptum* im Fokus zu haben. Textgestaltung und Präsentation müssen in Einklang mit Thema, Anlass und Publikum gebracht werden, um ein Verstehen des Gesagten zu ermöglichen.[4]

Von der *inventio*, der Auffindung des Stoffes und der wesentlichen Inhalte, über die *dispositio*, die die Argumente schärft und anordnet, die *elocutio*, die die Argumente und Inhalte sprachlich so ausgestaltet, dass das Gesagte leicht erfasst werden kann, die *memoria*, die Regeln bereitstellt, damit die Rede durch freies Sprechen möglichst authentisch wirkt, bis zur *actio*, die den Vortrag selbst mit allen Mitteln der Verdeutlichung in Gestik, Mimik und Artikulation in den Vordergrund stellt, ist das rhetorische System stets Anleitung zur Produktion und Rezeption gleichermaßen, und über allem steht die Angemessenheit (*aptum*).

Das allerdings bedingt eine genaue Kenntnis rezeptionstheoretischer Grundsätze einer Kultur in einem bestimmten Zeitabschnitt, also ein Verständnis darüber, wer welche Zeichen, und zwar nicht nur die sprachlichen, wie versteht. Quintilian weist im Rahmen seiner *enarratio poetarum*-Theorie, der Theorie des Interpretierens von literarischen Texten, darauf hin, dass bei einer Analyse und Interpretation genauestens Gattung, Stilebene, Wortschatz und Kontext in den Blick zu nehmen sind. Denn man muss verstehen, was man liest, und man muss sich intensiv mit kanoni-

[4] Vgl. für die folgenden Ausführungen vor allem Knape 2000.

scher Literatur auseinandersetzen: »nam et scribendi ratio coniuncta cum loquendo est, et narratione, praecedit emendata lectio, et mixtum his omnibus indicium est [...]. nec poetas legisse satis est: excutiendum omne scriptorum genus non propter historias modo, sed verba, quae frequenter ius ab auctoribus sumunt.«[5]

Zwar steht die Untersuchung von Texten zu dieser Zeit letztlich immer im Dienst der Performanz,[6] allerdings ist ebenfalls klar, dass man nur am Beispiel für die eigene Produktion lernen kann. Dieser textauslegende Bestandteil der Rhetorik wird dann besonders bedeutend, wenn in unterschiedlichen, zunehmend auf Schriftlichkeit basierenden Disziplinen nach Regeln richtigen Auslegens und Verstehens gesucht wird, und das sind in der Spätantike vor allem die Theologie, die Jurisprudenz und die Politik beziehungsweise alle Texte, die Kommunikation zwischen gesellschaftlichen Einheiten ermöglichen sollen.

Entsprechend verweist der Rhetoriker Augustinus in *De doctrina christiana* auf die Notwendigkeit, den Umgang mit allem Schriftlichen zu lehren, wobei dem Lehren die Erkenntnis dessen, was überhaupt wichtig ist, vorauszugehen hat. Man muss viel le-

---

5 Quintilianus 1972 I, 4.3f. »Denn einmal ist die Rechtschreibung mit der Sprachlehre verbunden, sodann setzt die Dichtererklärung fehlerfreies Lesen voraus, und zu alldem gesellt sich die kritische Urteilskraft. [...] Auch ist es nicht genug, die Dichter gelesen zu haben: jede Art von Schriftstellern muß man durcharbeiten, nicht nur wegen ihrer Wissensschätze, sondern auch wegen der Wörter, die häufig ihre Rechtfertigung von den anerkannten Schriftstellern gewinnen.« (47)

6 Häufig übersehen wird, dass auch bei Melanchthon eine Verbindung hergestellt wird zwischen rhetorischen Fähigkeiten und der Betätigung für das Gemeinwohl durch rhetorisches Handeln. »Sorgfältige Sprachstudien bildeten nicht nur die unverzichtbare Voraussetzung für jede wissenschaftliche Arbeit, auch ›die Verantwortung für das öffentliche Leben‹ mache sie notwendig.« (Berwald 1994, 19). Zitiert wird hier in Übersetzung CR XI, 214. Berwald weist in diesem Zusammenhang wiederholt darauf hin, wie nachdrücklich Melanchthon versucht, die Notwendigkeit von Bildung und damit die Finanzierung von Schulen und Universitäten argumentativ zu untermauern.

sen, um auch unklare Stellen auslegen zu können und selbst gut mit Sprache umzugehen.[7] Es lässt sich feststellen, dass sich die Rhetorik zwischen Produktion und Rezeption, zwischen Verstehen und Vermitteln und zwischen Theorie und Methode bewegt, ohne dass sie einer der jeweiligen Seiten klar zuzuordnen wäre. Im Rahmen des Humanismus wurde diese Vielseitigkeit der Rhetorik nicht beschränkt, sondern vielmehr als Chance für ein umfassendes Modell sowohl zum Verstehen als auch zum Produzieren von Texten diverser Art aufgefasst. Wie in den vergangenen Jahren vor allem von Volkhard Wels wiederholt herausgearbeitet wurde, ist es vor allem das Verdienst Melanchthons, die Rhetorik als Theorie der Textinterpretation fruchtbar gemacht zu haben.

> »Melanchthon gibt [...] den Prinzipien der protestantischen Schriftauslegung, wie Luther sie entwickelt hatte, ein rhetorisches Fundament. Ziel der Prinzipien ist es, der Willkürlichkeit der Auslegung, wie sie die katholische Kirche mittels des vierfachen Schriftsinns praktiziert hatte, so weit wie möglich Grenzen zu setzen. Nicht eine einzige Bibelstelle sollte auf vier verschiedene Sinnebenen projiziert werden können, sondern an erster – und zumeist auch einziger – Stelle sollte der historische, literale Sinn stehen.«[8]

Für den Frühprotestantismus war es unabdingbar, eine Methode zu entwickeln, die es jedem einzelnen alphabetisierten Menschen möglich machte, sich selbst mit einem Text, vor allem mit der Bibel, auseinanderzusetzen, ohne über ein Studium der Theologie zu verfügen. Dabei war es unwichtig, ob es sich um einen literarischen oder einen theologischen Text handelte. Insofern spielen Melanchthons pädagogische Werke, wie beispielsweise seine *Elementa Rhetorices* und die *Rhetorica*[9], eine nicht zu unterschätzende Rolle.

---

7 Vgl. Augustinus 1995, v.a. Buch 2. Vgl. zu den *officia* bei Augustinus: Kursawe 2000 sowie zur allgemeinen Einbettung in die rhetorische Tradition Prestel 1992.

8 Volkhard Wels: Nachwort in : Melanchthon 2001, 443–475, hier 458.

9 Vgl. Classen 2003, 264: »Melanchthons Ziel ist also offenbar nicht, ein weiteres Handbuch der Rhetorik in üblicher Form zu schreiben, sondern

Aus der Rhetorik als *ars bene dicendi* wird bei ihm auf diese Weise auch eine *ars bene legendi*, die in seinem pädagogischen Kosmos einen festen Platz erhält. So bemerkt er in den *Elementa Rhetorices*: »Quare et nos ad hunc usum trademus Rhetoricen, ut adolescentes adiuuent in bonis autoribus legendis, qui quidem sine hac uia nullo modo intelligi possunt.«[10]

Er unterzieht das rhetorische System einer genauen Prüfung, um zu ermitteln, welche Bestandteile für eine Anleitung zum zielgerichteten und möglichst irrtumsfreien Lesens brauchbar sind. Dabei reflektiert er die Bedingungen von Verstehen generell – so wie es jeder Rhetoriker stets tun muss, weil er sonst nicht entscheiden kann, ob sein Vortrag dem *aptum* entspricht. So gesehen ist Rhetorik schon immer auch Kulturwissenschaft und sie ist ebenso auf das Verstehen gerichtet wie auf die Textproduktion.

> »Melanchthon verweist mehrmals auf die Ergebnisse seiner Römerbrief-Auslegungen, in denen er genau dieses Verfahren der rhetorischen Analyse praktiziert hatte: die Redegattung benennen; den Brief in seine Redeteile gliedern; die zentrale Argumentation des Briefes, den status in seiner syllogistischen Struktur herausstellen; untergeordnete Argumentationen als solche erkennen und ebenfalls in ihre dialektische Form bringen; die Argumente erschließen, die Paulus widerlegt; Amplifikationen nach ihrer topischen Herkunft klassifizieren; loci communes benennen und auf rhetorische Figuren und Schemata hinweisen.«[11]

Da es darüber hinaus um das philologisch korrekte Verstehen eines Textes aus der Vergangenheit gehen soll, »kommt wiederum die Historizität ins Blickfeld. Der Text der Bibel wird als historisches Dokument begriffen, das durch eine Interpretation, die seine histo-

---

der Jugend Wege aufzuzeigen, um sie vor allem mit Hilfe der rhetorischen Regeln der Alten zum Abfassen eigener Texte und zur Würdigung vorhandener Schriften zu befähigen.«

[10] Melanchthon 2001, 22. »Deshalb lehre auch ich die Rhetorik mit dem Zweck, junge Leute bei der Lektüre guter Autoren, die man ohne diese Methode gar nicht verstehen kann, zu unterstützen.« Ebd. 23.

[11] Volkhard Wels: Nachwort in : Melanchthon 2001, 443–475, hier 457f.

rischen Umstände und Bedingtheiten in Betracht zieht, erschlossen werden muß.«[12] Damit ist bereits recht deutlich angelegt, was später als ›hermeneutisches Verfahren‹ betrachtet werden kann.

Gemeinhin wird jedoch erst Matthias Flacius Illyricus (1520–1570) als derjenige verstanden, der mit seiner *Clavis Scripturae Sacrae* von 1567 die hermeneutische Tradition begründet, an die dann vor allem Hans Georg Gadamer anschließt. Illyricus fußt mit diesem Werk auf Melanchthon, seine Zielgruppe ist jedoch nicht jeder Lernende, sondern sind Pastoren und Laien, die sich im Umgang mit der Heiligen Schrift schulen wollen. Dazu beginnt er mit einer *ars critica*, einer Anleitung zum textnahen Analysieren. Diesem Teil folgt eine *ars praedicandi* als Hilfestellung zur Produktion von Predigten. Im dritten Teil setzt er sich schließlich mit der Umsetzung des Erkannten in das eigene Leben auseinander. Es geht ihm also um die Frage, inwiefern das Gelesene in den Alltag hineinwirkt. Wie bei Quintilians Rhetorikhandbuch soll demnach das Buch von Illyricus zum Selbststudium geeignet sein, allerdings zeigt sich nun die Verschiebung des Interesses vom Verfassen einer Rede auf das Verstehen eines Textes, aus dem dann die eigene Praxis folgen kann, aber nicht muss.

Eine der wichtigsten Methoden, die Illyricus einführt, ist die Paraphrase zur Sicherung des Verständnisses. Indem man mit eigenen Worten sagt, was man verstanden hat, inkorporiert man, wie die *memoria* der Rhetorik fordert, den Inhalt, der auf diese Weise fest im Gedächtnis verankert werden kann – eine Vorgehensweise, die auf Dichtung, Bibelexegese, Geschichtswissenschaft und Jurisprudenz übertragbar ist.[13]

So wie der Redner die *aptum*- und die *aequitas*-Regel schon bei der *inventio* zu beachten hat, muss der Hermeneut aus dem Text

[12] Volkhard Wels: Nachwort in : Melanchthon 2001, 443–475, hier 458.

[13] Seit kurzem gibt es Überblickswerke zur Geschichte der Hermeneutik, die eine wertvolle Orientierung geben können und in denen Melanchthon und Illyricus ihren festen Platz haben. Am umfassendsten: Böhl/Reinhard/Walter 2013.

die Vorgehensweise des Schreibenden herauslesen. Dabei geht es wohl gemerkt nicht um Intentionalität im Sinne eines individuellen Autorwortes, sondern um die Herausarbeitung einer kontextuellen oder diskursiven Einbettung des Textes. Für die Humanisten des 15. und 16. Jahrhunderts wie für den modernen Wissenschaftler sind derartige Überlegungen natürlich besonders wichtig, wenn es um Texte geht, die in zeitlicher Differenz entstanden sind. Der Humanist wird daher mindestens versuchen, entscheidende Worte und Sachverhalte zu klären, weshalb in die Frühe Neuzeit auch die Geburt der Textkritik und Editionswissenschaft fällt.[14] Ein Text wird als ein Objekt aus der Distanz betrachtet, um ihn sich mithilfe geeigneter Methoden zu eigen zu machen. Die Methoden stellt für lange Zeit einzig die Rhetorik bereit.

Dabei ist der Text durch einen Kommentar zu erschließen, der meist in einem ersten Schritt eine Paraphrase beinhaltet, um das eigene Verständnis transparent zu machen. Der Wiedergabe folgt eine kulturhistorische Einordnung, die unter Umständen noch einmal genauer auf sprachliche Register rekurriert.[15]

An eben diesem Punkt wird besonders deutlich, wie stark Reformation und Humanismus zusammenhängen.[16] Meiner Ansicht nach, dies sei aber nur als kleine Seitenbemerkung verstanden, wird dabei zu sehr auf die unterschiedlichen Sprachen (Latein und

[14] Dies lässt sich am Beispiel mehrerer Humanisten und Reformatoren zeigen. Besonders erkennbar wird es allerdings am Beispiel der Arbeiten von Illyricus. Vgl. Hartmann 2001, v.a. 23ff.

[15] An diesem Punkt lässt sich die Schnittstelle zur Übersetzungswissenschaft sehr gut erkennen. Besonders intensiv ausgearbeitet hat das Verhältnis – unter Einbeziehung der Rhetorik – Stolze 2003.

[16] Auch hier wären mehr grundlegende und vor allem neuere Studien wünschenswert. Vgl. vor allem in Bezug auf Melanchthon Beyer u.a. 1996; Fuchs 2008; Schweitzer/Lorenz/Seidl 2010. Bei einer Diskussion dieses Verhältnisses wäre vor allem der Austausch der Reformatoren mit und über Erasmus in den Blick zu nehmen, was an dieser Stelle nicht geleistet werden kann. Vgl. dazu u.a. Heinz Scheible: Melanchthon zwischen Luther und Erasmus, in: ders. 1996, 171–197.

Deutsch) im Gebrauch und damit auf einen Gegensatz zwischen Luther (dem Theologen) und Melanchthon (dem Humanisten) abgehoben.[17]. Natürlich ist die Wirkung Luthers bei seinen Auftritten und durch dieselben nicht zu unterschätzen – die hinter seinen Aussagen steckenden Prinzipien gehen jedoch auf jene zurück, die Humanisten in der lateinischen Sprache formulieren: Es ist die Aufgabe eines gebildeten Mannes zu lernen, mit jedwedem Text – unabhängig von der Sprache, in der er verfasst ist – so umzugehen, dass er ihn nicht nur verstehen, sondern auch analysieren und interpretieren kann. Jeder muss es wagen, eigene Position zu beziehen, anstatt sich immer ausschließlich auf Autoritäten zu verlassen. Religiöse Überzeugungen sind in dieses Selbstverständnis integrierbar, wie Melanchthon gezeigt hat:

> »Er hatte als Repräsentant eines christlichen Humanismus begonnen und dann die ihm in Wittenberg entgegentretende reformatorische Theologie bruchlos, wie es scheint, zu integrieren vermocht. Das Nebeneinander von philosophischer und theologischer Fakultät nahm er nicht als Alternative, sondern als ein gegliedertes Ganzes. Denn auch das artistische Studium wußte er auf das Ziel hin orientiert, dem Evangelium, das Luther wieder neu zur Sprache gebracht hatte, zu dienen: Mit ihm seien wir nicht in der platonischen Akademie, sondern in der Kirche Gottes. Als unentbehrliche Hilfsdisziplin sah er die Philosophie gebunden an die Theologie. In aller Klarheit bringt es die Nürnberger Schulordnung von 1526 zum Ausdruck: Der Magistrat habe dafür Sorge zu tragen, daß die Religion bewahrt werde, die ohne Kenntnis der Sprachen und Wissenschaften nicht angemessen gelehrt werden könne.«[18]

---

[17] Vgl. für diesen Zusammenhang Heinz Scheible: Luther und Melanchthon, in: ders. 1996, 139–152. Sowie ders.: Melanchthon neben Luther, Ebd. 153–170. Außerdem: Joachim Knape: Rhetorische und ästhetische Impulse der Reformation. Luther: neuer Cicero – Melanchthon: neuer Quintilian? In: Schweitzer/Lorenz/Seidl 2010, 58–74.

[18] Albrecht Beutel, Praeceptor Germaniae – Doctor ecclesiae. Melanchthons Selbstverständnis als Gelehrter, in: ders. 1998, 124–139, hier: 128.

Aus reformatorischer Sicht ist dies in erster Linie nötig, um sich mit Gottes Wort auseinandersetzen zu können. In der Postille zum Dreikönigstag 1522 formuliert Luther diese Haltung folgendermaßen:

> »O das gott wollt, meyn und aller lerer außlegung untergiengen, unnd eyn iglicher Christenn selbs die blosse schrifft und lautter gottis wortt fur sich nehme! [...] Es ist ein unendlich wort und will mit stillem geyst gefasset und betrachtet seyn, wie der 83. psalm sagt: Ich will horenn, was gott selb ynn mir redett. Es begreyfft auch sonst niemandt, denn eyn solcher stiller betrachtender geyst. Wer dahyn kund on glosiern und außlegen kommen, dem weren meyn und aller menschen glosiern gar keyn nott, ia, nur hynderlich. Darumb hyneyn, hyneyn, lieben Christen, und last meyn und aller lerer außlegen nur ein gerust seyn zum rechten baw, das wyr das blosse, lautter gottis wort selbs fassen, schmecken unnd da bleyben; denn da wonet gott alleyn ynn Zion. AMEN.«[19]

Dieser fast mystisch anmutende Zugang zum Wort Gottes,[20] das nur direkt wirken kann und daher unverstellt und ohne Kommentierung bzw. *außlegung* gelesen werden muss, setzt Bildung und Leseerfahrung voraus. Wie inzwischen immer wieder betont wurde, geht es, besonders in den späteren Jahren, dabei nicht um eine Lektüre der Bibel durch Ungebildete. Ein *hyneyn* in das Wort erfordert durchaus Kenntnisse, die durch die *lerer* vermittelt werden, diese können nun aber, und das ist der entscheidende Unterschied zu den Jahrhunderten zuvor, die Aufnahme des Textes mit allen Sinnen (*selbs fassen, schmecken unnd da bleyben*) nicht ersetzen. Diskutiert werden muss daher in erster Linie, welche Voraussetzungen eine fruchtbringende Lektüre erfordert.

Der Anspruch, der an dieser Stelle an den Leser der Bibel gestellt wird, bedarf selbstverständlich einer Grundlage, und eben diese wurde mit der Übersetzung der Heiligen Schrift geschaffen – ein lesbarer, verständlicher und unmittelbar erfahrbarer deutschspra-

---

[19] WA 10/1, 728.

[20] Vgl. Leppin 2016.

chiger Text vereinfacht die Auseinandersetzung des Nicht-Theologen mit dem Wort Gottes.[21] Begleitet bzw. vorbereitet werden muss die Bibellektüre im Sinne der reformatorischen *ars legendi* durch pädagogisch-didaktische Vermittlung, und für sie eignete sich in besonderem Maße Literatur.

2. Lernen am literarischen Text – das Beispiel der Fabeln

Funktion und Nutzen von Literatur sind von Anbeginn der Textproduktion umstritten und werden stets aufs Neue diskutiert, auch wenn sich die meisten inzwischen mit Horaz auf die Formel des »aut prodesse volunt aut delectare poetae / aut simul et iucunda et idonea dicere vitae«[22] verständigt haben. Allerdings stellt sich auch dann noch die Frage, wie ein *prodesse* aussehen mag. Worin besteht der Nutzen von Literatur? Im vorangehenden Teil wurde diese Frage bereits in Ansätzen beantwortet: Literatur nützt, weil sie es dem Leser ermöglicht, durch die Auseinandersetzung mit einem Text zu einer eigenen Position zu finden. Durch Interpretation gewinnt der Rezipient Klarheit über seinen eigenen Standpunkt und kann ihn gegebenenfalls hinterfragen oder ändern. Diesen Prozess lernt man – im Übrigen bis heute[23] – am einfachsten durch exemplarische Kurzformen des Erzählens. Eben diese waren in Mittelalter und Früher Neuzeit äußerst beliebt. Unter die sogenannten literarischen Kurzformen fällt eine Vielzahl von Textsorten – Sprichwort, Exempel, Anekdote, Apophthegma usw. –, besonders beliebt war allerdings die Fabel. Es ist jetzt an dieser Stelle

[21] Zu Luthers Auslegungsprinzipien vgl. Beutel 1998 sowie Ebeling 1971.

[22] Horatius ars poetica 333f.: »Entweder nützen oder erfreuen wollen die Dichter oder zugleich, was erfreut und was nützlich fürs Leben ist, sagen.« (Horaz 1972, 25).

[23] Vgl. Erlemann/Nickel-Bacon/Loose 2014.

nicht sinnvoll, näher auf die Theorie der Fabel einzugehen, allerdings lohnt es sich angesichts der obigen Ausführungen darauf hinzuweisen, dass eine *fabula* sich in Mittelalter und Früher Neuzeit keineswegs auf Tiergeschichten beschränkt, sondern überhaupt literarisch-rhetorisch geformte, kurze Texte bezeichnen kann, die wegen ihres entpragmatisierten Charakters einen auslegenden Prozess einfordern.

Denn auch dieser Begriff entstammt ursprünglich der Rhetoriktheorie und bezieht sich auf die unterschiedlichen Formen der *narratio*, also der Erzählung eines Sachverhalts oder einfach einer Geschichte. Nach Ciceros *De inventione* (I, 19–21) und der *Rhetorica ad Herennium* (I, 12–16) gibt es drei Arten der *narratio*, deren dritte nichts mit der gerichtlich-politischen Rede zu tun hat, »quod delectationis causa non inutili cum exercitatione dicitur et scribitur«.[24] Diese dritte Art wird weiterhin unterteilt in eine Unterart, die sich mit Sachverhalten beschäftigt, und eine weitere, die sich auf Personen bezieht. Die *narratio*, bei der es um die *negotia* geht, besteht dann abermals aus drei Arten, die sich im Grad ihrer Wahrheit unterscheiden: 1. Die *fabula* als erdichtete Erzählung, die weder wahr noch wahrscheinlich ist, 2. Die *historia*, die geschichtlich beglaubigte Erzählung, die ein weit zurückliegendes, wahres Ereignis schildert, 3. Das *argumentum*, eine erfundene Erzählung, deren Inhalt aber hätte geschehen können. An dieser Trichotomie arbeiten sich in den nachfolgenden Jahrhunderten alle Verfasser poetischer Schriften ab, die Eigenheiten fiktionaler Texte erfassen wollen.[25]

Die *fabula* ist also eine Erzählung, die sich selbst als weder wahr noch wahrscheinlich ausweist und daher ihren Nutzen darin hat, dass eine derart gestaltete Geschichte eine Aussage hinter der Aussage hat, die es gilt herauszufinden. Dies ist im Übrigen auch der Grund, warum Luther teilweise Synonyme für die Fabel gebraucht,

[24] Cicero De inventione I, 19, 27. »[...], weil sie um der Unterhaltung willen in Verbindung mit einer nicht unnützen Übung vorgetragen und niedergeschrieben wird.« (Cicero 1998, 57/59).

[25] Vgl. Knape 2012.

die auf ihren Wahrheitsgehalt auf der Textebene abzielen, wie »Traum«, »Lüge« und »Geschwätz«. Insofern hat das nichts damit zu tun, dass, wie Anja Lobenstein-Reichmann vermutet, Luther »die Textform nicht gattungsbezogen fixiert« hätte.[26] Genau genommen tat er dies gerade dadurch.

An den *fabulae* lässt sich daher immer, egal ob sie Tiere beinhalten oder nicht, ein hinter dem Text stehender Sinn herausarbeiten. Daher waren und sind *fabulae* zu allen Zeiten eine beliebte Textsorte. Über sie lassen sich symbolische Lesarten ebenso einüben wie hinterfragen. Denn obwohl eigentlich eine klassische Fabel neben der Narration einen Übertragungsteil aufweisen sollte, muss der Rezipient erstens am Transfer mitarbeiten, zweitens kann es sein, dass die Evaluation (das Epimythion) nicht so ganz zur Erzählung passt. Egal wie exemplarisch oder symbolisch ein literarischer Text auch gestaltet sein mag – Fiktionalität führt stets zu interpretatorischem Überschuss, was Literatur zugleich nützlich und gefährlich macht.

In der deutschsprachigen Literatur beginnt die Geschichte der Fabel im engeren Sinn mit dem Stricker, einem Autor des 13. Jahrhunderts. Lateinische Fabeln waren allerdings schon immer fester Bestandteil des Lateinunterrichts, sicherlich auch des der Reformatoren. Im 14. und 15. Jahrhundert entstanden dann eine Vielzahl von Fabelsammlungen, die oftmals in ihrer Auslegung geistlich ausgerichtet waren und sich an dem Fabelbuch schlechthin, ›dem Äsop‹, orientierten.[27] Äsop galt bereits in der Antike als der Begründer der Fabel und steht daher sozusagen mit seinem Namen für die Gattung, obwohl kein einziger Text verlässlich auf ihn zurückzuführen ist. Gleichwohl tragen Fabelsammlungen häufig die Bezeichnung ›Äsopika‹, ›Esopus‹ oder dergleichen.

---

[26] Anja Lobenstein-Reichmann: Fabeln, in: Leppin/Schneider-Ludorff 2015, 215f.; hier 216.

[27] Vgl. Ulrich Boners *Edelstein* aus der Mitte des 14. Jahrhunderts sowie den Nürnberger Prosa-Äsop vor 1412 mit 63 Prosafabeln und geistlicher Auslegung derselben. Einen kurzen Abriss zu den Anfängen der deutschsprachigen Fabel im 15. Jahrhundert bietet Woesler 2015.

Besondere Beliebtheit erreichte schließlich der *Esopus* des Frühhumanisten Heinrich Steinhöwel von 1476/77. Diese Fabelsammlung kann als Bestseller des 15. und 16. Jahrhunderts bezeichnet werden.[28] Abgesehen von den Fabeln nach unterschiedlichen lateinischen Fassungen beinhaltet die deutschsprachige Sammlung eine Lebensgeschichte des Äsop sowie Exempel und Fazetien von Petrus Alphonsus und Poggio Bracciolini. Sie war auch Luther bekannt, wie der Bestand an überlieferten Fabeln aus Luthers Besitz belegt. Inzwischen kann es sogar als erwiesen gelten, dass Steinhöwels Sammlung die entscheidende Vorlage für Luthers eigene Fabeln bot:

> »Das Werk Steinhöwels wurde von Martin Luther, der es für eine Gemeinschaftsarbeit hielt und den Verfasser nicht kannte, als grundlegend gepriesen und zugleich seiner vermeintlichen Unzüchtigkeiten und zotigen Texte wegen scharf kritisiert. Ausrotten möchte Luther diesen ›Deudschen Esopum‹ mit Texten, die von Säuen geschrieben und für das Wirtshaus und Frauenhaus geeignet seien.«[29]

Die Texte selbst sind jedoch, soweit ich sehe, noch immer nicht umfassend untersucht worden, sodass nach wie vor im Wesentlichen gelten dürfte, was Klaus Doderer bereits 1964 festgestellt hatte:

> »Daß Luther als Fabeldichter bzw. Fabelbearbeiter bis vor einigen Jahren in literaturwissenschaftlichen Erörterungen wenig beachtet wurde, mag mehrere Gründe haben: Seine Arbeit am Äsop ist Fragment geblieben. Er hat insgesamt nur dreizehn der aus der griechisch-römischen Antike stammenden und in der Literatur des Mittelalters und der Renaissance wiederholt auftauchenden Fabeln überarbeitet. Im Jahre 1557, erst elf Jahre nach Luthers Tod, wurden sie zum erstenmal innerhalb der Jenaer Ausgabe veröffentlicht, blieben als Nebenwerk jedoch relativ unbeachtet. Als unfertige, ne-

[28] Vgl. Dicke 1994.

[29] Dithmar 1988, 39. »Luthers Bearbeitung beschränkt sich auf das erste Buch Steinhöwels, das zwanzig Fabeln enthält, und endet mit der sechzehnten.« (ebd. 42).

bensächliche Spielereien standen seine Bearbeitungsversuche im Schatten der großen theologischen Schriften, aber ebenso auch im Schatten der seinerzeit weitverbreiteten Fabelsammlungen seines Schülers Erasmus Alberus, oder denen eines Sebastian Brant, Thomas Murner, Johannes Pauli, Hans Sachs, Burkhard Waldis, Jörg Wickram und vor allem der des Heinrich Stainhöwel, durch dessen damals populäres Buch sich Luther veranlaßt glaubte, eine Ehrenrettung des Äsop vornehmen zu müssen.«[30]

Wenn man jedoch bedenkt, dass die Bearbeitung der Fabeln parallel zu den oben angesprochenen Überlegungen zu einem direkten Zugang der Gläubigen zum Wort Gottes durch Lektüre entstanden sind, müssten sie erheblich an Bedeutung gewinnen.

Luther und Melanchthon schätzten die Fabel aus den bereits vorgestellten Gründen. Den Nutzen der Fabel stellte Melanchthon vor allem in zwei Schriften dar: in *De utilitate fabularum* (1526) und in der Vorrede zu der Sammlung *Fabellae Aesopicae quaedam notiores et in scholis usitatae* (1550). Darüber hinaus zeigen die Schulordnungen von Eisleben und Herzfeld, wie wichtig Melanchthon die Behandlung der Fabel im Schulunterricht nahm: »Sie fördert die Charaktererziehung, schärft das Urteilsvermögen des Schülers und dient dem Verständnis der Heiligen Schrift.«[31]

Nicht von ungefähr gehörte es zur Beschäftigung Luthers während seiner Zeit auf der Veste Coburg, Fabeln des Äsop für das jugendliche und ungebildete Volk zu bearbeiten (*pro puerili et rudi*) und damit den Deutschen zu nützen (*ut utilitatem aliquam Germanis*).[32] Basis der Bearbeitung war, wie bereits erwähnt, der *Esopus* Steinhöwels, den Luther von *schendlichen* Texten bereinigen wollte. Damit meinte er wohl nicht die Fabeln im engeren Sinne, sondern die ebenfalls enthaltenen Fazetien Poggios, die auf diese Weise einem frühhumanistischen Publikum in Deutschland zugänglich gemacht worden waren.

---

[30] Doderer 1964, 379.

[31] Dithmar 1989, 12.

[32] WA Briefwechsel 5, 309.

Luther hat keine vollständig neuen Übersetzungen hergestellt, sondern die von Steinhöwel bearbeitet, allerdings auf der Basis eines lateinischen Textes – welchen genau er vor sich liegen hatte, ist unklar. Erstmals im Druck erschienen sind die Fabeln 1557, Herausgeber war Georg Rörer. In der Vorrede zu dieser Sammlung stellte Luther die Bedeutung von kurzen Texten dieser Art heraus:

> »Ja, alle Welt hasset die Warheit, wenn sie einen trifft. DArumb haben solche weise hohe Leute die Fabeln erticht und lassen ein Thier mit dem andern reden, Als solten sie sagen, Wolan, es wil niemand die Warheit hören noch leiden, und man kann doch der Warheit nicht emberen, So wöllen wir sie schmücken und unter eine lüstigen Lügenfarbe und lieblichen Fabeln kleiden, Und weil man sie nicht will hören, durch Menschen mund, das man sie doch höre, durch Thierer und Bestien mund.«[33]

Das Erkennen der Wahrheit hinter den dichterisch gestalteten (*geschmückten*) Worten ist es, was der Rezipient durch Fabeln erlernen kann – eine Fähigkeit, die beim Lesen geistlicher Texte gebraucht wird. Um genau dies einzuüben empfiehlt Luther: »Wenn ein Hausvater uber Tisch will Kurtzweil haben, die nützlich ist, kan er sein Weib, Kind, Gesind fragen, Was bedeut diese oder diese Fabel? und beide, sie und sich darin üben.«[34] Das zeigt, dass die Fabeln von Luther, und nicht nur von ihm, in einem stark mündlich geprägten Umfeld stehen. Fabeln sind Gegenstand der Tischkonversation, sie waren es auch am Tisch Luthers,[35] sie gehören zur spielerischen Einübung von Sprache und Rede sowie der Schärfung des Verstandes. All dies sind Fertigkeiten, die einem helfen, sich in der Welt zu behaupten. Daher beginnt die Vorrede Luthers zu seinem Fabelbuch nicht von ungefähr folgendermaßen:

> »DJs Buch von den Fabeln oder Merlin ist ein hochberümbt Buch gewesen bey den allergelertesten auff Erden, sonderlich unter den Heiden. Wiewol auch noch jtzund, die Warheit zu sagen, von eus-

[33] WA 50, 453.
[34] WA 50, 455.
[35] Vgl. Elschenbroich 1990, 63ff.

> serlichen Leben in der Welt zu reden, wüsste ich ausser der heiligen Schrifft nicht viel Bücher, die diesem überlegen sein solten, so man Nutz, Kunst und Weisheit und nicht hochbedechtig Geschrey wolt ansehen. Denn man darin unter schlechten Worten und einfeltigen Fabeln die allerfeineste Lere, Warnung und Unterricht findet (wer sie zu brauchen weis), wie man sich in Haushalten, in und gegen der Oberkeit und Unterthanen schicken sol, auff das man klüglich und friedlich unter den bösen Leuten in der falschen, argen Welt leben müge.« [36]

Interessant sind dabei vor allem diejenigen Fabeln Luthers, die keine direkten Vorlagen haben, wie vor allem die Fabel von *Löwe und Esel*[37]. Dabei gelte es insbesondere zu betrachten, wie Luther mit der Schwierigkeit umgeht, dass längere Erzählungen unmittelbar zu Problemen in der Auslegung führen können bzw. dass dem Leser durch das Epimythion, das er ebenso wie das Promythion auch teilweise weggelassen hat, nicht zu viel Arbeit abgenommen werden darf. Aus Platzgründen hat dies leider ebenso zu unterbleiben wie eine Untersuchung späterer reformatorischer Fabelsammlungen (Erasmus Alberus, Burkard Waldis u.a.). Hier sei verwiesen auf die vorzügliche Studie von Adalbert Elschenbroich sowie die Arbeiten von Ludger Lieb.[38]

Fabeln bieten sich, so lässt sich resümieren, darum besonders zur Leseschulung an, weil sie stets so gestaltet sind, dass eine tieferliegende Bedeutung durch Textarbeit ermittelt werden kann. Da bei einer Fabel die beiden Bedeutungsebenen recht evident sind, ist diese Textsorte gerade für Ungeübte und Anfänger besonders geeignet. Die entscheidende, das Verhalten des Rezipienten beeinflussende Bedeutung ist nach der Beschäftigung mit dem Text fest im Gedächtnis des Lesers verankert, sodass sich bei einer bekannten Fabel ein erneutes Erzählen erübrigt. Aus diesem Grund liegen Sprichwort, Sentenz, Fabel und Anekdote eng beiein-

[36] WA 50, 452–455; hier 452.

[37] WA 26, 547–550.

[38] Vgl. Alberus 1997; Lieb 1996; Waldis 2011.

ander und nicht zufällig beschäftigen sich Reformatoren ebenfalls mit ihnen. In einer längeren Studie zum Thema müssten sie daher gleichermaßen behandelt werden.[39]

3. Der unmittelbare Eindruck und seine Gefahren – das reformatorische Drama

Welch hohe Ansprüche an Rezipienten im 16. Jahrhundert gestellt wurden, dürfte deutlich geworden sein. Ebenso, welche Gefahren man darin sehen konnte, wenn man Leser mit dieser Aufgabe notgedrungen alleinlassen musste. Diese grundsätzlichen Befürchtungen und Sorgen steigerten sich allerdings noch durch eine Gattung, die im Mittelalter kaum vertreten war, weil es weder den rechten Ort dafür gab, noch eine Notwendigkeit dafür bestand, weil Literatur ohnehin hauptsächlich durch Performanz präsent war – das Drama. Es sei nur kurz erwähnt, dass es selbstverständlich bereits im Mittelalter geistliche Spiele gab, das weltliche Drama jedoch ist ein Kind der städtischen Literatur und beginnt entsprechend im Spätmittelalter mit dem Fastnachtspiel.[40]

In der Geschichte des Dramas wurde immer wieder diskutiert, ob es durch seine Unmittelbarkeit eine besondere Wirkung auszuüben imstande ist. Außerdem kann man durch die Mündlichkeit der Darbietung auch all diejenigen erreichen, die des Lesens nicht oder kaum mächtig sind. Andererseits jedoch birgt eben diese Unmittelbarkeit die Gefahr, dass die Rezipienten sich nicht mehr ausreichend von dem dargebotenen Geschehen distanzieren können, mithin vergessen, dass es sich um Kunst handelt, die verstanden und interpretiert werden muss, ein Phänomen, das sich heutzutage vor allem hinsichtlich Film und Fernsehen feststellen lässt. An eben diesem

---

[39] In diesen Zusammenhang gehörte im Übrigen auch der Roman, beispielsweise die Historia von D. Johann Fausten von 1587.

[40] Vgl. Schulze 2012; Simon 2003.

Dilemma sollte sich später die Poetik der Aufklärung abarbeiten.

Das Drama der Reformation knüpft vor allem an zwei noch junge Traditionen an: das oben erwähnte Fastnachtspiel und das Humanistendrama.[41] Dabei galt das Humanistendrama, ähnlich wie die Fabel, recht schnell als geeignet und wertvoll für den Schulunterricht. Luther selbst empfahl einige Bücher und Stellen der Bibel für dramatische Bearbeitungen, vor allem die Susanna- und die Judith-Geschichte. Dieser Empfehlung folgten zahlreiche Verfasser, die sich der reformatorischen Sache verschrieben hatten und die eine dramatische Umsetzung von biblischen Stoffen als vorteilhaft betrachteten:

> »Vorzüge des Dramas sind […] nicht nur der mit der Predigt übereinkommende Anredecharakter – besonders gegeben durch Prolog und Epilog –, sondern auch eine gegenüber der Predigt und anderen schriftlichen Gattungen größere Verständlichkeit. Das Drama wirkt gegenüber anderen Medien als ein freieres Medium. Es bietet infolge seiner gedehnteren Gestalt und seiner dialogischen Struktur weit mehr Raum als andere Gattungen, Gedanken zu entwickeln und zu entfalten, kompliziertere Sachverhalte zu erklären, Gegenpositionen zu widerlegen, kurz: das zu Vermittelnde in ansprechender und gemeinverständlicher Weise darzubieten. Mit dem Drama ist es stärker als mit den genannten anderen Gattungen möglich, dem Niveau des überwiegenden Teils der Zuschauer bzw. Zuhörer zu entsprechen. Dadurch bedingt, kann mit ihm ein größerer Kreis an Adressaten erreicht werden als mit den genannten anderen Gattungen.«[42]

Auf diese Weise kann auch an diese Textform mit rhetorischen Regeln herangegangen werden. Sie ist in der Aufführung rhetorische Praxis und bietet als Text die Möglichkeit zur intensiven gedanklichen Auseinandersetzung mit ihren Inhalten. »Die Komödie

[41] Vgl. für das Folgende vor allem die neue und vorzügliche Monographie von Metz 2013. Als Theologe ist Detlef Metz allerdings in erster Linie an kirchengeschichtlichen und theologischen Erkenntnissen interessiert, rezeptions- und wirkungstheoretische Betrachtungen wären noch zu ergänzen.

[42] Ebd., 738f.

leitet nicht nur zur Beredsamkeit an, sie lehrt auch Exempel bürgerlicher Sitten und führt so zur Tugend.«[43] Die Tragödie hingegen führt vor Augen, was falsches Handeln bewirken kann. Insofern eignen sich beide Formen zur Bildung und zum Erlernen interpretatorischer Fähigkeiten.[44] Die Unmittelbarkeit des Dramas verstärkt die affektive Wirkung, weil die dargebotenen Inhalte scheinbar enger mit dem Leben der Zuschauer verknüpft sind. In jedem Fall wird die Bühne »zum Ort der moralischen Erkenntnis, des richtigen Urteils und letztendlich zu einem erweiterten Unterrichtsraum«.[45]

Gerade ein solch didaktisch anspruchsvolles Ziel wirft jedoch die Frage auf, wie derartige Dramen gestaltet sein müssen, um sicherzustellen, dass die richtige Botschaft beim Publikum ankommt? Denn anders als bei erzählenden Texten fehlt es an der Vermittlung eines Erzählers, der durch Wertungen Verstehen kanalisiert, weshalb die meisten reformatorischen Stücke am Ende eine Evaluation bieten, in der ein Sprecher die entscheidenden Lehren des Gesehenen zusammenfasst.

Wie schwer diese Aufgabe den ersten Dramatikern gefallen ist, lässt sich besonders an einem Beispiel gut zeigen: Joachim Greff, der in Wittenberg studiert hatte und von Luther dazu ermuntert worden war, Dramen zu schreiben, kämpft zeitlebens mit der richtigen Umsetzung der Erzählungen in die dramatische Form. So sind seine Texte gekennzeichnet von langen Monologen, Reflexionen und Moralisierungen, die vermutlich sicherstellen sollen, dass das Publikum die Inhalte gemeinsam mit den Figuren reflektiert. Es lässt sich unschwer erkennen, dass es dem Lehrer und Dramatiker Greff schwer fiel, biblische Stoffe einer Dramatisierung zu unterziehen, deren Rezeption nicht gelenkt ist. Grund dafür könnte

43 Ebd., 127.

44 Die Begriffe ›Tragödie‹ und ›Komödie‹ müssen für diese Zeit genauer betrachtet werden, da sich ihre Definition nicht mit der nachaufklärerischen deckt. Für diesen Zusammenhang kann allerdings der Hinweis genügen.

45 Roling 2004, 364.

sein, dass er sich 1543 zu Beginn seiner Nebentätigkeit als Dramatiker in Dessau einem heftigen Streit an seinem Wirkungsort ausgesetzt sah. Dabei ging es schlicht um die Frage, »an sacras historias carmine redditas tanquam Comoedias Christiano populo quovis in loco sacro vel prophano audiendas et spectandas liceat proponere«.[46]

Genau diese Frage stellte er schließlich fünf Gutachtern in Wittenberg: Martin Luther, Philipp Melanchthon, Georg Major, Hieronymus Nopus und Paul Eber. Alle Gutachter verteidigten das Bibeldrama, wobei Melanchthon in seiner Erwiderung recht deutlich darauf hinweist, dass er derartige Streitigkeiten für überholt und unzeitgemäß halte. Georg Major bemerkt darüber hinaus, dass nicht nur Dramen genutzt werden sollten, biblische Stoffe unter das Volk zu bringen, sondern auch Gemälde, Schnitzereien, Gesänge und sonstige musikalische Darbietungen. Dramen, sofern sie gut gemacht seien, förderten das Wort Gottes. Hieronymus Nopus benennt erforderliche Eigenschaften dieser Art der Verkündigung:

> »Gewährleistet sein müssten Wahrheit, Ernst (*gravitas*), Ehrerbietung, geschuldeter Gebrauch und Modus, ausgeschlossen sein müssten phantastische Erdichtungen von Erfindungen, also insbesondere inhaltlich problematische Zusätze zum biblischen Text, Oberflächlichkeit und Possenreißerei, Mangel an Ehrfurcht und Missbrauch.«[47]

Bei aller Unterstützung sah sich Greff dennoch mit einem Problem konfrontiert, das dem (reformatorischen) Drama inhärent ist. Nach der Vorstellung der Reformatoren sollte es sich dadurch vom päpstlichen geistlichen Spiel abgrenzen, indem es weniger auf direktes emotionales Erleben als Reaktion auf Dargebotenes abzielt. Gleichwohl wurden protestantische Dramen häufig in gottesdienstähn-

[46] »ob es erlaubt sei, heilige Geschichten in Reimen wie Komödien dem christlichen Volke an jedem heiligen oder profanen Orte zum Anhören oder Anschauen vorzuführen«. Vgl. zu den Quellen Neumann 1987, 910.

[47] Metz 2013, 153.

liche Zusammenhänge eingebunden. Detlef Metz sieht daher in der Aufführung eines Dramas eine

> »Einübung in den Gottesdienst und in die private Hausandacht, zugleich auch als vertiefende Begleitung des im Gottesdienst Vollzogenen und Gehörten [...]. Versteht man die Aufführung im Sinne der Einübung von Verhaltensweisen für den Gottesdienst und die private Frömmigkeit und als Vertiefung dessen, fügen sich die einzelnen Elemente gut ein. Menschen sind versammelt, eine biblische Geschichte wird präsentiert und ausgelegt, Lieder werden von den Versammelten gesungen oder von den Darstellern vorgetragen, diese sprechen Gebete. Das alles hat einen Bezug zum öffentlichen Gottesdienst wie auch zur privaten Andacht. [...] Die gezeigte Gebetspraxis führt das Beten als normalen, täglichen Vollzug vor Augen, der das ganze Leben prägt. Für die Darstellung der biblischen Geschichte selbst lässt sich wieder auf das Zuhören, als mitdenkendes, den Stoff auf die eigene Existenz anwendendes Zuhören verweisen.«[48]

Eine derartige Konzentration auf ein Ziel drängt ein *delectare* schnell in den Hintergrund. Zwar sollen die Zuschauer sich von der Dramatik des Gezeigten mitreißen lassen, gleichwohl aber sollen sie das Präsentierte aus der erforderlichen Distanz analysieren und verarbeiten. Damit bewegt sich eine Gattung, die an sich auf den Affekt ausgerichtet ist, auf einem schmalen Grat zwischen *prodesse* und *delectare*, womit sich der Zuschauer noch sehr viel mehr als im späteren Illusionstheater auf ein Spiel der Bedeutungen einlassen muss.[49]

---

[48] Metz 2013, 749f.

[49] An dieser Stelle wären genauere Analysen einzelner Dramen wichtig, die nicht direkt die Qualität der Texte an den Dramen moderner Zeit messen, was leider bei vielen Studien, die es bisher gibt, der Fall ist. In der Regel werden lediglich Dramenautoren und Texte zusammengestellt, grob besprochen und beurteilt. Die Besonderheit der Stellung dieser Dramenform wird kaum berücksichtigt, vor allem aber werden Rezeptionsprozesse zu wenig in den Blick genommen. Vgl. beispielsweise Michael 1984.

4. Resümee

Es fällt auf, dass die reformatorischen Autoren vor allem diejenigen Textsorten bevorzugen, mit denen erstens Menschen möglichst unmittelbar erreichbar sind und zweitens durch die Rezeptionsanforderungen dazu angehalten werden, sich ganz neu mit den Inhalten auseinanderzusetzen. Reformatorische Literatur nimmt folglich die Formel des *delectare aut prodesse* in besonderer Form ernst: Die Texte sind verständlich und sprachlich bildhaft gestaltet bzw. werden im Drama vor Augen gestellt. Auf diese Weise gelingt es jedem Rezipienten, Inhalte wenigstens teilweise aufzunehmen. Zugleich jedoch erfordert das Dargestellte, dass der Rezipient sich Gedanken über die tiefere Wahrheit hinter dem Vorgebrachten macht und damit eine Rezeptionshaltung einübt, die es ihm ermöglicht, die Bibel mit allen Sinnen in rechtem Glauben zu erfassen. Reformatorische Literatur ist eine Schulung der Rezeption christlicher Lehre. Eben dadurch jedoch ist sie zugleich eine Weiterentwicklung des Funktionskreises von Literatur überhaupt, wie sie später Hermeneutiker beschrieben haben. Reformatorische Literatur schult in Wahrnehmung, nicht nur in der Wahrnehmung von Texten, sondern auch in der Wahrnehmung von Welt. Bringe Dich in die Lage, jeden Text und jede Situation durch Deine Kenntnisse und Deine Erfahrung zu verstehen, zu durchschauen und zu meistern. Das ist der voraufklärerische Grundsatz dieser Geisteshaltung, der natürlich bedingt ist durch eine Phase größter Verwirrung in allen Lebensbereichen.

Anteil an dieser literarischen Entwicklung haben neben den genannten Textsorten auch kürzere Erzählungen wie Novellen, Prosaromane, Verbindungen zwischen Texten und Bildern wie bei Emblembüchern sowie geistliche Lieder unterschiedlicher Art. Auch wenn diese Gattungen nicht erörtert wurden, konnte hoffentlich klar werden, wie wichtig es wäre, in einer Gesamtschau die Wechselwirkung von Literatur und Reformation zu betrachten.

Natürlich ist der Weg von Reformation und Humanismus zu den Prinzipien der Aufklärung noch weit, und doch zeigen sich erste Anzeichen, dass hier das Pendel sich zunehmend deutlich in Richtung einer Pädagogik bewegt, die darauf aus ist, dem Einzelnen Möglichkeiten zu eröffnen, sich mittels seiner Vernunft den Anforderungen der Welt und geistlichen Fragen zu stellen. »Die Aufklärer selbst knüpften an Humanisten, insbesondere an Erasmus, an. Für sie war der Hauptbeitrag der Reformatoren die befreiende Tat, mit der sie beispielhaft Neues wagten.«[50]

Faszinierenderweise kommt der Literatur auf diesem Weg eine entscheidende Bedeutung zu. Diese zu beschreiben ist die vorrangigste Aufgabe der Literaturwissenschaft.

Literatur

Alberus, Erasmus (1997): Die Fabeln. Die erweiterte Ausgabe von 1550 mit Kommentar sowie die Erstfassung von 1534, hg. von Wolfgang Harms / Herfried Vögel, Tübingen.

Augustinus (1995): De Doctrina Christiana, hg. u. übers. v. Roger P. H. Green, Oxford.

Berwald, Olaf (1994): Philipp Melanchthons Sicht der Rhetorik, Wiesbaden.

Beutel, Albrecht (1998): Protestantische Konkretionen. Studien zur Kirchengeschichte, Tübingen.

Beyer, Michael u.a. (Hgg.) (1996): Humanismus und Wittenberger Reformation, Leipzig.

Böhl, Meinrad / Reinhard, Wolfgang / Walter, Peter (Hgg.) (2013): Hermeneutik. Die Geschichte der abendländischen Textauslegung von der Antike bis zur Gegenwart, Wien.

Christ-von Wedel, Christine (2014): Humanismus – Reformation – Aufklärung. Zusammenhänge und Brüche, in: 500 Jahre Reformation: Bedeutungen und Herausforderungen, hgg. von Petra Bosse-Huber / Serge Fornerod / Thies Gundlach / Gottfried Wilhelm Locher, Zürich 2014, 139–148.

[50] Christ-von Wedel 2014, 147.

Cicero, Marcus Tullius (1998): De Inventione. Über die Auffindung des Stoffes, hg. und übers. von Theodor Nüßlein, Düsseldorf/Zürich.

Classen, Carl Joachim (2003): Neue Elemente in einer alten Disziplin. Zu Melanchthons *De Rhetorica libri tres*, in: ders., Antike Rhetorik im Zeitalter des Humanismus. München/Leipzig, 254–309.

Dicke, Gerd (1994): Heinrich Steinhöwels Esopus und seine Fortsetzer. Untersuchungen zu einem Bucherfolg der Frühdruckzeit, Tübingen.

Dithmar, Reinhard ([7]1988): Die Fabel. Geschichte – Struktur – Didaktik, Paderborn/München/Wien/Zürich.

Dithmar, Reinhard (Hg.) (1989): Martin Luthers Fabeln und Sprichwörter, Frankfurt am Main.

Doderer, Klaus (1964): Über das »betriegen zur Warheit«. Die Fabelbearbeitungen Martin Luthers, in: Wirkendes Wort 14, 379–388.

Ebeling, Gerhard (1971): Lutherstudien, Bd. 1, Tübingen.

Elschenbroich, Adalbert (1990): Die deutsche und lateinische Fabel in der Frühen Neuzeit, Bd. II: Grundzüge einer Geschichte der Fabel in der Frühen Neuzeit, Tübingen.

Erlemann, Kurt / Nickel-Bacon, Irmgard / Loose, Anika (2014): Gleichnisse – Fabeln – Parabeln. Exegetische, literaturtheoretische und religionspädagogische Zugänge, Tübingen.

Fuchs, Thorsten (2008): Philipp Melanchthon als neulateinischer Dichter in der Zeit der Reformation, Tübingen.

Hartmann, Martina (2001): Humanismus und Kirchenkritik: Matthias Flacius Illyricus als Erforscher des Mittelalters, Stuttgart.

Horaz (Quintus Horatius Flaccus) (1972): Ars Poetica. Die Dichtkunst, hg. und übers. von Eckart Schäfer, Stuttgart.

Knape, Joachim (2000): Was ist Rhetorik? Stuttgart.

Knape, Joachim (2012): *narratio*. In: Historisches Wörterbuch der Rhetorik, Bd. 6, hg. von Gert Ueding, Tübingen, Sp. 98–106.

Kursawe, Barbara (2000): docere – delectare – movere: Die officia oratoris bei Augustinus in Rhetorik und Gnadenlehre, München, Wien, Zürich.

Leppin, Volker / Schneider-Ludorff, Gury (Hgg.) ([2]2015): Das Luther-Lexikon, Regensburg.

Leppin, Volker (2016): Die fremde Reformation. Luthers mystische Wurzeln, München.

Lieb, Ludger (1996): Erzählen an der Grenze der Fabel. Studien zum *Esopus* des Burkhard Waldis, Frankfurt am Main.

Luther, Martin (1883–2009): D. Martin Luthers Werke, Weimarer Gesamtausgabe (WA).

Mecklenburg, Norbert (2016): Der Prophet der Deutschen. Martin Luther im Spiegel der Literatur. Stuttgart 2016.

Melanchthon, Philipp (2001): Elementa rhetorices. Grundbegriffe der Rhetorik, hg., übersetzt und kommentiert von Volkhard Wels, Berlin.

Metz, Detlef (2013): Das protestantische Drama. Evangelisches geistliches Theater in der Reformationszeit und im konfessionellen Zeitalter, Köln/Weimar/Wien.

Michael, Wolfgang F. (1984): Das deutsche Drama der Reformationszeit, Bern/Frankfurt am Main u.a.

Neumann, Bernd (1987): Geistliches Schauspiel im Zeugnis der Zeit. Zur Aufführung mittelalterlicher religiöser Dramen im deutschen Sprachgebiet, Bd. 2, München.

Prestel, Peter (1992): Die Rezeption der ciceronianischen Rhetorik durch Augustinus in »de doctrina Christiana«, Frankfurt am Main/Berlin/Bern u.a.

Quintilianus, Marcus Fabius (1972): Ausbildung des Redners. Zwölf Bücher. Erster Teil Buch I–VI, hg. u. übers. v. Helmut Rahn, Darmstadt.

Roling, Bernd (2004): Erziehung durch Literatur im Werk Philipp Melanchthons, in: Christel Meier / Heinz Meyer / Claudia Spanily (Hgg.): Das Theater des Mittelalters und der frühen Neuzeit als Ort und Medium sozialer und symbolischer Kommunikation, Münster, 289–365.

Roloff, Hans-Gert (1977): Reformationsliteratur, Reallexikon der deutschen Literaturgeschichte, hg. von Werner Kohlschmidt / Wolfgang Mohr, Bd. 3, 2. Auflage, Berlin, 365–403.

Scheible, Heinz (1996): Melanchthon und die Reformation. Forschungsbeiträge, hg. von Gerhard May und Rolf Decot. Mainz.

Schulze, Ursula (2012): Geistliche Spiele im Mittelalter und in der Frühen Neuzeit. Von der liturgischen Feier zum Schauspiel. Eine Einführung, Berlin.

Schweitzer, Friedrich / Lorenz, Sönke / Seidl, Ernst (Hgg.) (2010): Philipp Melanchthon. Seine Bedeutung für Kirche und Theologie, Bildung und Wissenschaft, Neukirchen-Vluyn.

Simon, Eckehard (2003): Die Anfänge des weltlichen deutschen Schauspiels 1370–1530. Untersuchung und Dokumentation, Tübingen.

Stammler, Wolfgang ([2]1950): Von der Mystik zum Barock 1400–1600, Stuttgart.

Stolze, Radgundis (2003): Hermeneutik und Translation, Tübingen.

Waldis, Burkhard (2011): Esopus. 400 Fabeln und Erzählungen nach der Erstausgabe von 1548, 2 Bde., hgg. von Ludger Lieb / Jan Mohr / Herfried Vögel, Berlin/New York.

Woesler, Winfried (2015): Die deutsche Fabel bei Steinhöwel und in der Folgezeit, in: Die Bedeutung der Rezeptionsliteratur für Bildung und Kultur der Frühen Neuzeit (1400–1750), III. Beiträge zur dritten Arbeitstagung in Wissembourg/Weißenburg (März 2014), hgg. von Peter Hvilshøj Andersen-Vinilandicus / Barbara Lafond-Kettlitz, Bern, Berlin, Bruxelles u.a. 2015 (Jahrbuch für Internationale Germanistik Reihe A, Bd. 120), 183–209.

Ulrich H.J. Körtner

Theologische Theorie der Wissenschaften in reformatorischer Verantwortung

1. Verständigung über das Thema

Das mir gestellte Thema, das ich unverändert übernommen habe, klingt zugegebenermaßen etwas umständlich und lässt sich in unterschiedliche Richtungen ausdeuten. Deshalb möchte ich eingangs darlegen, wie ich das Thema verstehe und welche Fragestellung ich daher in meinem Vortrag verfolgen werde. Dabei werde ich etwas weiter ausholen müssen.

Die Wendung »theologische Theorie der Wissenschaften« könnte die Erwartung wecken, hier solle eine theologische Wissenschaftstheorie entworfen werden. Dann fragt man sich freilich, was man sich unter einer solchen Wissenschaftstheorie vorzustellen hat. Wohlgemerkt ist ja nicht von einer Wissenschaftstheorie der Theologie die Rede – also dem, was heute auch unter dem Begriff der Fundamentaltheorie abgehandelt wird. Es geht folglich nicht – oder doch nicht in erster Linie – um die Frage, was die Theologie zur Wissenschaft macht und welcher Wissenschaftsbegriff einem Verständnis von Theologie als Wissenschaft zugrunde liegt. Im Fokus steht also auch nicht die Frage, ob die Theologie überhaupt im modernen Sinne als Wissenschaft gelten kann, ob sie zumindest Elemente von Wissenschaftlichkeit besitzt und wo sie möglicherweise die Grenzen der Wissenschaft überschreitet.

Gefragt ist stattdessen nach einer theologischen Theorie der Wissenschaften insgesamt, doch mögen sich gegen ein solches Vorhaben grundsätzliche Bedenken erheben. Soll etwa einer christlichen Philosophie, wie sie bis heute in der katholischen Theologie als eigene Disziplin vertreten wird, eine christliche Wissenschaftstheorie zur Seite gestellt werden? Dazu fällt mir sogleich das Diktum Rudolf Bultmanns ein, es könne wohl christliche Schuhmacher geben, aber keine christliche Schuhmacherei.[1] Und entsprechend gelte: »Es gibt weder eine christliche Wissenschaft noch eine christliche Ethik« – übrigens auch kein christliches politisches Programm, »keine christliche Kunst, keine christliche Bildung, keine christliche Pädagogik« und auch keinen »christlichen Humanismus«[2] –, »denn eine ›christliche‹ Methode gibt es auf all diesen Gebieten des Geisteslebens nicht«[3].

Die Wissenschaftlichkeit jeder Wissenschaft hängt an ihrer jeweiligen Methode oder ihrem Methodenensemble. Eine spezifisch christliche wissenschaftliche Methode aber gibt es tatsächlich nicht. Insofern kann es tatsächlich keine christliche Wissenschaft geben, sondern nur eine Wissenschaft vom Christentum. Ob es auch keine christliche Kunst gibt, scheint mir hingegen eher eine Frage der Definition. Wenn nicht nur gemeint ist, dass es sich um die künstlerische Bearbeitung christlicher Themen, sondern hinter der künstlerischen Darstellung auch eine spezifische Sichtweise der Kunst – man denke nicht nur an die orthodoxe Ikonenmalerei, sondern auch an die abstrakte Kunst eines Piet Mondrian, die durch die altreformierte Interpretation des alttestamentlichen Bilderverbotes beeinflusst ist –, dann halte ich es durchaus für legitim, von einer christlichen Kunst zu sprechen. Allerdings gibt es keine christliche Kunstwissenschaft, sondern nur eine kunstwissenschaftliche Forschung zur christlichen Kunst und ihrer Geschichte.

Nun spricht das mir gestellte Thema nicht von einer *christlichen*, sondern von einer *theologischen* Theorie der Wissenschaften. Vorausgesetzt, dass wir die Theologie ihrerseits als Wissenschaft gel-

[1] Vgl. Bultmann 1952, 138.

[2] A.a.O., 137.

[3] A.a.O., 138.

ten lassen können, lässt sich die sinnvolle Frage stellen, welches Verständnis von Wissenschaft als Teil menschlicher Kultur und Ausdruck menschlichen Erkenntnisstrebens in der Theologie diskutiert wird und wie sich die Theologie auf dem Feld der Wissenschaften selbst verortet. Letzteres wäre nun wieder das Thema einer Wissenschaftstheorie der Theologie, das ich aber, wie schon gesagt, nur am Rande streifen werde. Eine theologische Theorie der Wissenschaften in dem hier vorgeschlagenen Sinne setzt sich nicht zum Ziel das Unding einer christlichen Wissenschaft begründen zu wollen, wohl aber, eine Interpretation wissenschaftlichen Handelns in theologischer Perspektive vorzunehmen. Wie beispielsweise die Biologie etwas zum Verständnis des Menschen beizutragen hat und sich am interdisziplinären Gespräch mit der Philosophie, der Soziologie, der Psychologie und anderen Disziplinen über Fragen der Anthropologie beteiligt, so kann und soll sich die Theologie auch am interdisziplinären Diskurs über das Selbstverständnis von Wissenschaft beteiligen.

Nun heißt es, entsprechende Überlegungen seien in meinem Vortrag »in reformatorischer Verantwortung« anzustellen. Auch diese Näherbestimmung bedarf einer Klärung. Ich verstehe die Wendung so, dass ein theologischer Beitrag zur wissenschaftstheoretischen Debatte unter Berücksichtigung des Erbes der Reformation erwartet wird. Wenn von »reformatorischer Verantwortung« gesprochen wird, ist aber wohl nicht an einen reformationsgeschichtlichen Beitrag gedacht, der den Einfluss der Reformation auf die Entstehung der neuzeitlichen Wissenschaften und ihre Geschichte beschreibt. Eine solche Erwartung könnte ich auch gar nicht erfüllen, da ich kein Reformationshistoriker, sondern systematischer Theologe bin. Die mir vorgegebene und von mir akzeptierte Formulierung »reformatorische Verantwortung« enthält nicht so sehr eine historische als vielmehr eine normative Fragestellung. Man kann die darin enthaltene Frage so formulieren: Wie steht es um die wissenschaftliche Verantwortung in reformatorischer Perspektive? Oder nochmals etwas anders ausgedrückt: Was ist verantwortliche Wissenschaft bzw. wissenschaftliche Verantwortung in der Perspektive reformatorischer Theologie? So verstanden, handelt es sich letztlich um eine Frage der Ethik, genauer gesagt der Wissenschaftsethik. Und tatsächlich werde ich zum Schluss meines Vortrags auf das Thema der Freiheit und des Ethos der Wissenschaft zu sprechen kommen. Ich werde aber zuvor auch systematisch-theologische Erwägungen zum Verhältnis von moderner Wissenschaft und reformatorischer Theologie anstellen, die es wiederum erforderlich machen, zumindest skizzenhaft das Verhältnis von Reformation, Universität und Wissenschaft im 16. Jahrhundert darzustellen und auch auf die Transformationsprozesse einzugehen, die sich im Verhältnis von Protestantismus und Wissenschaft seit der Aufklärung vollzogen haben. So dilettantisch meine Bemühungen auch sein mögen, so wenig kommt der Systematische Theologe an dieser Stelle ohne ein Minimum an historischen Kenntnissen aus.

Allerdings verlangt nun auch der Begriff des Reformatorischen wie derjenige der reformatorischen Theologie vorab nach einer genauen Bestimmung. Wenn im Folgenden von reformatorischer Theologie gesprochen und gefragt wird, welche Potentiale ihr Erbe für uns heute bereit hält, geschieht dies nicht so sehr in historischer als in systematischer Absicht.[4] So sehr die Reformation auch die Moderne vorbereitet hat und bis heute prägt, so sehr ist das reformatorische Erbe gravierenden Transformationsprozessen ausgesetzt, in denen Versuche einer Neuaneignung reformatorischen Denkens Erscheinungsformen der Distanzierung und Fremdheitserfahrungen gegenüberstehen. Ist für die einen das theologische Erbe der Reformation die Norm ihres eigenen Denkens, so für andere Gegenstand der Kritik, wobei die Theologie der Reformatoren nicht nur zwischen den Konfessionen, sondern auch innerhalb des Protestantismus dem Konflikt der Interpretationen ausgesetzt ist.

Reformatorische Theologie, wie ich den Begriff gebrauche, ist

[4] Vgl. dazu ausführlich Körtner 2010.

nicht mit der historischen Rekonstruktion der Theologie der Reformatoren oder einer Quersumme ihres Denkens zu verwechseln, auch nicht mit einer ungeschichtlichen Wiederholung theologischer Lehraussagen des 16. Jahrhunderts. Gemeint ist vielmehr eine gegenwartstaugliche Theologie, die sich an den grundlegenden Einsichten der Reformation orientiert.

Ob es *die* Reformation überhaupt gegeben hat, oder ob es sich bei ihr lediglich um ein historiographisches Konstrukt späterer Generationen handelt, ist in den beiden letzten Jahrzehnten Gegenstand von kirchenhistorischen und theologischen Debatten geworden.[5] Der Begriff des Reformatorischen bezeichnet eben nicht nur eine historische Epoche, sondern zugleich die aus ihr abgeleiteten theologischen Normen und identitätsstiftenden Grundüberzeugungen evangelischen Glaubens und evangelischer Kirchen.

Maßstab für einen systematischen Begriff reformatorischer Theologie, wie ich ihn im Folgenden gebrauche, ist der systematische Begriff des Evangelischen. Reformatorische Theologie ist demnach gleichbedeutend mit evangelischer Theologie, soweit und sofern mit evangelisch das Evangeliumsgemäße im Sinne der reformatorischen Rechtfertigungslehre gemeint ist. Ich gehe von der These aus, dass die Lehre von der bedingungslosen Annahme und Rechtfertigung des Gottlosen und die aus ihr abgeleitete Kirchenkritik nicht der alleinige Inhalt, wohl aber das theologische Zentrum der Reformation ist. Die Rechtfertigungslehre aber ist als Freiheitslehre zu verstehen, deren Impulse und Implikationen für das Freiheitsproblem in der Moderne besonders zu bedenken sind. Maßstab und Quelle christlichen Glaubens und Lebens aber ist nach reformatorischem Verständnis die Bibel, verstanden und gelesen als Heilige Schrift, weil in ihr das gewissmachende Evangelium von der bedingungslosen Rechtfertigung des Gottlosen ursprünglich und maßgeblich bezeugt wird. Wenn Evangeliumsgemäßheit als Sachkriterium reformatorischer Theologie bestimmt wird, be-

[5] Vgl. Hamm/Moeller/Wendebourg 1995; Hamm/Welker 2008; Leppin, 2002.

deutet dies, dass alle sich reformatorisch, protestantisch oder evangelisch nennende Theologie stets darauf hin zu prüfen ist, ob und inwieweit sie diesem Kriterium entspricht. Reformatorische Theologie kann demnach nur als selbstkritische Theologie betrieben werden, die nicht schon durch den Ausweis historischer Kontinuitäten legitimiert ist, sondern sich durch alle neuzeitlichen Transformationsprozesse hindurch befragen lassen muss, inwieweit sie ihren Grund und Gegenstand trifft oder verfehlt.

So also verstehe ich Theologie in reformatorischer Verantwortung, und aus diesem Blickwinkel soll nun im Folgenden das Verhältnis von reformatorischer Theologie und Wissenschaft erörtert werden.

2. Protestantismus und Wissenschaft im Urteil heutiger Wissenschaftshistorik

Über den Einfluss der Reformation auf Entstehung und Entwicklung der neuzeitlichen Wissenschaft herrschen freilich gegenteilige Ansichten. Evangelische Kirchen und evangelische Theologie schätzen den Anteil der Reformation herkömmlicherweise hoch ein.[6] Eingängig ist die Formel von der Reformation als Freiheits- und Bildungsbewegung mit Philipp Melanchthon als *praeceptor Germaniae* an ihrer Spitze.

Das fügt sich gut zu der Sichtweise des Historikers Nipperdey, der in einem Aufsatz über Luther und die moderne Welt notiert hat: » Alle intellektuellen Modernisierungstendenzen seit der Aufklärung und alle freie wissenschaftliche Reflexion sind darum gerade in der Theologie ausgetragen worden und nicht neben ihr oder

[6] Vgl. z.B. das Dokument: Die Bedeutung der wissenschaftlichen Theologie in Gesellschaft, Universität und Kirche. Ein Beitrag der Kammer der Evangelischen Kirche in Deutschland für Theologie (EKD-Texte 104), Hannover 2009.

gegen sie, die Moderne hat von den Problemen dieser lutherisch geprägten Theologie gelebt. Die Zunahme wissenschaftsorientierter Reflexion in der neuzeitlichen Kultur hat hier eine ganz wesentliche lutherische Wurzel, und dann auch die Anfälligkeit der Wissenschaftsgläubigen für allerlei Halbwissenschaften. Daß in Deutschland die Professoren eine so führende Rolle gespielt haben und daß es zum Charakter der Deutschen gehört, eine Überzeugung, einen Standpunkt, eine Weltanschauung vor allem zu haben, das ist eine Folge dieser lutherischen Kultur«[7].

Gern wird auch auf die Impulse der Reformation für die Bibelexegese und damit für das Entstehen der neuzeitlichen Textwissenschaften verwiesen. Noch immer trifft man auf die Vorstellung, das reformatorische Schriftprinzip und Luthers Hochschätzung des Literalsinns hätten in direkter Linie zum Entstehen der historisch-kritischen Bibelauslegung geführt. Doch hält diese Überzeugung einer differenzierten historischen Betrachtung bekanntlich nicht stand.

Ernst Troeltsch, einer der Vordenker des modernen Kulturprotestantismus, vertrat die Ansicht, der Epochenschwelle der Aufklärung sei ein erhebliches Eigengewicht beizumessen, nicht nur auf dem Gebiet der Bibelexegese, sondern für die protestantische Theologie und ihr Verhältnis zu den modernen Wissenschaften insgesamt. Nach seinem Urteil ist ein großer Teil der Grundlagen der modernen Welt in Staat, Gesellschaft, Wirtschaft, Wissenschaft und Kunst völlig unabhängig vom Protestantismus entstanden. Die moderne autonome Wissenschaft sei »aus dem Protestantismus nicht geboren, sondern nur mit ihm verschmolzen und hat ihn vom ersten Augenblick dieser Verschmelzung ab in schwere Kämpfe hineingerissen, die bis heute nichts weniger als erledigt sind«[8]. Bemerkenswert ist, dass Troeltsch nicht – gewissermaßen in apologetischer Absicht – nach historisch-genetischen Motiven

---

7 Nipperdey, 1986, 38.

8 Troeltsch 2001, 223.

der Reformation fragt, aus denen die Moderne hervorgegangen sein könnte, sondern danach, wie Protestantismus und Moderne zusammen bestehen können.[9] Forscher unserer Tage wie Wolfgang Flügel sprechen von einer seit 500 Jahren anhaltenden Wechselwirkung zwischen dem Protestantismus und seinem reformatorischen Erbe und der Moderne.[10]

Dass im Zuge der Reformation von Wittenberg aus eine grundlegende Universitätsreform eingeleitet wurde, die auf die neuzeitliche Wissenschaftsgeschichte großen Einfluss hatte, ist unbestritten. In welchem Ausmaß dies gilt, ist aber historisch strittig. Tatsächlich führte die Reformation zu bemerkenswerten lutherischen Neugründungen von Universitäten, etwa der Universität Marburg 1527 oder der Akademie in Straßburg (1566), die 1621 Universitätsrang erhielt, wie auch von reformierten Bildungsstätten außerhalb des Heiligen Römischen Reiches deutscher Nation, z.B. in Zürich (1525), Bern (1528), Genf (1559) oder Debrecen (1538). Die jüngere Forschung gelangt jedoch zu dem Ergebnis, dass die unmittelbaren Einflüsse reformatorischer Theologie – genauer gesagt, der Theologie Luthers – nicht überschätzt werden dürfen.

Der Umstand, dass die Reformation von Universitätsprofessoren angestoßen und vorangebracht wurde und dass die Wittenberger Universität sich zu ihrem intellektuelles Zentrum mit europaweiter Ausstrahlungskraft entwickelte, kann nicht hoch genug veranschlagt werden. Der Kirchenhistoriker Thomas Kaufmann stellt lapidar fest: »Ohne Universität keine Reformation.«[11] Aber das heißt noch nicht im Umkehrschluss, dass es ohne Reformation kein modernes Universitätswesen und keine moderne Wissenschaft gäbe. Die Reform der Wittenberger Artistenfakultät griff auch Ideen des vorreformatorischen Humanismus auf. Hingegen wurden Luthers radikale Kritik an der herrschenden aristotelischen Philosophie

9 Vgl. Troeltsch 1922,229.

10 Vgl. Flügel 2014, 12.

11 Kaufmann 1997, 11.

und seine universitätspolitischen Reformideen nicht einmal in Wittenberg 1:1 umgesetzt.[12] Der Wiener Bildungswissenschaftler Henning Schluß stuft die Reformation sogar anfänglich als Bildungskatastrophe ein, weil sie anfangs »mit einer Verheerung der althergebrachten Bildungslandschaft«[13] einherging, und zwar nicht etwa nur als unbeabsichtigte Nebenfolge, sondern als bewusst herbeigeführtes Absterben der spätmittelalterlichen Bildungsinstitutionen. Dass Luther selbst schon Impulse für ein Bildungsverständnis gesetzt hat, die man üblicherweise erst in der Aufklärungszeit vermutet, ist freilich bei Schluß die andere Seite der Medaille.

3. Glaube, Wissen und moderne Wissenschaft in systematisch-theologischer Perspektive

Meine systematisch-theologischen Überlegungen zum Verhältnis von Glaube, Theologie und Wissenschaft in reformatorischer Tradition setzen beim Verhältnis von Glauben und Wissen an. Glauben, so eine gängige Redewendung, heißt nicht Wissen. Aber die Entgegensetzung von Glauben und Wissen ist ebenso vordergründig falsch wie hintergründig richtig. Zu fragen ist ja nicht nur, was »Glauben«, sondern auch, was »Wissen« heißt. Glauben und Wissen liegen auf unterschiedlichen Ebenen, wenngleich der Glaube durchaus etwas zu wissen gibt. Doch was der Glaube zu wissen gibt, betrifft nicht nur unser Vernunftwissen, sondern unser Gewissen.[14]

[12] Vgl. Scheible 2010b, 126. Luthers Selbstaussagen dürfen nicht mit dem tatsächlichen Verlauf der Ereignisse verwechselt werden. Im Anschluss an Scheible siehe auch Volker Leppin, Universitätswissenschaft, in: Beutel 2005, 62–67, der Luthers theologische Entwicklung und Aristoteles-Kritik in der spätmittelalterlichen Auseinandersetzung zwischen *via antiqua* und *via moderna* verortet.

[13] Schluß 2014, 71.

[14] Vgl. Ebeling 1982, 156.

Nach reformatorischer Tradition ist Glauben der biblische Begriff für Gewissheit. Nun kann es ohne Gewissheit grundsätzlich keine Form von Wissen und auch keine Wissenschaft geben. Unter Wissenschaft wollen wir alle Bemühungen verstehen, auf einem genau definierten methodischen Weg, über dessen Vernünftigkeit eine intersubjektive Verständigung im freien Diskurs erzielt wird, zu einem gesicherten und das heißt geprüften Wissen zu gelangen. Prüfung meint soviel wie Kritik, und Kritik setzt den methodischen Zweifel voraus.

Der methodische Zweifel ist ein grundlegendes Merkmal moderner Wissenschaft. Ihre Logik der Forschung im Sinne Karl Poppers kennt keine letzte Gewissheit als Ziel, sondern ihre Wahrheitssuche bleibt ein unabgeschlossener Prozess, in dem vermeintliches Wissen und die es begründende Theorie permanent in Zweifel gezogen werden. Dennoch liegt am Grunde alles Wissens nicht der Zweifel, sondern Gewissheit, wie Ludwig Wittgenstein in seinen Vorlesungen »Über Gewißheit« gezeigt hat.[15] Schon das berühmte und durchaus voraussetzungsreiche »Cogito, ergo sum« René Descartes setzt die Gewissheit der eigenen Existenz des Zweifelnden vor jeden Zweifel. Ohne irgendwelche elementaren Gewissheiten ist auch keine moderne Wissenschaft mit ihrem Falsifikationsprinzip möglich, auch wenn diese nicht mehr, wie in der Zeit vor der Aufklärung – also z.B. auch in der altprotestantischen Orthodoxie – metaphysischer Natur sind.

Die Gewissheit des Glaubens betrifft nicht unser Wissen über die objektiv beschreibbare Wirklichkeit, sondern die Frage nach dem Sinn, dem Grund und der Bestimmung dieser Wirklichkeit und unseres Daseins. Wir können auch sagen: der Glaube betrifft das Gewissen, das um Schuld und Vergebung ringt. Er ist der Erlösung und bedingungslosen Annahme durch Gott gewiss. Diese Gewissheit gibt uns durchaus etwas zu wissen und zu denken. Nun gibt es verschiedene Arten des Wissens: theoretisches Wissen,

[15] Vgl. Wittgenstein 1984.

technisch-praktisches Handlungswissen und religiöses Erlösungswissen.

Der Wissenschaftstheoretiker Jürgen Mittelstraß unterscheidet zwischen *Verfügungswissen* und *Orientierungswissen*.[16] Letzteres ist auch das Wissen des christlichen Glaubens, dessen kritische Prüfung die Aufgabe der Theologie ist. Während uns Verfügungswissen eine Antwort auf die Frage gibt, was wir tun können, beantwortet Orientierungswissen die Frage, was wir können sollen und wie wir leben sollen. Das Wissen des Glaubens transzendiert diese Frage nochmals, indem es nach dem Grund unseres Daseins und unserer Lebensmöglichkeiten fragt. Das theologische Orientierungswissen gibt eine Antwort auf die Frage, worauf wir im Leben und im Sterben vertrauen und hoffen dürfen.

Kennzeichen moderner Wissenschaft ist freilich nicht nur der methodische Zweifel, sondern auch der methodische Atheismus. Nicht nur die modernen Naturwissenschaften, sondern auch die Geschichtswissenschaft, die Kultur- und Geisteswissenschaften basieren auf der Annahme, dass sich die Welt und ihre Gesetzmäßigkeiten ohne die Arbeitshypothese Gott erklären lassen. Zwar kann es, wie schon gesagt, keine Wissenschaft ohne grundlegende Gewissheiten geben, aber zu diesen gehört in der Moderne eben nicht mehr die Existenz Gottes. Selbst als Erstursache aller Wirklichkeit ist Gott als Arbeitshypothese entbehrlich. Das unterscheidet die modernen Wissenschaften prinzipiell von der vorneuzeitlichen Wissenschaft, also auch von der Wissenschaft zur Zeit der Reformation und von einem reformatorisch geprägten Wissenschaftsverständnis im 16. und 17. Jahrhundert. So ist auch die altprotestantische Orthodoxie als maßgebliche Gestalt reformatorischer Theologie in einen scharfen, wenngleich aussichtslosen Konflikt mit den entstehenden modernen Naturwissenschaften geraten, und erst in der Zeit der Aufklärung wurde dieser Konflikt dadurch entschärft, dass die Theologie einen radikalen Paradig-

[16] Mittelstraß 1982; ders. 2001.

menwechsel vollzog, indem sie sich als Theorie des religiösen Bewusstseins und nicht länger als Kosmologie oder Weltentstehungstheorie begriff.

Der methodische Atheismus, der allerdings von einem vermeintlich wissenschaftlich begründeten weltanschaulichen Atheismus zu unterscheiden ist, gehört auch zu den Voraussetzungen der modernen Theologie, soweit sie den Anspruch erhebt, im modernen Sinne eine Wissenschaft zu sein. Auch wenn im Unterschied zur Religionswissenschaft die Annahme der Existenz Gottes oder seiner Selbstoffenbarung als Voraussetzung theologischer Erkenntnis für unaufgebbar gehalten wird, unterscheiden sich doch die wissenschaftlichen Methoden, die in den historischen, systematischen und praktischen Disziplinen der Theologie zur Anwendung gelangen, nicht von denen der übrigen Wissenschaften. Mögen zum Beispiel die Bibelexegese und die Disziplin der Kirchengeschichte auch Quellen untersuchen, die Zeugnisse von Menschen sind, die leben, als ob es (einen) Gott gäbe, so erfolgt die Analyse dieser Quellen, *etsi deus non daretur*. Die Überzeugung, dass Gott in Natur und Geschichte wie auch im Leben der einzelnen Menschen handelt, ist eine Überzeugung, die zwar Gegenstand kirchengeschichtlicher, praktisch-theologischer und systematisch-theologischer Forschung ist. Die moderne Theologie lässt sie aber nicht als wissenschaftliche Aussage gelten.

Dass die Welt auch in theologischer Hinsicht mit wissenschaftlichen Methoden beschrieben werden kann, welche ohne die Annahme der Arbeitshypothese Gott auskommen, ist theologisch betrachtet die Folge der Verborgenheit Gottes, aufgrund derer die Wahrnehmung der Welt als Schöpfung keineswegs zwingend ist. Gottes Verborgenheit in der Schöpfung ist freilich nicht als Abwesenheit, sondern als Weise seiner Anwesenheit zu begreifen. Weil die Erkenntnis und Anerkennung der Weltlichkeit der Welt zu den Früchten reformatorischer Theologie zählen, kann auch die moderne Wissenschaft aus theologischer Sicht als angemessener Umgang mit der Welt als Schöpfung Gottes gewürdigt werden.

Theologie als kritische Selbstprüfung des christlichen Glaubens lässt sich im reformatorischen Sinne als soteriologische Interpretation der Wirklichkeit charakterisieren. Soteriologie ist die Lehre vom Heil. Eine soteriologische Interpretation der Wirklichkeit beschreibt dieselbe unter dem Aspekt ihrer Erlösungsbedürftigkeit. In der christlichen Theologie geschieht dies aber unter der Voraussetzung der biblisch bezeugten Erlösungs- und Heils*wirklichkeit*.

Die soteriologische Fragestellung ist es, welche die Theologie von allen übrigen Wissenschaften unterscheidet. Sie leitet freilich auch zur Wissenschaftskritik an, sofern moderne Wissenschaften offen oder verborgen Heilsversprechungen machen und auf Heil als Resultat menschlicher Bemühungen zielen. Man denke nur an die Heilsversprechungen der modernen Medizin. Einerseits sind in der Moderne religiöses Heil und medizinische Heilung voneinander entkoppelt worden, andererseits steht die moderne Medizin in der Gefahr, zur Heilslehre überhöht zu werden. Die kritische Funktion der Theologie gegenüber der Medizin besteht genau darin, sie von soteriologischen Ansprüchen, die zur Selbstüberschätzung und Selbstüberforderung führen, zu entlasten, damit der therapeutische Imperativ nicht zum totalitären kategorischen Imperativ mutiert. Dieser Grundgedanke lässt sich auf andere Wissenschaften wie die Physik oder die modernen Lebenswissenschaften, auf Psychologie und Neurowissenschaften wie auch auf die Sozialwissenschaften oder die Politikwissenschaft übertragen.

In diesem Zusammenhang werfen wir einen Blick auf das theologische Wissenschaftsverständnis bei Melanchthon wie auch bei Calvin. Nach Calvins Auffassung ist der Geist Gottes die einzige Quelle aller Erkenntnis und Wahrheit. Er unterscheidet aber zwischen dem Wirken des Geistes in der Schöpfung und dem Geist der Heiligung, die mit der Rechtfertigung allein aus dem Glauben verbunden, von dieser aber als deren fortschreitende Realisierung nochmals unterschieden wird.[17] Gottes Geist wirkt aber auch in der

[17] Vgl. Institutio III,11,6; III,16,1ff.

Schöpfung entsprechend dem »Gesetz der Schöpfung« (Inst. II,2,16). Einschränkend fügt Calvin jedoch hinzu: »Aber es soll doch keiner den Menschen schon deshalb für glückselig halten, weil ihm unter den vergänglichen Dingen dieser Welt eine solche Kraft zum Begreifen der Wahrheit zugestanden wird. Deshalb muss gleich hinzugefügt werden: diese ganze Kraft des Begreifens, dieses Verstehen, wie es sich daraus ergibt – es ist doch *vor Gott* ein wandelbares und nichtiges Ding, wenn es nicht auf dem festen Grunde der Wahrheit (selber) ruht!«[18] Calvin verweist auf Augustin und die Scholastiker, die erklärt haben, dass der Mensch der Gnadengaben verlustig gegangen ist und da auch die natürlichen Gaben durch die Sünde verderbt sind. »Das bedeutet nun nicht, daß sie von sich aus befleckt wären; denn sie kommen ja von Gott. Aber dem befleckten Menschen sind sie nicht mehr rein, so daß er nicht etwa in ihnen seinen Ruhm suchen kann!«[19] Wissenschaft ist somit keine Quelle des Heils und partizipiert an der Verstricktheit des Menschen in die Sünde.

In seiner ausgereiften Form basiert Melanchthons Wissenschaftsverständnis auf der lutherischen Unterscheidung zwischen Gesetz und Evangelium. Auf ihrer Grundlage gelangt Melanchthon gegenüber Luther auch zu einer neuen Wertschätzung des Aristoteles. »Solange Luther noch nicht unterscheiden konnte zwischen göttlicher Gerechtigkeit, die als Evangelium geschenkt wird, und weltlicher Gerechtigkeit, die das menschliche Zusammenleben möglich macht, musste ihm das Scheitern des Heilswegs durch ein undifferenziert gesehenes Gesetz gerade die aristotelische Ethik verhasst machen. Die Folge war eine generelle Abwertung der Philosophie bei seinen Anhängern, auch bei Melanchthon. Denn die Unterscheidung von Gesetz und Evangelium wird erst ab 1521 als griffige hermeneutische Formel in Umlauf gesetzt. Sie bot Melan-

[18] Institutio II,2,16; kursiv gesetzte Wörter im Original gesperrt (Übersetzung: Otto Weber).

[19] Ebd.

chthon die Möglichkeit und stellte ihn damit zugleich vor die Aufgabe, als Theologe philosophisch zu arbeiten, und zwar nicht nur an einer formalen Philosophie des Denkens und Redens, sondern auch an einer materialen der Human- und Naturwissenschaften.«[20]

Wie Heinz Scheible betont, trieb Melanchthon »als Theologe Philosophie, nicht etwa als Philosoph Theologie. Die Philosophie war für Melanchthon nicht oder nicht nur etwas außerhalb der Theologie im Sinne einer Zwei-Reiche-Lehre mit Eigengesetzlichkeit eines weltlichen Bereichs. So wäre er missverstanden. Sondern die Philosophie ist eine Funktion der Kirche. Die Ethik ist ein Teil des Gesetzes im theologischen Sinn. Die Kirche braucht die Philosophie, weil ohne Bildung auch die Frömmigkeit untergeht, wie Geschichte und Gegenwart lehren.«[21] Wir können hinzufügen: Kirche und Theologie brauchen aus dem genannten Grund nicht nur die Philosophie, sondern auch die übrigen Wissenschaften. Doch im Sinne der Unterscheidung von Gesetz und Evangelium gehören sie auf die Seite des Gesetzes, nicht des Evangeliums, und sind daher von allen soteriologischen Ansprüchen zu befreien. Wissenschaft kann niemals zur existentiellen Gewissheit des Glaubens führen, und falls sie doch diesen Anspruch erhebt, missrät sie zur Ideologie.

Wie alle Wissenschaft partizipiert auch die Theologie nach reformatorischem Verständnis an der Zweideutigkeit des Zweifels, aufgrund derer auch alles Streben nach Erkenntnis zweideutig bleibt. Diese Zweideutigkeit zeigt sich in dem ambivalenten Verhältnis von Wissen, Wissenschaft und Macht. Der berühmte Satz Francis Bacons: »Wissen ist Macht« ist hochgradig ambivalent, weil es auch das mit dem Streben nach Wissen verbundene Streben nach Macht ist. Macht selbst ist ja ein ambivalentes Phänomen. Max Weber versteht unter Macht bekanntlich »jede Chance, innerhalb einer sozialen Beziehung den eigenen Willen auch gegen Wi-

[20] Scheible 2010a, 115.

[21] A.a.O., 115f.

derstreben durchzusetzen, gleichviel, worauf diese Chance beruht«[22]. Macht ist aber auch das ontologische Phänomen der Seinsmächtigkeit, ohne die wir gar nicht existieren könnten. Macht äußert sich als Fähigkeit, Lebensverhältnisse zu beeinflussen und zu verändern, mehr noch, die Wirklichkeit im Ganzen zu beeinflussen und zu verändern. Das kann im Guten wie im Schlechten geschehen. Und diese Ambivalenz kennzeichnet auch das Streben der modernen Wissenschaft nach Weltveränderung und Weltbemächtigung. Denn Wissenschaft zielt ja nicht bloß auf reine Erkenntnis, sondern auf Praxis. Mehr noch, sie ist selbst immer schon eine Praxis. Und die Beispiele der Atomphysik wie der Genetik zeigen, dass die Unterscheidung zwischen einer vermeintlich ethisch neutralen Grundlagenforschung und einer ethisch zu prüfenden Anwendungsforschung so strikt gar nicht mehr aufrechterhalten lässt. Weil Technik nicht etwa nur das Resultat moderner Wissenschaft, sondern ihre Bedingung ist, partizipiert auch alle Grundlagenforschung, insbesondere im Bereich der Naturwissenschaften an den Ambivalenzen des Wesens moderner Technik.[23]

Wissenschaft stellt selbst eine Macht in der Moderne dar, die sich mit politischer und ökonomischer Macht verbindet. Nun kann man nochmals zwischen Macht, Herrschaft und Gewalt unterscheiden, aber alle drei lassen sich nicht strikt voneinander trennen. Alle Macht und alle Herrschaft, auch die politische Macht im demokratischen Rechtsstaat, hat stets etwas Gewaltförmiges an sich. Und auch die moderne Wissenschaft ist nicht frei von Zügen der Gewaltförmigkeit, wie schon jedes Tierexperiment vor Augen führt.

An der Zweideutigkeit des Zweifels und dem ambivalenten Verhältnis von Wissen, Wissenschaft und Macht partizipiert auch die Theologie. Sie stellt die Frage nach der Wahrheit des christlichen

---

[22] Max Weber 1972, 28.

[23] Vgl. dazu Heidegger, 1988,; Trowitzsch 1988.

Glaubens. Es ist freilich ein höchst problematischer und im Ergebnis immer zweideutiger Versuch, diese Wahrheit in thetischen Lehrsätzen aussagen zu wollen. Selbstkritisch schreibt der evangelische Dogmatiker Friedrich-Wilhelm Marquardt: »Der wirkungsvollste Beitrag der Theologie zum Unterdrücken anderer ist wohl der affirmative Satz: wenn er nicht mehr wiederzuerkennen ist als Satz eines kämpfenden und sich bekennenden Menschen, wenn er sein Pathos im wahrheitsidentifizierenden ›Ist‹ hat statt im flehenden und schreienden ›Amen, das ist: es werde wahr‹.«[24]

Wir sollten nie vergessen, dass die Geschichte der christlichen Theologie über weite Strecken auch eine Geschichte der Gewalt gegenüber Andersdenkenden ist. Eingebettet in die Kirchengeschichte ist die Theologiegeschichte immer auch mit der Geschichte politischer Herrschaft verwoben gewesen. Das gilt selbstverständlich auch für das Zeitalter der Reformation und Gegenreformation. Doch selbst unter den heutigen Gegebenheiten verlangt das komplexe Verhältnis von Kirche, Macht und Öffentlichkeit sowie dem Einfluss, den diese Größen und die wissenschaftliche Theologie wechselseitig aufeinander ausüben, kritisch beleuchtet zu werden. Eine kritische Theorie der Wissenschaften aus theologischer Perspektive kann folglich immer nur eine selbstkritische Theorie sein.

Theologisch gesprochen partizipiert auch die Theologie an der Wirklichkeit der Sünde. Sie steht in der Gefahr, über Gott aus der Distanz einer vermeintlichen Beobachterperspektive sprechen zu wollen. Karl Barth hat diese Haltung als Zuschauertheologie kritisiert.[25] Eine soteriologische Interpretation der Wirklichkeit kann aber nur dann wahr sein, wenn sie nicht aus der Zuschauerposition heraus betrieben wird, sondern in dem Bewusstsein, selbst in das Geschehen von Sünde und Erlösung involviert zu sein. Rudolf Bultmann hat diesen Umstand radikal am Schluss seines berühm-

[24] Marquardt, 1983, 7. Das von ihm verwendete Zitat stammt aus der letzten Strophe von Martin Luthers Lied »Vater unser im Himmelreich« (EG 344,9).

[25] Vgl. Barth 1957, 12; siehe dazu Pietz 1998, 16ff.

ten Aufsatzes »Welchen Sinn hat es, von Gott zu reden?« angesprochen und erklärt: »Auch dies Reden ist ein Reden über Gott und als solches, wenn es Gott gibt, Sünde, und wenn es keinen Gott gibt, sinnlos. Ob es sinnvoll und ob es gerechtfertigt ist, steht bei keinem von uns.«[26] Nach reformatorischem Verständnis hat alle Theologie in der Rechtfertigungslehre zwar nicht ihr ausschließliches Thema, wohl aber ihr grundlegendes Kriterium und ihre grundlegende Regel für den theologischen Dialog.[27] So weiß sie darum, dass sie selbst der Vergebung bedürftig ist und am reformatorischen *simul iustus et peccator* teilhat.

4. Freiheit und Ethos der Wissenschaft in reformatorischer Verantwortung

Zu den grundlegenden Voraussetzungen von Wissenschaft in der Moderne gehört die Anerkennung ihrer Freiheit in Forschung und Lehre, die in modernen Demokratien gesetzlich garantiert ist. Die Freiheit der Wissenschaft musste in der abendländischen Geschichte freilich gegen klerikale Bevormundung erstritten werden.[28] Mag die Reformation mit ihrer Forderung nach Glaubens- und Gewissensfreiheit auch für die Wissenschaftsfreiheit einen Impuls geliefert haben, so war doch auch in evangelischen Territorien die Wissenschaft zunächst keineswegs so frei, wie es heute selbstverständlich ist. Das gilt erst recht von der Theologie, deren Bekenntnisbindung an den Universitäten im deutschsprachigen Raum immer wieder im Verdacht steht, im Widerspruch zur modernen Wissenschaftsfreiheit und zur Universitätsautonomie zu stehen.[29] Dass hier nach wie vor ein Problem besteht, das beispiels-

[26] Bultmann 1972, 37.

[27] Vgl. Sauter 1999.

[28] Vgl. Müller/Schwinges 2008.

[29] Auf die religions- und universitätsrechtlichen Probleme kann ich hier nicht

weise bei Berufungsverfahren zwischen Kirche und Universität zu Konflikten führen kann, soll nicht bestritten werden. Meine Ausführungen am Ende meines Vortrags beschränken sich jedoch auf allgemeine Überlegungen zur Freiheit der Wissenschaft und ihrer ethischen Begründung in reformatorischer Verantwortung.

Die rasanten Entwicklungen auf dem Gebiet der modernen Naturwissenschaften, insbesondere in den Lebenswissenschaften und der Biomedizin, lassen in Gesellschaft und Politik die Frage laut werden, wo die Grenzen des ethisch Zulässigen sind. Gerade die Kirchen fühlen sich herausgefordert, zu den ethischen Grenzen der Forschung Stellung zu beziehen. Nach meinem Verständnis von reformatorischer Theologie ist jedoch ein Verständnis von Ethik fragwürdig, welches ihre Aufgabe primär in der Festsetzung von Grenzen für die Forschung sieht. Ein solches Verständnis von Ethik führt nur zu einer neuen Form der Gesetzlichkeit. Auf der Grundlage der reformatorischen Unterscheidung von Gesetz und Evangelium haben sich Theologie und Kirche grundsätzlich für die Freiheit der Wissenschaft einzusetzen.[30]

Die Freiheit in Forschung und Lehre ist nach evangelischem Verständnis allerdings daran zu bemessen, wieweit sie sich am Wohl der Mitmenschen – biblisch gesprochen des Nächsten – orientiert. Christliche Ethik nach evangelischem Verständnis lässt sich grundsätzlich als eine vom Geist der Liebe bestimmte Form

näher eingehen. Ein eigenes Thema sind konfessionspolitische Faktoren bei Professorenberufungen in anderen Fakultäten, die noch im 19. und im frühen 20. Jahrhundert wirksam waren. Zur überproportional geringen Präsenz katholischer Studenten und Wissenschaftler an deutschen Universitäten in protestantischen Territorien siehe Ulrich von Hehl, Universität und Konfession im 19./20. Jahrhundert, in: Schwinges 2011, 277–301. Die während des Kulturkampfes beschworene Voraussetzungslosigkeit und Freiheit der Wissenschaft war nach dem Urteil Thomas Nipperdeys »nichts anderes als ›protestantisch-antikatholische Voraussetzungsgebundenheit‹« (zitiert nach v. Hehl, a.a.O., 294).

[30] Vgl. Voigt, 2012, 143ff.

der Verantwortungsethik verstehen.[31] Weil der Mensch nur durch die Liebe im anderen zu sich selbst kommen kann, gehören nicht nur Freiheit und Verantwortung, sondern auch Freiheit und Liebe sowie Freiheit und Gerechtigkeit unauflöslich zusammen.

Wie alle Ethik ist auch Wissenschaftsethik eine Form der praktischen Anthropologie. Im Diskurs über Freiheit und Ethos der Wissenschaft ist daher stets nach dem jeweiligen Menschenbild zu fragen, wobei zwischen dem *Ethos* der Wissenschaft – nämlich den moralischen Grundeinstellungen des einzelnen Wissenschaftlers wie der Wissenschaftsinstitutionen und -organisationen – und Wissenschafts*ethik* als Theorie des Ethos von Wissenschaft und Forschung nochmals zu unterscheiden ist.[32]

Die Frage nach dem Menschenbild in Wissenschaft und Ethik stellt sich in doppelter Hinsicht. Es geht nicht nur um das Bild vom Menschen als Objekt der Forschung, z.B. in der Medizin – also um das erkenntnisleitende Bild vom Kranken und vom Gesunden, von Behinderung oder Pflegebedürftigkeit –, sondern zur Diskussion steht auch das Bild vom Menschen als Subjekt der Forschung, z.B. das Selbstbild und Selbstverständnis des Arztes oder der Pflegekraft, die zugleich Forscher ist, und es geht um die möglichen Rollen- und Interessenskonflikte zwischen der Rolle des dem Wohl des einzelnen Patienten verpflichteten Arztes und der Rolle des Forschers.

Eine grundlegende Triebkraft aller Wissenschaft ist die menschliche Neugier. Sie steht auch hinter dem Drang nach Erkenntnis. Nicht minder stark streben Menschen freilich auch nach Anerkennung, Erfolg, Ansehen und Ruhm. Der Drang nach öffentlichem Ansehen kann bisweilen sogar stärker sein als kommerzielle Interessen, die wie überall im Leben auch in der Wissenschaft vorhanden sind.[33]

---

[31] Vgl. Körtner 2012.

[32] Einführend siehe Merton 1985; Fuchs u.a. 2010, (mit Schwerpunkt auf Medizin, Biowissenschaften und Hirnforschung); Reydon 2013; Höffe 2014, 64ff.

[33] Vgl. Franck 1998, bes. 39ff.181ff.

Wie alle Menschen sind Wissenschaftler nicht nur neugierige, sondern auch fehlbare Wesen. Sie sind fähig zur Kooperation, aber sie stehen auch zueinander in einem scharfen Konkurrenzverhältnis. Sie sind irrtumsfähig und können unabsichtliche Fehler begehen, die möglicherweise dramatische Folgen haben. Es gibt aber auch den Neid, die Boshaftigkeit und die Lüge, die sich im Unwesen der Plagiate, im Diebstahl geistigen Eigentums und in der Behinderung von Konkurrenten zeigen.

Das Ethos der Wissenschaft und der Forschung beschränkt sich nicht auf ethische Prinzipien wie die Achtung der Menschenwürde, sondern es schließt auch das weite Feld der Tugenden und Laster ein, modern gesprochen der »professional attitudes«. Solche Tugenden sind Ehrlichkeit, Wahrhaftigkeit, Unbestechlichkeit, Kritikfähigkeit (Fähigkeit zur Selbstkritik, Ideologiekritik), Unvoreingenommenheit, Mut (aber keine Leichtfertigkeit), gezügelter Ehrgeiz und Uneigennützigkeit. Weiter nenne ich die Tugenden der Wertschätzung gegenüber Andersdenkenden, des Respekts, zugleich der Kritik an Hierarchien, das Ideal des rationalen und herrschaftsfreien Diskurses und einer demokratische Wissenschaftskultur, die Sorgfalt, den verantwortungsvollen Umgang mit Ressourcen (zumal mit solchen, die von der Gesellschaft bereitgestellt werden) und die Bereitschaft zur Rechenschaft gegenüber der Öffentlichkeit. Wissenschaft ist nicht möglich ohne Leistungsbereitschaft und Risikobereitschaft, Ehrgeiz, Mut und Unerschrockenheit. Aber diese Eigenschaften können umschlagen in Leichtsinn und Fanatismus und die Gefahr heraufbeschwören, buchstäblich über Leichen zu gehen.

Es liegt auf der Hand, dass die ethische Betrachtung von Tugenden und Lastern in der Wissenschaft auch grundlegende Fragen der theologischen Anthropologie, nämlich des theologischen Verständnisses des Menschen als Ebenbild Gottes wie als Sünder berühren. Dabei ist die Theologie selbst keineswegs vor den genannten Versuchungen und Pervertierungen gefeit.

Forschungsethische Fragen sind heutzutage immer auch rechtliche Fragen.[34] Die Freiheit der Wissenschaft in Forschung und Lehre gehört zu den durch die Verfassung garantierten Grundrechten. Sie gilt aber nur unter Wahrung ethischer Grundsätze und verfassungsrechtlicher Schranken.[35] Wie allgemein in der modernen Gesellschaft, tritt auch in der Wissenschaft das Recht teilweise als funktionales Äquivalent an die Stelle der Ethik. Der Schutz von Menschenwürde und Menschenrechten ist z.B. in der medizinischen Forschung Gegenstand standesrechtlicher Kodexe wie der Helsinki-Tokyo-Deklaration.

So wichtig wirksame Rechtsinstrumente auch sind, so wenig kann das Recht die Wissenschafts- und Forschungsethik ersetzen. Forschungsethik beschränkt sich freilich nicht auf die Arbeit von Ethikkommissionen, auf Menschenrechtsdokumente, Guidelines für gute wissenschaftliche Praxis,[36] Verhaltens- und Ethikkodexe. Sie betrifft auch die berufliche Einstellung von Forschenden, deren Persönlichkeitsbildung ein wichtiges Desiderat ihrer Aus-, Fort- und Weiterbildung ist.

Die Entwicklung und Pflege eines Ethos, auch eines Ethos der Wissenschaft, ist eine Frage der Forschungskultur und der Bildung, nämlich der Selbstbildung und Menschwerdung des Menschen, nicht etwa nur des Wissens. Sie schließt die Pflege der religiösen Dimension unseres Menschseins ein. Ohne eine elementare Besinnung auf unsere Kreatürlichkeit, zu der unsere Geburtlichkeit ebenso gehört wie unsere Verletzlichkeit und Sterblichkeit, werden wir kaum zu einem Ethos des Respekts vor allem Lebendigen gelangen. In einer Gesellschaft, die sich nur noch als Informations- oder Wissensgesellschaft versteht, hat die Ethik im Grunde abgedankt, mag auch noch so viel von ihr die Rede sein. Sich um Bildung, nicht etwa nur um Wissen zu bemühen, sollte zu den Tugen-

[34] Vgl. Körtner/Kopetzki/Druml 2010.

[35] Vgl. Starck, 2005.

[36] Siehe z.B. Deutsche Forschungsgemeinschaft 1998.

den aller Forschenden gehören. Wenn heute über Wissenschafts- und Forschungsethik diskutiert wird, dann nicht zuletzt deshalb, weil sich diese Tugend offenbar nicht mehr von selbst versteht.

Wenn sich die Theologie in dieser Debatte zu Wort meldet, so deshalb, weil nicht zuletzt die gegenwärtigen bioethischen Diskussionen zeigen, wie schwierig es für den Menschen ist, nach dem vermeintlichen Ende des christlichen Gottes menschlich zu bleiben. Theologie in reformatorischer Verantwortung hat die Aufgabe, die biblische Botschaft von der Rechtfertigung des Sünders auch in die wissenschaftsethischen Diskurse der Gegenwart als Freiheitslehre einzubringen. Dass sich der Mensch vom Zwang befreit wissen darf, sich selbst und die Welt erlösen zu müssen, macht auch die Wissenschaft im tiefsten Sinne des Wortes frei.

Literatur

Barth, Karl (1957): Fünfzehn Antworten an Herrn Professor von Harnack, in: ders., Theologische Fragen und Antworten (Gesammelte Vorträge 3), Zollikon, 9–13.

Beutel, Albrecht (Hg.) (2005): Luther Handbuch, Tübingen.

Bultmann, Rudolf (1952): Humanismus und Christentum, in: ders., Glauben und Verstehen, Bd. II, Tübingen, 133–148.

Bultmann, Rudolf ([7]1972): Welchen Sinn hat es, von Gott zu reden?, in: ders., Glauben und Verstehen, Bd. I, Tübingen, 26–37.

Deutsche Forschungsgemeinschaft (Hg.) (1998): Sicherung guter wissenschaftlicher Praxis. Denkschrift, Bonn.

Ebeling, Gerhard ([2]1982): Dogmatik des christlichen Glaubens, Bd. I, Tübingen.

Franck, Georg (1998): Ökonomie der Aufmerksamkeit. Ein Entwurf, München.

Flügel, Wolfgang (2014): Einleitung. In: Reformationsgeschichtliche Sozietät der Martin-Luther-Universität Halle-Wittenberg (Hg.), Spurenlese. Wirkungen der Reformation auf Wissenschaft und Bildung, Universität und Schule, Leucorea-Studien zur Geschichte der Reformation und der Lutherischen Orthodoxie (LStRLO) 22, Leipzig, 9–16.

Fuchs, Michael u.a. (2010): Forschungsethik. Eine Einführung, Stuttgart.

Hamm, Berndt / Moeller, Bernd / Wendebourg, Dorothea (1995): Reformationstheorien. Ein kirchenhistorischer Disput über Einheit und Vielfalt der Reformation, Göttingen.

Hamm, Berndt / Welker, Michael (2008): Die Reformation – Potentiale der Freiheit, Tübingen.

Heidegger, Martin ([7]1988): Die Frage nach der Technik, in: ders., Die Technik und die Kehre, Pfullingen, 5–36.

Höffe, Otfried (2014): Die Macht der Moral im 21. Jahrhundert. Annäherungen an eine zeitgemäße Ethik, München.

Kaufmann, Thomas (1997): Universität und lutherische Konfessionalisierung. Die Rostocker Theologieprofessoren und ihr Beitrag zur theologischen Bildung und kirchlichen Gestaltung im Herzogtum Mecklenburg zwischen 1550 und 1675 (Quellen und Forschungen zur Reformationsgeschichte 66), Gütersloh.

Körtner, Ulrich H.J. (2010): Reformatorische Theologie im 21. Jahrhundert (Theologische Studien NF 1), Zürich.

Körtner, Ulrich H.J. / Kopetzki, Christian / Druml, Christiane (Hgg.) (2010): Ethik und Recht in der Humanforschung (Schriftenreihe Ethik und Recht in der Medizin 5), Wien/New York.

Körtner, Ulrich H.J. ([3]2012): Evangelische Sozialethik. Grundlagen und Themenfelder (UTB 2107), Göttingen.

Leppin, Volker (2002): Wie reformatorisch war die Reformation?, Zeitschrift für Theologie und Kirche, 99, 162–176.

Marquardt, Friedrich-Wilhelm (1983): Zur Situation, in: ders. / Dieter Schellong / Michael Weinrich (Hgg.), Einwürfe 1, München, 1–13.

Merton, Robert K. (1985): Entwicklung und Wandel von Forschungsinteressen. Aufsätze zur Wissenschaftssoziologie, Frankfurt a.M.

Mittelstraß, Jürgen (1982): Wissenschaft als Lebensform. Reden über philosophische Orientierung in Wissenschaft und Universität, Frankfurt a.M.

Mittelstraß, Jürgen (2001): Wissen und Grenzen. Philosophische Studien, Frankfurt a. M.

Müller, Rainer Albert / Schwinges, Rainer Christoph (Hgg.) (2008): Wissenschaftsfreiheit in Vergangenheit und Gegenwart, Basel.

Nipperdey, Thomas (1986): Luther und die moderne Welt, in: ders., Nachdenken über die deutsche Geschichte. Essays, München, 31–43.

Pietz, Hans-Wilhelm (1998): Das Drama des Bundes. Die dramatische Denkform in Karl Barths Kirchlicher Dogmatik (Neukirchener Beiträge zur Systematischen Theologie 12), Neukirchen-Vluyn.

Reformationsgeschichtliche Sozietät der Martin-Luther-Universität Halle-Wittenberg (Hg.) (2014): Spurenlese. Wirkungen der Reformation auf Wissenschaft und Bildung, Universität und Schule, Leucorea-Studien zur Geschichte der Reformation und der Lutherischen Orthodoxie (LStRLO) 22, Leipzig.

Reydon, Thomas (2013): Wissenschaftsethik. Eine Einführung (UTB 4032), Stuttgart.

Sauter, Gerhard (1999): Rechtfertigung – eine anvertraute Botschaft. Zum unentschiedenen Streit um die »Gemeinsame Erklärung zur Rechtfertigungslehre«, Evangelische Theologie 59, 32–48.

Scheible, Heinz (2010a): Die Philosophische Fakultät der Universität Wittenberg von der Gründung bis zur Vertreibung der Philippisten, in: ders., Aufsätze zu Melanchthon, Tübingen, 90–124.

Scheible, Heinz (2010b): Aristoteles und die Wittenberger Universitätsreform. Zum Quellenwert von Lutherbriefen, in: ders., Aufsätze zu Melanchthon, Tübingen, 125–151.

Schluß, Henning (2014): Die Reformation als Bildungskatastrophe. Luthers Pädagogik zwischen Mangel und Utopie, in: Reformationsgeschichtliche Sozietät der Martin-Luther-Universität Halle-Wittenberg (Hg.), Spurenlese. Wirkungen der Reformation auf Wissenschaft und Bildung, Universität und Schule, Leucorea-Studien zur Geschichte der Reformation und der Lutherischen Orthodoxie (LStRLO) 22, Leipzig, 69–89.

Schwinges, Rainer Christoph (Hg.) (2011): Universität, Religion und Kirchen, Basel.

Starck, Christian (2005): Forschungsfreiheit und ihre Grenzen, in: ders. (Hg.), Verantwortung der Wissenschaft, Tübingen, 71–93.

Troeltsch, Ernst (1922): Die christliche Weltanschauung und ihre wissenschaftlichen Gegenströmungen [1893/94], in: ders., Gesammelte Schriften II, Tübingen, 227–327.

Troeltsch, Ernst (2001): Die Bedeutung des Protestantismus für die Entstehung der modernen Welt, in: ders., Schriften zur Bedeutung des Protestantismus für die moderne Welt (1906–1913), hg. von Trutz Rendtorff in Zusammenarbeit mit Stefan Pautler (KGA 8), Berlin/New York, 199–316.

Trowitzsch, Michael (1988): Technokratie und Geist der Zeit. Beiträge zu einer theologischen Kritik, Tübingen.

Voigt, Friedemann (2012): Freiheit der Wissenschaft als Thema der Theologie, in: ders. (Hg.), Freiheit der Wissenschaft. Beiträge zu ihrer Bedeutung, Normativität und Funktion, Berlin/Boston, 133–148.

Weber, Max (^{5}1972): Wirtschaft und Gesellschaft. Grundriß der verstehenden Soziologie, hg. von Johannes Winckelmann, Tübingen.

Wittgenstein, Ludwig (1984): Über Gewißheit, hg. v. G.E.M. Anscombe u. G.H. von Wright, Werkausgabe, Bd. 8 (stw 508), Frankfurt a.M.,113–257.

Verzeichnis der Autorinnen und Autoren

Dr. Christian Ammer (Jg. 1948)
Physiker, wissenschaftlicher Mitarbeiter an Instituten der Akademie der Wissenschaften der DDR, Max-Planck-Gesellschaft, Universität Halle-Wittenberg und Leibniz-Gemeinschaft, seit 2007 wissenschaftlicher Sekretär der Evangelischen Forschungsakademie.

Prof. Dr. Yves Bizeul (Jg. 1956)
1988-1990 Stipendiat der Alexander-von-Humboldt-Stiftung, seit 1995 Lehrstuhlinhaber am Institut für Politik- und Verwaltungswissenschaften der Universität Rostock.

Prof. Dr. Helmut Fleinghaus (Jg. 1958)
A-Examen in Evangelischer Kirchenmusik, Künstlerische Reifeprüfung für Orgel, Promotion in Musikwissenschaft, seit 2007 Rektor der Hochschule für Kirchenmusik Herford.

Prof. Dr. Dr.h.c. Volker Gerhardt (Jg. 1944)
Professuren in Münster (1985), Sporthochschule Köln (1988) und HU Berlin (1992); 1998 Mitglied der BBAW (2001–2007 Vizepräsident), 2001–2012 Mitglied im Deutschen Ethikrat, 2008 Ehrenpromotion Universität Debrecen.

Prof.in Dr. Ursula Kocher (Jg. 1968)
2006 Juniorprofessorin an der FU Berlin, seit 2010 Professorin für Allgemeine Literaturwissenschaft und Ältere deutsche Literatur im europäischen Kontext an der Universität Wuppertal.

O. Univ.-Prof. Dr. DDr. h.c. Ulrich H. J. Körtner (Jg. 1957)
seit 1992 Ordinarius für Systematische Theologie an der Universität Wien, Ehrenpromotion in Paris (2010) und Debrecen (2015). Vorstand des Instituts für Ethik und Recht in der Medizin der Universität Wien.

Prof. Dr. Andreas Lindemann (Jg. 1943)
Professor für Neues Testament an der Kirchlichen Hochschule Bethel (1978–2009), korrespondierendes Mitglied der Akademie der Wissenschaften zu Göttingen, seit 2007 Direktor der Evangelischen Forschungsakademie.

Prof. Dr. Detlef Pollack (Jg. 1955)
1995–2008 Professor für vergleichende Kultursoziologie an der Viadrina in Frankfurt/Oder, seit 2008 Professor für Religionssoziologie in Münster.

Prof.in Dr. Ortrun Riha (Jg. 1959)
1992–1994 Heisenberg-Stipendium, 1994 Professorin für Geschichte der Medizin in Lübeck, seit 1996 in Leipzig, seit 2003 Mitglied der SAW.

Prof. Dr. Mathias Schmoeckel (Jg. 1963)
seit 1999 Professor für Deutsche und Rheinische Rechtsgeschichte an der Universität Bonn. Korrespondierendes Mitglied des Istituto Lombardo, Mailand.

Personenregister

C

M

Y

Z

Ausgewählte Tagungsbände der Evangelischen Forschungsakademie

ERKENNTNIS UND GLAUBE
Schriften der Evangelischen Forschungsakademie NF
Evangelische Verlagsanstalt Leipzig

Band 44 *Christian Ammer | Andreas Lindemann* (Hrsg.)
Hirnforschung und Menschenbild
2012, 255 S.
Beiträge von *Christian Ammer, Henning Scheich, Bernd Weber, Wolfgang Prinz, Gerrit Glas, Dieter Sturma, Ulrich H.J. Körtner, Udo Ebert, Richard Saage,* Generalaussprache.

Band 45 *Martin Heimbucher | Alfred Krabbe | Martin Quilisch* (Hrsg.)
Wie auch wir vergeben unseren Schuldnern ...
Geld – Glaube – Zukunft
2014, 260 S.
Beiträge von *Hansjörg Herr, Klaus Dörre, Martin Quilisch, Hermann Michael Niemann, Andreas Lindemann, Jürgen Kampmann, Jochen Hörisch, David Lohmann, Birger Priddat,* Rundgespräch.

Band 46 *Udo Ebert | Arno Schilberg | Christian Ammer (Hrsg.)*
Rechtliche Verantwortlichkeit im Konflikt
2015, 189 S.
Beiträge von *Gerhard Otte, Gerhard Seher, Udo Ebert, Güngter Jerouschek, Eilert Herms, Jürgen Schmude.*

Band 47 *Andreas Lindemann | Christian Ammer (Hrsg.)*
Kultur und Identität
Konstruktionen der Identität im europäischen Kontext
2016, 197 S.
Beiträge von *Andreas Lindemann, Enno Rudolph, Kees Schuyt, Saša Stanišić, Michael Wolter, Rainer Rausch, Heiner Keupp, Christiane Tietz.*

